王玉贵 著

民国奇人程德全

MINGUO QIREN CHENGDEQUAN

苏州大学出版社
Soochow University Press

图书在版编目(CIP)数据

民国奇人程德全/王玉贵著.—苏州：苏州大学出版社,2015.9
 ISBN 978-7-5672-1507-8

Ⅰ.①民… Ⅱ.①王… Ⅲ.①程德全(1860～1930)—传记 Ⅳ.①K825.2

中国版本图书馆CIP数据核字(2015)第224828号

书　　名	民国奇人程德全
著　　者	王玉贵
策　　划	刘　海
责任编辑	张　凝
装帧设计	吴　钰
出版发行	苏州大学出版社（Soochow University Press）
出 版 人	张建初
社　　址	苏州市十梓街1号　邮编：215006
印　　刷	苏州工业园区美柯乐制版印务有限责任公司
网　　址	www.sudapress.com　QQ:64826224
E-mail	Liuwang@suda.edu.cn
邮购热线	0512-67480030
销售热线	0512-65225020
开　　本	700 mm×1 000 mm　1/16　印张：15.25　字数：266千
版　　次	2015年9月第1版
印　　次	2015年9月第1次印刷
书　　号	ISBN 978-7-5672-1507-8
定　　价	39.00元

凡购本社图书发现印装错误，请与本社联系调换。服务热线：0512-65225020

目 录

引言 …………………………………………………………… 1

第一章 生逢乱世 …………………………………………… 5
第一节 "洋人的朝廷":国人唾弃 ………………………… 5
一、甲午中日战争:空前的民族灾难 ……………………… 5
二、八国联军侵华战争:清政府沦为"洋人的朝廷" …… 10
第二节 自强努力的失败:清政府统治合法性的逐渐丧失 … 13
一、戊戌政变:统治阵营内部的权力纷争 ……………… 13
二、最后的挣扎:清末新政 ………………………………… 20
第三节 摧枯拉朽:风起云涌的革命运动 ………………… 30

第二章 关外岁月 …………………………………………… 35
第一节 黑龙江的主政者 …………………………………… 36
第二节 锐意进取,积极作为 ……………………………… 39
一、整顿吏治,整肃贪腐 …………………………………… 39
二、统筹考虑,开发东北边疆 ……………………………… 48
三、筚路蓝缕,创办实业 …………………………………… 52
四、创办新式教育,培养人才 ……………………………… 58
五、整治社会秩序,打击盗匪活动 ………………………… 61
六、司法改革 ………………………………………………… 63
七、军事改革 ………………………………………………… 65
八、对俄交涉,捍卫国家主权 ……………………………… 67
九、加快蒙旗地区的改革 …………………………………… 71
十、上书要求立宪和消除满汉对立 ……………………… 75
第三节 遭人诬陷 …………………………………………… 76

第三章 程德全抚苏 ………………………………………… 82
第一节 勤政的巡抚 ………………………………………… 82
一、整顿吏治 ………………………………………………… 84

二、积极推行地方自治 87
三、大力进行灾害救助 88
四、重视社会秩序的稳定 89
第二节 支持立宪者的最后忠告 92

第四章 辛亥革命中的程德全 101
第一节 宣布反正,苏州光复 102
一、武昌首义,各地纷纷响应 102
二、光复前的苏省社会 107
三、程德全宣布反正,苏州光复 115
第二节 全省相继光复 127
一、全省相继光复 127
二、程德全赴南京就任江苏都督 149
第三节 建章立制,重建社会秩序 153
第四节 积极参与全国政权的筹建 165

第五章 辛亥革命后的程德全 172
第一节 南北议和成功,程德全回任江苏都督 172
第二节 革命党人倒程失败,江苏实现统一 191
第三节 全力侦查"宋案" 208
第四节 心灰意冷,遁入空门 215
一、被迫再次宣布江苏独立 215
二、遁入空门 217

附录:敬人及物
　　——略记曾祖父程德全之雪泥鸿爪 221

主要参考文献 237

引 言

　　1911年,对于中国来说,毫无疑问是不同寻常的一年,同时也是永远值得隆重纪念的一年。这一年,辛亥革命的发生使中国历史的走向发生了重大改变:延续了两千多年的封建制度终于在一次看似不经意的军人暴动中宣告结束了。许多中国人在自己无法左右的局势变化面前,有的与时俱进,继续站在时代潮流的前列,牵引着历史的车轮滚滚向前;有的被汹涌而来的激流裹挟着艰难地前行;有的试图阻止历史前进的步伐,最终却遭遇灭顶之灾;有的则乘机施展权谋,以逞一己之能、遂一己之愿。

　　熟悉辛亥革命这段历史的人都明白,延续了两百多年的貌似庞然大物的清王朝,是被看似很寻常的保路运动引爆埋葬的。引人深思的是,为什么会出现这种情况?

　　事实上,从1840年开始,清王朝在应对资本主义的多次武装入侵和本国异己力量的频繁冲击时,自身的举措失据、应对失当,已使其统治合法性遭到广泛质疑。同时,统治集团本身的应变能力和自信心也明显不足,并且呈现出中枢矛盾加重、地方督抚离心倾向增强的特点。到辛亥革命前夕,清廷已油尽灯枯、行将就木,适当时机的致命一击,将成为压死骆驼的最后一根稻草。武昌起义就承载了这样的历史使命。

　　就在摧枯拉朽的武昌起义后不久,张謇曾替程德全起草过请求清政府赶快实行立宪的奏折,但终因时局发展太快而未能给清廷以足够的时间实施,当然清政府也没有准备实施立宪。事后,张謇曾对自己将死马当作活马医的举动有过说明:"绝弦不能调,死灰不能热。聋虫不能聪,狂夫不能智。"①言语中虽有着明显的遗憾和失落,却也大体道出了清廷覆灭的真正原因。这也是诸如程德全、张謇这类曾对清王朝寄予厚望,直到其退出历史舞台前夕仍一再向其献计献策、力图挽回败局的封建士大夫最终选择与其决裂,转向支持革命的重要原因。

---

① 《张謇全集》第五卷(下),江苏古籍出版社1994年版,第181页。

程德全

由此看来,本书的主人公程德全最终选择与清王朝决裂,在众多封疆大吏中率先反戈一击,由皇权任命的江苏巡抚一变而为反正后的江苏都督,绝非亡命之徒孤注一掷,也不是头脑发热一时冲动。经过多年官场历练的他,在局势尚未明朗、革命的尘埃尚未落定的情况下,就毅然主动站到革命阵营一边,从而一改东南政治力量对比的格局,是需要相当的政治决断能力的。其实,认真分析程德全的当机立断,其个人因素固然相当重要,但客观环境的影响起着更为深层的作用:程德全已经看透了清王朝的腐朽本质,认定这个政权已无可救药,与其与它一起陆沉,不如反戈一击,使地方免受战乱破坏,百姓免遭戕害。

程德全,四川云阳(今属重庆市)人,字本良,别字纯如,号雪楼。他出生于太平天国运动正如火如荼的19世纪60年代初,殁于20世纪30年代初期,可以说是中国近代大部分磨难的亲历者。和他的前辈诸如曾国藩、李鸿章、左宗棠、胡林翼等人一样,程德全属于在实干中崛起的高官,但他没有耀眼的科举经历,加之"挑瓦革命"又不够暴力,历来也没有获得太多的高评,因此,其受关注的程度明显低于革命特征十分鲜明的蔡锷等名人,这就导致其历史面目一直不是很清晰,纵使有些评价,也以负面的为多。比如,一本在中国产生过相当大影响的近代史著作中写道:"程德全是个善于投机的官僚。1900年义和团战争时,他以候补知县的身分在黑龙江,对于占领齐齐哈尔的俄国侵略军殷勤接待,侵略军对他很满意并表示信任。他在官场上由此发迹,一步步升到江苏省的巡抚。在辛亥革命中他摇身一变又成了民国创立时的一个要人。"[①]有的研究者甚至这样评价程德全:"武昌起义前后,他竭力摧残江苏人民的反清斗争,并串通江苏豪绅,怂恿清廷立宪,阴谋抵制革命。后在革命的洪流冲击下,清政府土崩瓦解,程德全又使用反革命的两面手法,伪装响应革命,在苏州扮演了'和平光复'的骗局,摇身一变而为中华民国的江苏都督。等到革命转向低潮时,程德全便公开暴露出他的

---

① 胡绳:《从鸦片战争到五四运动》下册,人民出版社1980年版,第854页。

本来面目,积极配合袁世凯等篡夺革命的果实。"①

从当时当地的客观情况来看,要求程德全这样的地方督抚率先站到拥护革命的立场上来,或者由他们出头造清王朝的反,实在是一种苛求。程德全属于体制内的既得利益者,尽管他可以有足够的理由对当时的体制表示不满,但是对于他来说,拥护和发动革命不仅意味着要摧毁其所拥有的权力合法性基础,而且意味着要跟旧权力彻底决裂。这对于受过封建传统文化教育的地方大员来说,还存在如何克服传统政治伦理羁绊的问题。在传统士大夫的价值观里,来自于社会底层和体制外的革命造反与为人臣子的叛主变节是有本质区别的。在政权更迭之际身居高位的封建士大夫所受到的心灵煎熬远比普通百姓严重得多:不及时转变立场,要被世人指责为迂腐落后、冥顽不化和死硬顽固,最终有可能无谓地成为旧政权的殉葬品;转变得过快,也要冒被世人指责为没有气节、认贼作父、惯于投机的风险,况且一臣不事二主,牺牲事小、失节事大,是他们接受、奉行并用以谕人的政治伦理观念与标准。这是我们在评价程德全这一类官员在清末政治变革中所取态度时应特别注意的。

从20世纪80年代开始,随着拨乱反正之风的兴起,学术界也开始检视并反思以往过多受阶级斗争观念影响下的学术研究,有关程德全的研究成果开始逐渐增多,评价也趋于客观和理性。

李茂高、廖志豪先生发表在《学术月刊》1981年第9期上的《江苏光复与程德全》一文,首开重新评价程德全的先河,对所谓"投机革命"说进行了驳诘。吴䘵先生发表在《近代史研究》等刊物上的系列研究成果对程德全在民国初年的基本表现也做了深入、系统的探讨,基本弄清了相关史实,尽管他对程德全的评价仍是基本否定的。

21世纪以来,史学硕士学位论文成为程德全研究的主体成果。这些论文已很少受以往陈腐观念和说教的影响,而开始就事论事地探讨程德全在历史上的所作所为及其是非功过。其中的代表性成果有胡长青的《论辛亥革命前后的程德全》(扬州大学中国近现代史专业2001届硕士学位论文)、罗云的《程德全在黑龙江的筹蒙改制政策》(内蒙古大学2006届专门史硕士学位论文)、杨郁松的《程德全与黑龙江地区的近代化改革》(东北师范大学中国近现代史专业2007届学历硕士学位论文)、徐桂华的《程德全与清末黑龙江新政》(河北师范大学中国近现代史2007届硕士学位论文)、程刚的《程德全与黑龙江》(苏州大学中国近现代史专业

---

① 扬州师范学院历史系:《辛亥革命江苏地区史料》,江苏人民出版社1961年版,第1页。

2010届硕士学位论文)。他们在取得史学硕士学位前后,还发表了一批有关程德全的专题研究论文。

辛亥革命已经过去了100年,程德全也已离开人世80余年了,让我们回到程德全所生活的历史情境,重新来审视这位有"民国第二完人"之称的末代江苏巡抚和首任江苏都督。

第一章　生逢乱世

中华民族在晚清时期经历的那段屈辱历史可谓众所周知,1860年出生的程德全可以说是全程地体验了这种民族被宰割的痛楚。限于篇幅,本书将从政后程德全在清廷遭遇国内外沉重打击的几个关键节点的表现作为考察对象,希望能够为程德全政治道路选择的根由寻找到相对合理的答案。

第一节　"洋人的朝廷":国人唾弃

从1840年起,清廷就陷入了被西方列强任意欺凌的黑洞:1840年6月至1842年8月第一次鸦片战争,1856年10月至1860年10月第二次鸦片战争,1883年12月至1885年4月中法战争,1894年7月末至1895年4月中日甲午战争,1900年八国联军侵华战争。战争之间的间隔时间呈现逐次缩短的趋势,每一次战后条约的签订都给中国带来了巨大的灾难,甲午战争后的《马关条约》使中国彻底沦为列强的盘中餐。

一、甲午中日战争:空前的民族灾难

中日甲午战争发生在程德全在黑龙江任职期间,由日本侵略者主动挑起,清政府在战场上的表现充分暴露了它的腐败无能。

1871年日本开始明治维新,经过20多年的快速发展,到19世纪90年代,日本已一跃成为亚洲的资本主义强国,但通过改革走上资本主义发展道路的日本,在国内仍保留了许多封建主义因素,阶级矛盾伴随着经济的快速发展也在愈演愈烈,严重地威胁着脆弱的资产阶级政权统治。为摆脱统治危机,新兴资产阶级和传统封建势力不断加强勾结,千方百计地寻找转嫁危机的合适时机和有效办法。

经过充分准备,他们把侵略的矛头指向了一衣带水并长期以来作为其效法和学习对象的中国。因为近代以来,中国与资本主义发达国家的距离越拉越大,它不思进取,一再错失发展的良机,已经千疮百孔,正是日本首选

的征服对象。1894年5月,日本侵略者利用朝鲜爆发农民起义的时机,大量派遣军队进入朝鲜,占领朝鲜首都汉城,并积极准备向清军驻兵发起进攻。

面对日本军队咄咄逼人的进攻态势,李鸿章消极应对,试图以此力避与日军发生冲突。他电告驻朝清军将领叶志超:"日虽竭力预备战守,我不先与开仗,彼谅不动手,此万国公例。谁先开战谁即理诎。"①然而,对于蓄谋已久的侵略者来说,还有什么公理可言呢? 7月25日,日本军队不宣而战,突然在牙山口外的丰岛海面向应朝鲜政府请求而由清政府雇佣的英国高升号运兵商船发起攻击,并将之击沉。具体负责中日战事的李鸿章认为,日本政府这一公然违反国际法的举动,必然会引起他一再期盼的英国的出面干涉,但狡猾的日本政府很快就通过向英国道歉和赔款而获得了英国的谅解。

8月1日,清政府被迫宣布对日作战。战场分为陆路和海上两个。在陆路战场,8月中旬,日本军队1万多人向朝鲜北部平壤发动进攻。驻守在这里的清朝军队有李鸿章的亲信叶志超统帅的1.4万多人,但在日军的进攻面前,除少数部队进行抵抗外,绝大多数清军将领还未正式开打就争相逃命,叶志超则弃城北走,一口气退到了鸭绿江以北,积存在平壤的大小火炮40尊、1万多杆枪和所有粮饷都拱手留给了日本侵略军。

9月下旬,日军攻入中国境内。当时守江的清军有近4万人,一闻有警,竟全线崩溃,日军轻易地占领了沿江的丹东、九连城等地,并向辽阳进军,威逼沈阳,整个辽东半岛大为震动。

日军在花园口登陆

---

① 《李鸿章全集》(二),上海人民出版社1986年版,第294页。

清政府鉴于淮军无法抵御日军的进攻,急调湘系大员、时任两江总督的刘坤一为钦差大臣赴山海关整军备战,湖南巡抚吴大澂和四川提督宋庆为副手同时出征。但是,由9万多人组成的湘军在战场上同样是畏敌如虎,不仅未能收复海城,反而连牛庄和营口也一起丢失了。于是,山海关和锦州便暴露在侵略者的面前。

在海上,清政府更是全军覆没,李鸿章花了近30年时间、耗费了无数银两组建起来并倚为政治资本的北洋舰队全部覆灭。9月17日,日本舰队在黄海海面大东沟向准备返航的北洋海军发起攻击。经过一个下午的激战,参战的13艘北洋海军舰只中有3艘被击沉,1艘被自家船只撞沉,3艘临阵脱逃,其余7艘受伤。但日本舰队并未取得全胜,而且还主动撤出了战斗。此时,李鸿章本着保存实力的既定策略,下令所有回到威海卫军港的军舰连同原先停泊在港内的军舰(共有大小舰只15艘和鱼雷艇13只)一律不得主动出海迎击敌人。而日本舰队在做了休整补充后,决定先攻占旅顺军港,控制住进出渤海的大门,然后再从后路包抄威海卫军港。

为避免从海上正面攻击旅顺军港而遭到清军的抵抗,日军于10月下旬先是用海船运兵到花园口登陆,经过休整后,仅用了4天时间就从有1.3万多人防守的清军手中夺取了旅顺。接着,日军2万多人在海军护送下于威海卫以东的成山角登陆,并很快攻占了威海卫港口南北两岸所有的炮台,随后用海军封锁了东西港口。北洋海军在李鸿章一味保船的消极方针的指导下,几乎成了瓮中之鳖。但是,如果北洋舰队此时下决心全力突围的话,也还不是完全没有机会。然而,北洋海军从上到下都没有这个魄力和决心。1895年2月,港内尚存的11艘军舰以及其他所有军械设施都成了日本侵略军的战利品。

在整个战争中,陆上除了总兵左宝贵、徐帮道、聂士成和依克唐阿,海上除邓世昌、林永升等少数将领坚持抵抗外,绝大多数清军将领都贪生怕死,充分暴露了清政府的腐败无能。

战场上一败涂地的清政府在战后付出了惨重的代价。1895年3月,李鸿章代表清政府在日本的马关同日本政府签订了丧权辱国的《马关条约》。和之前签订的《南京条约》、《天津条约》等一样,这一和约名义上也是经过谈判后才签订的,但实际上完全是日本单方面意志的反映。日本首相对临时接替李鸿章担任钦差全权大臣的李鸿章之子李经方(李鸿章在到日本后因遭日本浪人的袭击而住院治疗)说:"若不幸此次谈判破裂,则我一声令下,将有六七十艘运输船只搭载增派之大军,舳舻相接,陆续开往战地,如此,北京的安危亦有不忍言者。如再进一步言之,谈判一旦破裂,中国全权

李鸿章　　　　伊藤博文

大臣离开此地,能否再安然出入北京城门,恐亦不能保证。"①只此寥寥数语,已把李氏父子吓得六神无主。

在谈判桌上,伊藤博文更是咄咄逼人,用一副完全不容商量的腔调要求李鸿章答应他提出的全部苛刻要求,李鸿章则低三下四,寻求转圜的余地。下面是他们的对话:

　　伊藤:停战多日,期限甚促,和款应从速定夺。我已备有改定条款节略。……中堂见我此次节略,但有允不允两句话而已。
　　李:难道不准分辨?
　　伊藤:只管辩论,但不能减少。
　　李:既知我国为难情形,则所求者,必量我力之所可为。
　　伊藤:时限既促,故将我所能做到者直言无隐,以免多方辩论。②

日本政府抓住了清政府欲战无兵、欲守不能、急于讲和的软肋,不论李鸿章如何乞求"请让少许","无论如何,总请再让数千万","又要赔钱,又要割地,双管齐下,出手太狠,使我太过不去","到底不能一毛不拔",伊藤博文都以"万万不能再让"③相对,一口回绝。一场只能全部承认一方提出的所有条款的谈判,当然称不上是什么和谈,作为谈判代表的李鸿章只能履行起签字画押的职能。在这种情况下签订的《马关条约》包含有如下条款:

　　割让辽东半岛、台湾及所有附属岛屿给日本;赔偿军费2亿两;开放沙市、重庆、苏州、杭州为通商口岸,任便从事各项工艺制造,并得将各项机器任便装运进口;日本在中国制造的货物享受与进口货物一样优待的权利。

---

①　王芸生:《六十年来中国与日本》第2卷,生活·读书·新知三联书店1980年版,第272页。
②　王芸生:《六十年来中国与日本》第2卷,生活·读书·新知三联书店1980年版,第278页。
③　王芸生:《六十年来中国与日本》第2卷,生活·读书·新知三联书店1980年版,第296页。

最后谈判时,伊藤博文提出在换约一个月后,必须完成台湾的交割。李鸿章说:"头绪纷繁,两月方宽,办事较妥,贵国何必急急?台湾已是口中之物。"伊藤博文却说:"尚未下咽,饥甚!"①活脱脱呈现出一副侵略者的贪婪嘴脸。

此后,辽东半岛虽因俄、德、法三国出面干涉而归还中国,但日本政府却又从清政府手里讹诈去3000万两白银。台湾则因日本军国主义侵略势力的长期介入,至今仍然成为关乎地区稳定的热点之一。

马关条约签约现场

甲午中日战争的失败,完全是清政府的腐朽统治造成的。这种腐朽一方面表现在战场上绝大多数官兵畏敌如虎,一触即溃,乃至闻风而逃,另一方面则表现在整个统治阵营长期以来不思进取,没有居安思危,抓住第二次鸦片战争后30多年相对和平的有利时机急起直追、发愤图强,而是一再错失良机,把有限的国家财富用于挥霍浪费、贪污中饱。1888年,北洋舰队建成时,有2000吨以上的军舰7艘,总吨位达2.7万多吨,其中还有当时亚洲最先进的两艘由德国制造的定远、镇远铁甲舰各载重7300多吨,并拥有日本没有的重炮。而同时期日本仅有2000吨级以上的军舰5艘,总吨位15000吨。但6年以后,日本通过不断添置新舰,单艘军舰最大载重量虽还只有4200多吨,但在装备和航速等方面已超过了北洋海军,期间北洋水师

---

① 王芸生:《六十年来中国与日本》第2卷,生活·读书·新知三联书店1980年版,第300页。

却未再添置1艘军舰、更新1门大炮。即便如此,双方的实力仍相差不大,并且在某些方面中国还有一些优势,但由于长期没有操练,武器弹药没有及时更新,更重要的还在于多数舰官贪生怕死,缺乏与敌人拼死一搏的心理准备和顽强意志,结果也就只能以彻底失败来收场了。

晚清时期,从最高统治者到中下级官员,鲜有以国家前途为重、洁身自好者,更多的则是沆瀣一气、朋比为奸,因此上行下效,终至法不责众,坐待统治地位的丧失而无能为力。在甲午战争爆发的1894年,正值西太后60寿辰,为营造祥和的喜庆气氛,在前线军费严重吃紧的情况下,各地仍竞相献钱献物,清政府则把搜刮而来的钱财用于修造颐和园,供西太后游乐赏玩。

甲午中日战争的危害不仅表现在清政府在军事上的彻底失败以及签订了丧权辱国的《马关条约》,更重要的还在于随之而出现的帝国主义瓜分中国的狂潮。

《马关条约》签订后,帝国主义国家纷纷转变侵略方式,直接在中国办工厂、开矿山、设银行、筑铁路,大肆进行资本输出,同时开始在中国划分势力范围,逐渐形成了德国控制山东、沙俄控制东北、法国控制两广、英国控制长江流域、日本控制福建的基本格局。

二、八国联军侵华战争:清政府沦为"洋人的朝廷"

八国联军侵华战争的发动固然是由帝国主义国家的资本掠夺本质所决定的,但同时也与清政府错误判断形势、误导义和团民众的仇洋心理有关联,在一定程度上也是西太后为了发泄私愤而采取的军事报复行动所致。

随着帝国主义列强对中国侵略的加深和本国封建主义剥削的加重,中国下层人民的生活越来越不堪重负,中外矛盾、官民矛盾不断激化。华北地区作为中华文明的重要发源地,在洋教借助不平等条约的庇佑得以广泛传播的时候,良莠不齐的外国传教士和以洋教为护符的本土信众同当地原有的宗教信仰和民俗习惯频生冲突且愈演愈烈。这就是以反洋教为主要目标的义和团运动在19世纪后期得以快速发展的社会背景。

如果说以下层民众为主体的义和团运动无法对外国人进行准确区分,因而表现出盲目的排外情绪尚不足为怪的话,清政府错误地利用这一情绪,并加以推波助澜,就完全是别有用心的阴谋了。

戊戌变法失败后,西太后一直在想方设法要把不听话的光绪皇帝废掉。为此,1900年初,西太后决定立端王载漪的儿子溥儁做同治皇帝的继承人,称为"大阿哥",但各国公使却拒绝表示庆贺。他们并不是为了反对西太后,而是认为跟较为开明的光绪比较好打交道。但在国内政治生活中一向颐指气使,为人又心高气傲、唯我独尊的西太后,却认为西方国家此举纯属干涉中国的内政,因此内心颇为不快,一直试图找机会让他们领教一下自己才真正是中国说一不二的人物。6月,她又得到了并不准确的情报,说洋人提出了照会,其中有一条是要她归政。这一未经证实的情报,彻底惹恼了西太后。因此,她决定利用义和团的力量来对洋人进行一番教训。

清政府最高统治者拿民族的前途和命运、人民的福祉当儿戏,以逞一己之意气,充分暴露了自己与国家命运和民众利益的严重疏离,这也是清王朝最终被人民群众无情抛弃的重要原因。

1900年6月21日,清政府向派重兵前来镇压义和团运动的列强各国发出宣战书:"朕今涕泣以告先庙,慷慨以誓师徒,与其苟且图存,贻羞万古,孰若大张挞伐,一决雌雄"①,表示出要与列强各国一决高下的架势。这封诏书相当奇特,既没有点出任何具体的国家名称,也没有送达任何外国政府,暴露出最高统治者既想教训一下外国列强,又在内心深处对洋人极为恐惧,害怕一招不慎即惹火烧身、招来报复的复杂心态。

既是抱着这样一种矛盾而又复杂的心态,就决定了清政府在战场上不能不采取首鼠两端、处处留有后路的行为举止。一方面,清政府为了表示对义和团的有限支持,曾拨出2万担大米、10万两白银给团民;另一方面,它又在实际作战中处处留意保护洋人的生命财产,有时还纵容政府军队从背后向义和团民众开冷枪,这往往致腹背受敌的义和团民众在战场上死伤枕籍,难以达到预期的作战目的。

宣战诏令下达后仅5天,清政府就开始不断通过各种途径向侵略者示好,请求其谅解,为自己的将来寻找退路。6月29日,清政府在致驻外使臣的电文中要他们向所在各国切实声明并传达中国的本意,表示中国再不自量,也不至于同时与各国开战,更不至于让暴乱的民众来与各国开战。电文并请求获得各国的谅解。这完全是一副俯身求人的奴才嘴脸。

7月3日和17日,清政府又分别向俄国、日本、英国、法国、德国、美国等发出诏书,要他们"设法筹维"局面。侵略者也心领神会,一致表示:此番是为了使中国政府保持和平,决非对中国政府进兵,进兵的目的是讨伐以义和团之名颠覆中国政府的叛徒。

---

① 国家档案局、故宫博物院明清档案馆:《义和团档案史料》上册,中华书局1959年版,第163页。

八国联军攻占北京城

  但天上不会掉下免费的馅饼，侵略者既然兴师动众派兵前来替清政府镇压义和团运动，自然不能没有回报。1900年8月14日，由英、俄、日、法、德、美、意、奥8个国家联合组成的侵略军攻进北京。在大肆抢掠了一番后，开始协调内部各方的分歧，并向清政府索取回报。在侵略者攻进北京的前夕，西太后率领光绪皇帝及一班文武大臣仓皇出逃，一路经太原到达西安。在逃亡途中，清政府任命李鸿章和庆亲王奕劻一起担任与列强议和的全权大臣。

  经过近一年的反复交涉，清政府最终于1901年9月与组成联军侵略中国的英、俄、日、法、德、美、意、奥8个国家，加上西班牙、荷兰和比利时共11个国家的驻华公使签订了《辛丑各国和约》。这是一次对国家主权的空前大拍卖，其主要内容有：

  （1）清政府向各帝国主义国家请罪道歉，为被杀的德国公使克林德树碑，严惩"纵信拳匪，妄行攻战"的各级官吏和将卒，并规定今后必须"弹压惩办"国人的反帝斗争，对弹压不力的地方官"立即革职，永不叙用"。

  （2）赔偿各国列强出兵费用和其他损失，总数达4.5亿两白银，分39年偿还，加上利息和地方赔款，总数超过10亿两，比当时清政府12年的财政总收入还要多，是各国列强对中国人民的一次无耻勒索。为保证赔款的有效支付，条约规定以关税、盐税和厘金作担保。

  （3）撤除从大沽到北京沿线的所有炮台，中国军队不能在天津周围20

里内驻扎,列强在京津一线直至山海关等战略要地驻扎军队,并在北京东交民巷设立"使馆区",由各国军队守卫,中国人不得擅自进入,实际上成了"国中之国"。

在《辛丑条约》中因为帝国主义列强之间难以协调的深刻矛盾,列强没有要求割地,反而一致同意要"保全中国",对挑起事端的真正祸首西太后也没有追究,正因如此,西太后为表示"感激",一再表示要"量中华之物力,结与国之欢心",要李鸿章等尽力履行条约,也就是要尽量满足列强的苛刻要求。由此,清政府完全成了"洋人的朝廷"。清王朝最高统治者"宁赠友邦,勿与家奴"的卖国嘴脸,以及"宁令国人死,勿触外人怒"的媚外态度,不仅激起了资产阶级革命派的猛烈抨击,即便是清王朝统治集团内部较为开明的官员也为之汗颜。

在清政府对列强宣战后,以张之洞、刘坤一和袁世凯等为代表的一些封疆大吏,借口保全地方秩序、免遭军事行动而带来的破坏,宣布"东南互保"。和约签订后,清政府不但未予追究,反而肯定了他们的做法,这从一个侧面说明了地方督抚的离心倾向在加强。辛亥革命爆发后,以程德全为代表的一些地方督抚相继宣布独立,山东等省在宣布独立后不久,又取消了独立,所有这些都可以看成是在效法"东南互保"的故事。

第二节 自强努力的失败:清政府统治合法性的逐渐丧失

晚清以来,清政府在沦为半殖民地半封建社会的同时,为挽救自己的统治危机,在不同的历史时期,由不同的历史主角发起了内容不尽相同的自强运动,举其要者有洋务运动、戊戌变法和清末新政,如果其中的任何一次尝试取得了成功,清王朝也许不会在1911年走到历史的尽头,但遗憾的是,所有这些努力最终都宣告失败了,尽管其具体原因各不相同,但也证明清王朝的腐朽统治已走向穷途末路。

本节依旧以程德全从政后清廷发生的自救措施为考察对象,以冀能够循着清廷自救而又失败的轨迹,窥探到程德全对清廷由希望转变到绝望的心路历程。

一、戊戌政变:统治阵营内部的权力纷争

程德全到黑龙江开始他的政治生涯时,曾经轰轰烈烈的洋务运动已经到了尾声,这场由清廷高层发起的自救运动本是要通过发展实业来救国,但是却以洋务派的失败而告终。不过,洋务运动虽然最终被发起者亲手葬送

了,但在其发展过程中,还是在客观上促进了中国社会的某些积极变化。其中最重要的就是中国民族资本主义的兴起和发展,它为戊戌变法这场资产阶级维新运动提供了必要的阶级和社会基础。

戊戌变法的高潮出现在1898年6月11日到9月20日的103天中,史称"百日维新",但其酝酿和准备却经历了很长的时间。

戊戌变法的灵魂人物是康有为。以他为代表的资产阶级维新派人士,在空前的民族危机面前,适应资产阶级发展资本主义的要求,从救亡图存的爱国思想与资产阶级的利益和要求出发,从西方资产阶级那里借取了进化论等思想武器,在猛烈抨击"恪守祖训"的封建顽固派的同时,也对只主张学习西方资本主义技艺而反对学习西方政治制度的洋务派表示不满。他们认为只有实行彻底的变法、维新,走西方国家的资本主义道路,才能使中国真正富强起来,挽救日益严重的瓜分危机。

康有为早年曾到香港等地游历,阅读过一些介绍西方国家政治制度和自然科学知识的书刊,对西方资本主义发达的物质文明和开明的政治制度有一些感性认识,并对腐朽的晚清封建专制统治产生了不满。1888年,他利用在北京参加顺天府乡试的机会,第一次给皇帝写了一封5000多字的长信,阐述了变法图强的必要性和紧迫性。此后又于1895年4至6月、1897年12月、1898年1至2月前后共8次上书皇帝,一再呼吁尽快进行变法。其中最有名的是1895年4月的"公车上书"。这次变法是在中日《马关条约》签订后不久的会试期间进行的,因此在全国产生了广泛影响,康有为也由此成了变法的精神领袖。在这一过程中,康有为还写了《新学伪经考》、《孔子改制考》等重要政论文章,为改革广造舆论。为争取更多的士大夫和知识分子支持和参加变法,他和支持者梁启超、谭嗣同、严复等在北京、上海、湖南、广东、天津等地创办报纸、组织团体、开办学堂,大力宣传维新主张,为变法制造舆论。

康有为等与顽固派进行的激烈论战,影响最为深远。论战主要围绕要不要变法,要不要改变封建专制统治、兴民权、设议院、实行君主立宪,要不要废除八股取士制度等3个方面展开。维新派通过论战批驳了顽固派所谓"祖宗之法不可变"的荒谬主张,强调了兴民权、设议院、实行君主立宪和废除科举考试制度的重要性。在论战中,维新派人士虽然广泛引证了西方资产阶级的有关学说作为立论的依据,但其中的许多观点其实早就有人提出过,比如关于限制专制君主权力的主张以及对科举制度弊端的揭露等,就一直有人在进行阐述和论证。以科举制度为例,自隋朝开始确立,历经千百年的发展流变,虽然曾为统治者网罗了不少治国人才,但越是到后期,其弊端也表现得越明显。清代在野文人徐大椿在《时文叹》中说道：

> 读书人，最不济，烂时文，烂如泥。国家本为求才计，谁知道变俺了欺人计。三句承题，两句破题，摆尾摇头，便是神门高第，可知道三通（指唐朝杜预的《通典》、元朝马端临的《文献通考》、明朝宋谯的《通志》）四史（指司马迁的《史记》、班固的《汉书》、范晔的《后汉书》、陈寿的《三国志》）是何等文章，汉祖唐宗是哪朝皇帝？案头放高头讲章，店里卖新科利器。读得来肩背高低，口角唏嘘。甘蔗渣儿嚼了又嚼，有何滋味？辜负光阴，白白昏迷一世。就叫他骗得高官，也是百姓朝廷的晦气。

类似这样的批评，自科举制度产生以来就一直存在着。科举制度由选拔人才、为人才的脱颖而出提供一个相对公平的制度环境到转变为扼杀、埋没人才的制度设置，实在是制度设置者当初所始料未及的，其根本原因则在于腐败而又专制的封建统治制度。不从根本上改革这种腐朽的政治制度，任何小改小革都于事无补。

维新派紧锣密鼓的准备活动终于得到了封建统治者的重视和知识分子的广泛支持。光绪帝在收到康有为的第三封上书后，认为其所提出的主张有利于延缓清王朝的封建统治，因此给予了支持。从1898年6月11日开始，光绪皇帝先后发布上谕，出台了一系列政治、经济、文化、军事等方面的改革措施。

政治方面的主要内容有：删改则例，裁汰冗员，取消闲散重叠的机构；准许"旗人"自谋生计；准许百姓上书言事；等等。但其中未涉及设议会、开国会、定宪法等内容。

经济方面有：保护农工商业，设立农工商局，切实开垦荒地，提倡开办实业，奖励新发明、新创造；设立铁路、矿产总局，修筑铁路，开采矿山；设立全国邮政局，裁撤驿站；改革财政，编制国家预算；等等。

军事方面有：训练海、陆军，陆军改练洋操，裁减旧军，力行保甲制度。

文教方面有：改革科举制度，废除八股，改试策论；设立学校，开办京师大学堂；设立译书局，翻译外国新书；允许自由创立报馆、学会；派人出国留学、游历；等等。

在整个变法的酝酿和实施过程中，一直交织着光绪与西太后之间的权力之争，而且这种斗争由于康有为等人未能高度重视和处置不当，还呈现出不断激化的趋势。还是在酝酿变法之初，光绪皇帝就曾说过："太后若仍不给我事权，我愿退让此位，不甘作亡国之君。"慈禧得知后十分生气，说道：

"他不愿坐此位,我早已不愿他坐之。"而且,慈禧还抱着静观局势变化以收拾残局的态度:"由他去办,俟办不出模样再说。"①她并为此做了充分准备。

4月27日,慈禧采取了3项措施:(1)将支持变法的光绪皇帝的老师翁同龢"开缺回籍";(2)任命亲信荣禄担任直隶总督;(3)命令所有二品以上大臣到太后面前谢恩,实际是借此将这些大臣控制住,表明实权仍掌握在自己手里,同时也是提醒这些大臣在关键时刻不要站错队。接着,她又任命亲信崇礼署步兵统领,让荣禄担任文渊阁大学士兼北洋大臣,派顽固守旧分子怀塔布掌管圆明园官兵,派心腹刚毅管理健锐营。同时,效忠西太后的董福祥甘军、聂士成武毅军、袁世凯新建军都驻扎在京、津一带,全部归荣禄统帅。

光绪皇帝也在采取反制措施,一是在8月29日裁撤詹事府、通政司、光禄寺、鸿胪寺、太常寺、太仆寺、大理寺等无所事事的衙门,并裁撤了湖北、广东、云南三省的巡抚;二是于同月31日下诏将阻挠变法的礼部尚书怀塔布、许应骙革职;三是任用谭嗣同、杨锐、刘光第、林旭等年轻官员参与新政事宜。可以看出,光绪的这些举措明显不如太后的果断和有力,尤其是没有抓住至为关键的军权。

但这些举措还是引起了嗜权如命的西太后的高度警觉,据参与变法的核心成员梁启超回忆说,就在光绪采取反制措施后的9月4日,西太后已决定要将光绪废掉。9月13日,光绪到颐和园见了慈禧后,明显地感到了来自太后的巨大压力,他在一封密谕中说:"朕惟时局艰难,非变法不足以救国,非去守旧衰谬之大臣,而用少年英勇之士,不能变法。皇太后不以为然,朕屡次婉劝,太后反怒。今朕势难自保,汝与康有为同心设法相救;十分危急,不胜盼切之至。"②

这些手无寸铁的书生们在接到光绪的密谕后惊慌失措,不切实际地提出要分化荣禄所控制的军事力量,将袁世凯争取过来,再由其借机将荣禄杀掉,同时还想请外国势力给予支持。狡猾的袁世凯表面虚与委蛇,但在回到天津后,很快就将维新派的考虑向荣禄和盘托出,康有为等争取英、日干预的企图也宣告失败。于是,维新派就只剩下束手待毙、坐等失败一种结果了。

9月21日,慈禧在做好各种准备后,发动政变。这天早晨,光绪照例到西太后所住的颐和园去请安,但太后却由间道进入西直门,并带人直达光绪

---

① 中国史学会:《中国近代史资料丛刊·戊戌变法》第一册,神州国光社1953年版,第331页。
② 中国史学会:《中国近代史资料丛刊·戊戌变法》第一册,神州国光社1953年版,第343页。

住所,把一切文件都搜索拿走。她将光绪招来加以训斥:"我抚养汝二十余年,乃听小人之言谋我乎?"一贯生性懦弱的光绪思考了很久后才勉强回复道:"我无此意。"慈禧又唾骂道:"痴儿,今日无我,明日安有汝乎?"慈禧当即传旨说光绪有病不能办事,由她"临朝训政"①,随后将光绪囚禁到中南海的瀛台。接着,她下令逮捕参与变法的光绪亲信。

康有为已于政变前一天离开北京到了天津,随后乘英轮前往上海,由于英国人的帮助,他成功地逃脱了清政府的追捕。梁启超也在日本人的保护下逃往日本。在被逮捕的人中间,杨深秀、杨锐、林旭、刘光第、谭嗣同、康广仁于9月28日被杀,其余的或被流放,或被监禁,或被罢官。

1897 年的谭嗣同等人

谭嗣同本有机会逃走,但他却决定留在家里,等待清政府的逮捕,并对前来劝他逃亡的日本朋友说:"各国变法,无不从流血而成,今中国未闻有因变法而流血者,此国之所以不昌也,有之,请自嗣同始"②。在慷慨赴死之际,他又从容说道:"有心杀贼,无力回天。死得其所,快哉快哉!"③自此,戊戌变法宣告失败。

与此同时,慈禧太后于9月26日下诏将被光绪皇帝裁撤的詹事府等机构全部恢复,停止"不应奏事人员"上书言事,不久又恢复了八股考试,但对

---

① 中国史学会:《中国近代史资料丛刊·戊戌变法》第一册,神州国光社1953年版,第476页。
② 中国史学会:《中国近代史资料丛刊·戊戌变法》第四册,神州国光社1953年版,第53页。
③ 《谭嗣同全集》,生活·读书·新知三联书店1954年版,第512页。

"通商、惠工、重农、育才及修武备、浚利源、实系有关国计民生者,即当切实次第举行"①。

应该怎么看待慈禧太后的上述举措呢?睽诸咸丰皇帝死后慈禧掌权以来的基本史实,可以发现,她是一个权力欲望极其强烈且又极善于弄权的女人。作为晚清王朝事实上的最高统治者,她念念不忘的是如何保护自己已经拥有的权力,维新派人士如果能够在不影响她的既有权力或不刺激她的权力欲望的前提下稳妥地推行变法措施,然后再设法将其手中的大权削弱掉,戊戌变法或许并非注定就不能取得成功。但令人遗憾的是,变法者在国势日危的环境下行事过急,而且操持失当,以致丧失了一次极有可能使中国真正走上富强道路的重要机遇。

戊戌政变后,监察御史王培佑在奏折中说:"今之乱者,窃变法之说,为作乱之谋,实则其人,原不足与变法,其志亦不在变法,特藉以谋乱而已。臣恭读屡次诏旨,罪其谋乱,并非罪其变法,使第以变法为罪,则彼转得末减矣。……今皇太后皇上于惩乱之余,取近所举行者,熟权得失,而更正之,一秉大公,断非以乱党曾经言及,遂概从蠲除也。"②表面上王御史所言或许有为西太后辩护的意味,事实上不过是借上书言事的机会来表明自己拥护变法的态度,因为到19世纪末清政府已腐败透顶,即便是再顽固的保守派也深知如再不急思转变,其终将覆灭恐难以避免,且为时也不会太远,所以以他的身份,应很了解戊戌政变的真正原因。

从这一角度来说,戊戌变法与其说是因顽固派的反扑而失败的,倒不如说是因为变法者们未能妥善处理好帝、后两党之间的权力之争而失败的,只不过表面看起来聚集在西太后周围的大多是一些极端顽固的守旧分子,其实,在推开历史的表象后,我们会发现历史的真实并非如此。比如,最终选择站在西太后一边的袁世凯,无论是在事变前,还是在事变后,都是明确支持并在实际工作中大力实行变法举措的。而以往人们通常认为,光绪皇帝属于革新派,但熟悉当时政情的章太炎却指出,光绪皇帝真正关心的是西太后是否想把他废掉,他经过盘算后,认为不实行变法就不能取得帝国主义国家的欢心,也就不能排斥西太后的权力。他之所以搞百日维新,主要还是为了保住自己的权位。如果那时西太后死了,他能够独揽大权,他的那些"新政"只怕也会败坏下去。不但如此,他还可能反过来以武力镇压想走资本主义道路的人。

---

① 中国史学会:《中国近代史资料丛刊·戊戌变法》第一册,第102页。
② 国家档案局、明清档案馆:《戊戌变法档案史料》,中华书局1958年版,第481—482页。

戊戌变法作为一次救亡图存的爱国运动,把近代中国反抗外国侵略、探寻国家出路的斗争推进到了一个新的阶段。面对清王朝的腐败统治,改良派强烈要求全面向西方国家学习,政治上设议院伸民权,限制封建君主的权力,实行君主立宪;经济上大力振兴实业,保护民族经济,发展资本主义。这反映了近代中国新兴的民族资产阶级争取自身政治地位和经济发展的强烈愿望,表明这个时期改良派的政治主张不论就其深度与广度,还是就其社会意义来说,都大大超过了此前的一切政治派别。维新派以他们初步学到的西方资产阶级民主主义思想为武器,与顽固派进行了激烈的论战,对中国传统的封建伦理纲常进行了猛烈的抨击,广泛介绍了西方国家的自然科学与社会科学著作,尤其积极地传播了西方资产阶级民主主义思想和制度,从而激发了人们挣脱封建专制思想禁锢的愿望,并使资产阶级民主主义思想得到空前广泛的传播,为后来的民主革命开辟了道路。从这一角度来说,维新运动同时也是一次思想解放运动。

维新派人士幻想在不根本触动封建专制统治基础的前提下,依靠一个没有实权的封建皇帝,通过一场自上而下的改良运动,就能在僵化的封建社会中营造出一个有利于资本主义发展的良好环境,他们甚至对帝国主义国家抱有不切实际的幻想和希望,而对广大民众的力量却未予足够的重视,这就注定了这一运动必然失败的历史命运。

不仅如此,就变法者的基本策略来说,也有不少可叹之处。一是变法措施出台过多、过快,在103天中,就发布了两三百条涉及选拔人才、农工商业、裁汰冗员、废除科举、财政经济、法律制度、文化教育、军事国防等几乎所有方面的上谕,大有令人目不暇接之慨。之所以会如此,或许是因为在变法者看来,机遇难得,稍纵即逝,而且中国已积弊甚深,重病需用猛药,因此必须抓住有利时机,尽可能快而且多地出台新政。但也正因为中国已经积弊甚深,不仅封建顽固势力异常强大,而且因为缺少必要且有效的社会动员和舆论宣传,改革的社会环境还很不成熟,人们固然有变革的欲望,但对如何改、改什么、哪些先改、哪些后改、改到什么程度,却并没有达成多少共识,

慈　禧

甚至几乎没有多少人对此进行过稍微深入一些的思考。而且,这些改革措施之间既不配套,也缺少前后连接的必要环节。以科举制度的废除来说,变法者要求当年就把全国的科举考试改为策论,这对历经数十年寒窗苦读、皓首穷经的广大士子来说,实在是无法接受的,而这些人都是社会舆论的传播者和制造者。一场没有获得社会舆论广泛支持的改革,要想取得成功是很困难的。这反映了改革者在政治上的幼稚和病急乱投医的急躁心态。

再者,就要不要改革来说,在变法发动时以西太后为首的后党集团并没有公开表示反对,她曾对光绪表态说:"汝但留祖宗神主不烧,辫发不剪,我便不管。"①至于李鸿章、荣禄、王文韶、张之洞、刘坤一等大臣,其实也都在犹疑观望。西太后等人的这一态度,可能有静观局势变化的考虑,也可能是一种以静制动、后发制人的策略,但至少也留下了可以争取的空间和余地,但改革派却未能很好地加以利用,反而将其一脚踢开,认为所有老臣都是顽固派,既不堪任用,更无须争取,甚至还在有意无意之间激化光绪皇帝与西太后之间本来就很紧张的权力矛盾,设想通过变法将实权从太后那里夺过来,这自然要遭到以西太后为首的顽固派的坚决反对。由于西太后的长期执政经验以及由此而形成的强大实力集团,加上她对光绪自然拥有的权威地位,实际上只有她才是变法成败的最后决定者。

还有,康有为写有《新学伪经考》、《孔子改制考》等,他用孔子作为改革的号召本无可非议,但他借此要求所有接受传统教育的封建士大夫放弃一生为之信仰的学说,这对那些士大夫来说无疑是两难的选择。其实在当时的情况下,对支持或赞成改革的人来说,重要的恐怕并不在于孔子是否赞成改革,而在于当时日益严峻的国情。

戊戌变法的最终失败同样说明,满清王朝的最高统治者们完全是以自己的一己私利为考虑问题的出发点和归宿点的,至于国家前途和民族命运则完全服从或服务于自己权力斗争的需要。

二、最后的挣扎:清末新政

变革似乎总难寻找到最佳的合适时机:当问题尚不尖锐突出时,少数人的改革诉求因得不到大多数人的理解和认同,便无法付诸实施;当问题层出不穷,到了不得不进行变革的时候,又会因为问题已积重难返、沉疴难起而使多数民众相信即便进行变革也解决不了问题。于是,起先看来只需动些

---

① 中国史学会:《中国近代史资料丛刊·戊戌变法》第一册,神州国光社1953年版,第342页。

小手术就能得到根治的病症,因为未能恰当地把握时机而逐渐演变为不治之症。正是这一悖论的存在导致中外历史上的许多改革要么成了走过场,要么最终没有成功。因此,在多数情况下,改革时机的选择和确立就显得十分重要。况且,改革者并非在真空中生活,总有自己及其所代表的阶级或阶层的利益考量,并欲借助于变革来实现,于是问题变得复杂起来。清末新政的失败在一定程度上正是上述悖论的真实写照。

于1901年开始的清末新政的主要内容如下:

首先,提倡和奖励私人资本主义办工业。1903年9月,清政府宣布成立商部,后来改为农工商部,负责国内的实业开发和铁路建设,明确指出要鼓励民间力量从事实业建设。在其通过的"奖励公司章程"中说:"向来官场出资经商者颇不乏人,惟狃于积习,往往耻言贸易,或改换姓名,或寄托他人经理,以致官商终多隔阂。现在朝廷重视商政,亟宜破除成见,使官商不分畛域,合力讲求,庶可广开风气。"①尽管在有些学者看来,清廷此举的目的在于解决日益严重的财政危机,而且对于这一观点也有历史资料为证,但这一政策的出台,至少在客观上是有利于民族资本主义经济的快速发展的。

其次,废除科举考试,设立新式学堂,提倡出国留学。1902年,清廷通令各省选派学生到西洋各国讲求专门学业。1903年,又颁布了学生章程,对各级学堂已经毕业的学生补授贡生、举人和进士等名衔,还规定已通过会试的人必须再入京师大学堂分门肄业。1905年,根据袁世凯和张之洞的建议,清政府正式宣布废除科举制度。

再次,改革军制,逐步裁撤旧式的绿营、防勇,编练新式军队。1903年,清政府在北京成立练兵处,实际负责人为袁世凯。为培养新军官兵,清廷要求各省普遍设立武备学堂,并从1904年起,每年派出100人左右到日本学习军事。

不能说这些举措都没有取得效果,但从维护和巩固清朝统治的主观目的来看,则大多没达到预期,有的还走向了反面。比如编练新军,本是为了加强自己的军事力量,但不少新军后来都参加到埋葬清王朝的武装起义中去了。

清末新政在总体上是不成功的,有些举措仅仅是一场骗局。例如,清朝统治者在实行宪政方面所玩弄的把戏,就是如此。

随着资产阶级上层力量的不断壮大,他们要求分享权力的欲望也日益强烈。在他们看来,实行立宪政治,既可以满足自己参与政权的欲望,也可以借此消弭日益高涨的革命气氛,从而达到延缓清王朝统治的目的。他们

---

① 汪敬虞:《中国近代工业史资料》第二辑(上册),科学出版社1957年版,第641页。

原以为这种一举数得的美好愿望不仅能够得到清朝统治者的认可,而且会很快实现。但结果证明,他们的想法完全错了。

五大臣罗马合影

起初,清政府在资产阶级的一再要求下,在实行宪政方面做了一些装点门面的工作。1905年底,清廷派镇国公载泽、户部右侍郎戴鸿慈、湖南巡抚端方、山东布政使尚其亨和顺天府丞李盛铎等5位大臣出洋考察。1906年,五大臣先后回国,在上呈给清廷最高统治者的奏章中说,实行宪政可以有"皇位永固"、"外患渐轻"、"内乱可弭"三大好处。经过御前会议的一番紧张讨论,清政府于9月做出决定,宣布"预备仿行宪政",从改革官制入手,逐步厘定法律、广兴教育、清理财政、整顿武备、遍设巡警等,作为实行立宪的"预备"措施。从此,清政府主导下的宪政运动就算是启动了,而且似乎每年都有新动作。

台湾著名历史学家张朋园先生曾对1906年9月后清政府在预备立宪进程中的所有举措进行过系统梳理,发现其基本呈现出只进不退的态势,举其要者,有如下数端:

1906年:下诏仿行宪政,从改革官制入手,并将厘定法律、广兴教育、整顿武备普设巡警作为预备立宪的基础;停实官捐,确定禁绝鸦片年限;颁布新的中央官制,行政中枢军机处照旧不变,只对某些部的名称做了更改,并增设至11个部。

1907年:公布地方官制,将各省督抚的军权、财权分别收归陆军部和度支部,令直隶、东三省及江苏先行试办,同时采取明升暗降的办法,将地方督抚中权势最大的袁世凯和张之洞调至中央，担任军机大臣；改政治考察馆为宪政编查馆；派遣达寿出使日本，汪大燮出使英国，于式枚出使德国，考察三国宪政；下令筹设资政院及各省咨议局，并准备设立各府州县议事会；又命各省设调查局，各部院立统计局。

1908年：定咨议局章程及议院选举章程；颁布宪法大纲，定9年之后开国会，并颁布逐年应行筹备事宜；继又颁布城、镇、乡自治章程，调查户口章程，清理财政章程，以及设立变通旗制处。

1909年：宣示朝廷一定实行预备立宪、维新图强之宗旨；各省咨议局开幕，度支部奏派清理各省财政监理官，分赴各省清理财政。

1910年：公布各省岁入总数，颁布资政院章程、选举议员章程、厅州县自治章程、法院编制法，人户清理，全国人户数字由民政院公布。资政院开院，全国岁出入预算案交资政院议决成立，各省岁出亦交咨议局议决，省城及商埠审判厅以次成立，简任各省高等审判厅及高等检察厅检察长，颁布新刑律，缩短预备立宪年限，改于1913年召开议院。

1911年：颁布内阁官制及内阁办事暂行章程，设立新内阁，弼德院、军谘府、地方审判厅等机构亦相继成立。①

由上观之，1906年以后，特别是1908年西太后死后，清政府在宪政实行的速度方面已经越来越快，具操作性的实质性内容也越来越多。

在咨议局和资政院的设立方面，清政府稳步推进。按照科举制下每省学额的5%，同时考虑到各省负担的漕粮不一，并为了照顾旗籍的权利，清政府下达给各省的咨议局成员人数并不一样，具体名额见下表：

各省咨议局议员名额②

省份	员额(人)	省份	员额(人)	省份	员额(人)
奉天	50	福建	72	甘肃	43
吉林	30	湖北	80	四川	105
黑龙江	30	湖南	82	广东	91
直隶	140	山东	100	广西	57
江苏	121	河南	96	云南	68
安徽	83	山西	86	贵州	39
江西	93	陕西	63	总计	1643
浙江	114	新疆	暂缺		

---

① 张朋园：《立宪派与辛亥革命》，吉林出版集团有限责任公司2007年版，第6页。
② 张朋园：《立宪派与辛亥革命》，吉林出版集团有限责任公司2007年版，第12页。

清政府规定,咨议局议员的选民资格为:(1)曾在本省地方办理学务及其他公益事务满3年以上之有成效者;(2)曾在本国或外国中学堂或同等以上之学堂毕业得有文凭者;(3)有举贡生员以上之出身者;(4)曾任实缺职官文七品、武五品以上未被参革者;(5)在本省地方有5000元以上之营业资本或不动产者;(6)具有上列条件之一,年满25岁之男子;(7)寄籍本省10年以上、年满25岁之男子,或寄居地方有1万元以上之营业资本或不动产者。作为候选的则必须年满30岁以上。但有下列情事之一的,不得作为选民或候选人:(1)品行悖谬营私武断者(指宗旨歧邪,干犯名教及讼棍土豪而言);(2)曾处监禁以上之刑者;(3)营业不正者;(4)失财产上之信用被人控告实未清结者;(5)吸食鸦片者;(6)有心疾者(指有疯狂痴呆等疾,精神已异常者);(7)身家不清白者(指娼优隶卒等贱业之人);(8)不识文义者。

这些条件中最突出的要数对选民财产和性别资格的限制,在当时的情况下,上述限制就把相当多数的一批人给排除出了选民队伍之外。

资政院满额200名,其中钦定和民选各100名,但实举196名,钦定、民选各98名。因新疆以民智未开化为由,请求缓举。钦定98名包括:宗室王公世爵14名、外藩王公世爵14名、满汉世爵12名、宗室觉罗6名、各部院衙门官32名、硕学通儒10名、多额纳税者10名。民选98名,按各省咨议局议员的多少分配名额,计:直隶9名,江苏、浙江各7名,山东、江西、四川各6名,湖北、湖南、广东、安徽、河南、山西各5名,福建、陕西、云南各4名,奉天、甘肃、广西各3名,吉林、黑龙江、贵州、新疆各2名。① 具体名单的确定,是由各省咨议局先互选出两倍于应选议员的候选人,然后由各省督抚圈定。一旦成为资政院议员后,就不得再兼任地方咨议局议员,钦定和民选议员也不得相互兼任。

无论是咨议局还是资政院,其议员大多都有功名在身,具体见下表:

资政院、咨议局议员功名背景②

功名	资政院				咨议局	
	民选	钦定	共计	百分比%	人数	百分比%
进士	22	21	43	21.94	56	4.35
举人	37	6	43	21.94	274	21.27

---

① 侯宜杰:《20世纪初中国政治改革风潮:清末立宪运动史》,中国人民大学出版社2009年版,第274页。
② 张朋园:《立宪派与辛亥革命》,吉林出版集团有限责任公司2007年版,第28页。

续表

功名	资政院				咨议局	
	民选	钦定	共计	百分比%	人数	百分比%
贡生	19	7	26	13.27	370	28.73
生员	10	8	18	9.18	448	34.78
不明	10	56	66	33.67	140	10.87
共计	98	98	196	—	1288	100

从表中可见,多数议员都有功名在身,其中有些还有留学背景,仅196名资政院议员中就有41人曾留学日本,说明他们的文化程度较高,参政议政的能力较强、愿望较高。当然,其中也不乏保守色彩相当浓厚的成员,尤其是钦定议员。不过,由于议员是以民意代表的身份来给自己进行定位的,因此在议事场合,即便是钦定议员也不便完全站在政府一边成为政府的应声虫,如此不仅有违自己的使命和职责,而且还有可能遭到同行们的蔑视和讥讽。这正好能解释下面的矛盾现象:从议员特别是资政院议员的产生途径上说,理应基本和政府保持一致,但在具体讨论有关问题时,相当多的议员的表态却每每与政府的意见相左。

1909年秋,各省咨议局正式开幕。在闭幕之前,江苏咨议局议长张謇发起成立咨议局联合会,邀请各省选派代表在年会闭幕之后到上海集会,商量促请政府速开国会的具体办法。江苏巡抚端方则联合其他督抚奏请政府速设内阁。张謇的提议得到了16个省的响应。10月初,来自各省的55名代表先后8次集会,一致认为,当前中国的局势十分危急,外有列强的瓜分危险,内有革命党人的频繁活动,一旦列强采取行动,中国就有可能灭亡,革命党人的活动则给予列强以可乘之机,至少也会引发混乱,只有要求政府速开国会,对外以示团结,才可避免被瓜分,而对内亦可收拾人心,消弭革命。会议决定推举33名代表,向清政府进行请愿,于是便有了1910年一年之内的3次请愿活动。当时,有人表示"不请则已,请必要于成,不成不返";有人甚至提出:"不得请,当负斧锧死阙下。"张謇向请愿代表进言:

> 我中国神明之胄,而士大夫习于礼教之风,但深明乎匹夫有责之言,而鉴于亡国无形之祸,秩然秉礼,输诚而请;得请则国家之福,设不得请而至于三至于四至于无尽,诚不已,则请亦不已,未见朝廷之必忍负我人民也。即使诚终不达,不得请而至于不忍言之一日,亦足使天下后世知此时代人民固无负于国家,而传此意于将

来,或尚有绝而复苏之一日。①

表示了不达目的,绝不罢休的决心以及宁愿朝廷负我,而我绝不负天下人的书生情怀。33名代表到达北京后,按各自所长,进行了适当分工:善于属文者准备请愿书,善于交际者四出联络,善于言辞者遍谒王公大臣。代表们于1910年1月20日将请愿书交都察院上呈清廷,清廷以"国民知识不齐,遽开议院反致纷扰,不如俟九年预备期满,国民教育普及"之后再开会为由,予以拒绝。

但是,各省代表没有因失败而沮丧,决定继续请愿。他们成立了"请愿即开同志会",分电各省咨议局、商会、教育会、海外华侨等团体,要求各派代表参加第二次请愿。6月16日,代表们再次将请愿书上送,但清廷仍表示要"俟九年预备完全,再行降旨定期召集议院",并警告请愿代表"勿务虚名而瘝实效"。

国会请愿代表合影

两次请愿虽均被拒绝,但立宪派人士不但毫不气馁,反而愈挫愈勇。揣度其心理,实在是因为害怕爆发革命引起外国列强干涉,而致瓜分亡国危局的出现,清廷如能从其所请,必将集思广益,立宪派也便于出面做些有利于清廷的说服和解释工作,进而有利于缓解日趋紧张的社会矛盾。因此,他们决定一鼓作气,再一次进行请愿活动的准备工作,"矢以百折不挠之心,持以万夫莫

---

① 《张謇全集》第一卷,江苏古籍出版社1994年版,第128—129页。

拔之力,三续、四续,以至十续"①,表现出不达目的誓不罢休的坚决姿态。

10月3日,资政院正式开幕,第三次请愿运动也于这一天发动。请愿代表团先后给摄政王、资政院等送交了请愿书。为扩大影响和壮大声势,立宪派人士在各地还积极争取地方督抚支持早开国会的主张,湖广总督瑞澂、云贵总督李经羲、江苏巡抚程德全、浙江巡抚增韫、江西巡抚冯汝骙、山东巡抚孙宝琦、黑龙江巡抚周树谟、吉林巡抚陈昭常等均赞成速开国会、成立责任内阁的主张。

由于清廷的一味敷衍、推诿和阻挠,立宪派感到参政无期,其主张日趋转向激烈。他们在第三次请愿上摄政王书中说:

> 庶政孔多,而财政奇绌,官僚充斥,而责任无人。非不日言筹备也,而局处衙门,凡号称新政机关者,率皆东涂西抹,举一遗二。而其间尤复新旧杂糅,有举无废,循节敷末,百孔千疮。以如此之政治,当列强之竞争,其有幸乎?!且无暇与列强絜短较长也。凡事不从根本解决,而徒爬枝搔叶,鲜克有济。王试观两年以来,宪政筹备之际,实行不可谓之不密矣,督促进行之诏旨,不可谓不勤矣,以言财政,而财政之紊乱如故;以言教育,而教育之腐败如故;以言警察,而警察之疲玩如故。其他军事、实业,凡关于国家大计者,更无一足餍人心焉。外人之觇吾国者,以为吾国之政治,如灭烛夜行,无一线光明,几不足与于国家之数。②

对于清廷一再拖延、阻挠立宪国会的设立,一向坚决主张君主立宪、倡言保皇并为此不惜与革命党人决裂的梁启超大失所望,他在《论政府阻挠国会之非》中明言:"国民所以哀号迫切再三吁诉者,徒以现今之政治组织,循而不改,不及三年,国必大乱,以至于亡。而宣统八年召集国会,为将来历史上所必无之事也。"③证诸史实,梁启超在这件事上堪称判断精准的预言家。梁启超为什么能预测得这么准确呢?他靠的当然不是八卦术,而是在对晚清政治形势进行冷静、严谨和深入分析后得出的结论。

不久,梁启超又在《为国会期限问题敬告国人》中公开将批评的矛头指向清廷:

> 夫孰使我百业俱失,无所衣食者?政府也;夫孰使百物腾涌,

---

① 《东方杂志》第7年,第7期,第177页。
② 《东方杂志》第7年,第11期,第147页。
③ 《国风报》第17号,第12页。

致我终岁勤劳而不得养其父母者？政府也；夫孰使我一粟一缕之蓄积，皆使吏胥之婪索者？政府也；夫孰使盗贼充斥，致我晷刻不能即安者？政府也；夫孰使我祖宗丘墓之墟为他国宰割分崩者？政府也。政府日挣吾臂，而夺吾食；日要于路，而劫吾货。吾呼号颠沛而政府不我救，吾宛转就死而政府不我怜。①

1911年三四月间，梁启超和汤叡分别以沧江和明水为笔名，在《国风报》上发表长篇对话《中国前途之希望与国民责任》，再次指出："徒以今之恶政府为之梗，我国民不并力以图推翻此恶政府而改造一良政府，则无论建何政策，立何法制，徒以益其敝而自取荼毒。诚能并力以推翻此恶政府而改造一良政府，则一切迎刃而解，有不劳吾民枝枝节节以用其力者矣"②。话虽然还有保留和勉强，但已明显地表示出了数害相权取其轻的政治睿智。按照以往一般的理解，以立宪和保皇著称的梁启超此时转而趋向革命，是其善于投机、"流质易变"本性的又一次暴露，但不管上面的说法是否能准确反映梁的为人，这一对话却在客观上宣告了清廷统治末日的即将来临，人们似乎已经听到了统治中国260多年的最后一声封建王朝的丧钟。

更为重要的是，梁的态度转变绝不是一种个别的孤立现象，而是时代转换的风向标。晚清政治强人西太后去世以后，继任者如果能顺势应变，与时俱进，推翻清王朝的政治革命或许会推迟爆发，甚至可能不会发生，即便发生了也有可能像此前的历次起义一样，旋起旋灭。但是，在各方面都呈现出末世之征兆的清王朝统治者们早已丧失了起码的自信心和进取心，他们拒绝接受任何具有实质性的改革，有时甚至连装点门面的修饰措施也不愿采取，有的只是敷衍、拖延和欺骗，再不然就进行威胁恫吓。总而言之，统治者们采取的是一种冥顽不化的僵硬态度。在这种情况下，精明而又想有所作为的立宪派人士当然不愿成为一个行将覆灭的封建王朝的殉葬品，与清王朝一起身与名俱灭，更不想进而成为保守和落后的代名词和牺牲品。

在资产阶级的反复要求和大力争取下，1911年4月，清政府宣布以奕劻为首的第一届责任内阁成立。然而，在这个千呼万唤才粉墨登场、资产阶级寄予很大希望的责任内阁的13名大臣中，满人占8席，蒙古人占1席，汉人仅得4席，其中皇族又占5席。因此，这一内阁便有了"皇族内阁"的称呼。在封建专制条件下，皇族掌握政府大权本不足为怪，但到20世纪初，时代毕

---

① 《国风报》第18号，第13页。
② 《国风报》第7号，第28页。

竟和清军入关时完全不同了，日益壮大的资产阶级要求分享政权的欲望也越来越强烈。况且，内阁之设本来是为限制专制君主权力的，现在却由皇族来掌握政府权力，其情形正如同由左手来监督、限制右手一样，完全是形同虚设，这就不能不说是一场彻头彻尾的骗局了。发现上当受骗的资产阶级上层都有一种受了嘲弄和被羞辱的感觉，于是纷纷调转身体，对原先被他们视为洪水猛兽的革命行为抱以同情或期待的态度，有的甚至置身其中以使革命发生后朝着有利于他们的方向转变。

这时由于历史积欠过多，清政府丧权辱国、不思进取的负面社会形象早已形成，且在世人的脑海中很难改变了，再加上其政治强人去世之后的权力真空没有得到及时弥补，官民之间又缺乏良好的沟通渠道，彼此间无法建立起相互信任的关系，到1910年前后出现了这样的尴尬情形：就清政府来说，因前一阶段前进速度过快，需要进行适当调整和收缩，以便在基础巩固之后更好地前进；但就立宪派来说，一旦前进的脚步突然停止，就有可能前功尽弃，他们担心已取得的成果付诸东流。于是，矛盾和冲突不可避免地发生了。由于手无寸铁，立宪派在清廷的高压下只好于表面上认输，但由此却人心散尽，并丧失了对清政府的最后希望。他们接下来所能做的，就是调转方向，寻求与革命派开展程度不同和形式各异的合作了。

"皇族内阁"的出现表明，清政府的最高统治者在用人方面已越来越失去信心。如果说在太平天国运动期间，清政府尚能充分调动起曾国藩、李鸿章、左宗棠、胡林翼这些后来被称为中兴名将的汉族官员与太平军进行殊死战斗，并对他们放手使用，从而最终剿灭了这场农民起义的话，那么随着清政府统治权威的逐渐丧失，满族最高统治者统御汉族官员的自信心明显不足，其羁縻、牵制和防范的心理日益加重，统治集团内部的矛盾开始明显加剧，袁世凯以"足疾"为由而被罢黜，以及千呼万唤始出来、资产阶级上层寄予厚望的"责任内阁"其实质不过是"皇族内阁"都是明证。这种王朝统治末年才屡屡发生的现象，在晚清时期的一再出现，说明这个王朝的气数已尽，离最终退出历史舞台的日子不会太远了。

这种气数将尽的末世征兆，还可以通过一些偶然的事件得到充分反映。据溥仪《我的前半生》回忆：在他举行登基大典的那天，因天气奇冷，当侍从人员把他抬到太和殿，放到又高又大的宝座上的时候，他就开始挣扎着哭喊："我不挨这儿，我要回家！我不挨这儿，我要回家！"其父载沣急得满头是汗。文武百官的三跪九叩没完没了，溥仪的哭喊也越来越响。载沣只好哄道："别哭，别哭，快完了，快完了！"典礼结束后，文武百官窃窃私语："怎么可以说'快完了'呢？""说'要回家'是什么意思呵？"朝臣们的心态如此，就

更不用说其他社会阶层了。

清末新政的骗局再次说明,改革似乎永远不会有最佳的时机。当问题不突出时,当政者因循苟且,纵有少数具有战略眼光的人能洞识盛世之下的潜在危机,也难为多数人接受,弄不好还会被当作妖言惑众和危言耸听而受到惩处;当问题层出不穷、难以收拾时,即便有心改革,也会因问题积重难返而回天乏力。以此审视中外历史上的情形,多数都难逃上述历史的宿命。那么,是不是就真的没有出路了呢?答案当然是否定的。因为中外历史上也有许多次通过改革而获得成功的事例。问题的关键就在于,所有这些改革都抓住了稍纵即逝的最佳时机。

清末新政的骗局同时说明,清朝统治者完全是从维持极少数统治阶级的既得政治利益出发,而置国家前途和民族命运于全然不顾。由此可见,立宪派之所以最后纷纷转向革命,实在是因为清政府太过顽固,致使人心失尽。从这一角度来说,清王朝的掘墓人正是清王朝自己。

第三节 摧枯拉朽:风起云涌的革命运动

孙中山

近代中国反对清王朝腐朽统治的斗争经历了一个由传统到近代的艰难转变过程,由洪秀全领导的太平天国运动由于洪仁玕的加盟,曾提出过带有浓厚资本主义色彩的全新纲领《资政新篇》,但紧张而又险恶的战争环境使得这种设想仅停留于纸面。义和团运动给人以更为松散落后的印象。只有孙中山先生领导的辛亥革命才称得上是比较严格意义上的资产阶级民族民主革命。所有这些反抗清王朝腐朽统治的革命运动,都在加速清朝封建专制统治的覆灭。到了辛亥革命前夕,清政府的腐朽统治已行将就木,其情形正如矢志革命的孙中山所指出的那样:"满清王朝可以比作一座即将倒塌的房屋,整个结构已从根本上彻底地腐朽了,难道有人只要用几根小柱子斜撑住外墙就能够使那座房屋免于倾倒吗?""显而易见,要想解决这个紧急的问题,清除妨害世界和平的根源,必须以一个新的、开明的、进步的政府来代替旧政府"①。不仅是孙中山看得如此清楚,在当时的中国几乎稍有政治判断能力的人都看得很清楚,而一向持冷静态度的外国观察者更是洞若观火,十分客观地指出:"毫无疑问,大多数老百姓是希望换个政府的,不能说他们是革命党,但是他们对于推翻清朝的尝试是衷心赞成的。""中国的前途似乎非常黯淡,我看在不久的将来,一场革命是免不了的,现在已经公开鼓吹革命,并且获得普遍的同情,而政府并没有采取任何预防措施,却尽在瞎胡闹。"②在这种情况下,一向关注民瘼、敢于负责、与时俱进的程德全在大变革中率先倒戈反正完全是情理之中的事情。

在程德全尚未出生时,广西就爆发了洪秀全领导的太平天国起义,这场公开与清廷进行武力对抗的农民起义纵横驰骋 10 多个省,前后坚持了 14 年,在攻克的地域内建立起了独具太平天国特色的制度。由于太平天国的沉重打击,清王朝的统治能力明显受到削弱,也诞生了如曾国藩、李鸿章这些在镇压太平天国运动过程中起家的汉族官员,这些官员从此在晚清政坛上成了举足轻重的势力,与太平军的直接交战使他们更加清醒地认识到了清廷面临的国内危机。

洪秀全领导的太平天国运动极大地动摇了清廷的统治根基,而孙中山则是中国历史上具有开天辟地意义的革命家,他领导的资产阶级民主革命从根本上给了清廷以致命的打击。

孙中山并非天生的革命家,他原先也曾对清政府寄予某种程度的希望,是清政府一再举措失当,才将他推向了革命的风口浪尖。他在回顾自己最终走上革命道路的历程时曾说过,开始时,他也赞成通过和平手段和渐进的方法请愿于朝廷,只是在看到和平办法不能奏效后,才"不得不稍易以强迫"。也就是说,他之所以会走上武装反抗清王朝腐朽统治的道路,完全是清政府的冥顽不化造成的。

1894 年秋,孙中山曾北上天津上书李鸿章,提出"人能尽其才,地能尽其利,物能尽其用,货能畅其流"③的改良主张,但李鸿章以当时军事情势紧急为由,不仅将孙中山的主张放到了一边,甚至连见一下孙中山的想法也没有,这使孙中山彻底断绝了对清政府的希望,并由此走上了以武力推翻清王朝腐朽统治的革命道路。

---

① 《孙中山全集》第一卷,中华书局 1981 年版,第 254 页。
② 中国近代经济史资料丛刊编辑委员会:《帝国主义与中国海关》第 13 编,中华书局 1964 年版,第 87、88 页。
③ 《孙中山全集》第一卷,中华书局 1981 年版,第 8 页。

1894年11月,孙中山在檀香山成立了革命团体"兴中会"。1895年2月又在香港成立同名组织,并以"驱除鞑虏,恢复中华,创立合众政府"为入会誓词,从而明确提出了反清革命主张。

香港兴中会一成立,孙中山等革命者就开始紧锣密鼓地策划利用重阳节举行群众集会的有利时机在广州发动武装起义,但在起义正式发动前夕计划泄露,参与策划的陆皓东等4人被清政府捕杀,孙中山侥幸逃脱。

黄 兴

孙中山没有因第一次失败而气馁。义和团运动期间,他在惠州举行了又一次反清武装起义,虽然仍没有成功,但已获得了广泛的同情与支持。他后来回忆说:广州起义失败后,"举国舆论莫不目予辈为乱臣贼子、大逆不道,咒诅谩骂之声,不绝于耳;吾人足迹所到,凡认识者几视为毒蛇猛兽,而莫敢与吾人交游也",但在惠州起义后,情况发生了很大变化,"鲜闻一般人之恶声相加,而有识之士且多为吾人扼腕叹息,恨其事之不成矣"。可见,孙中山领导发动的一系列武装起义尽管都失败了,但却在客观上起到了军事动员的作用,加速了全国革命形势的成熟。

在孙中山从事武装反抗清王朝腐朽统治的革命活动的时候,全国各地的爱国志士和海外知识分子也在积极从事反清革命活动,他们或成立革命团体,或创办刊物、发表论著,进行反清的组织准备和舆论发动工作。其中在组织革命团体方面,主要的有黄兴、宋教仁在湖南组织的华兴会和陶成章、蔡元培在上海成立的光复会。在舆论宣传方面,出现了风靡一时、脍炙人口的《革命军》(作者为年仅19岁的四川青年邹容)和陈天华写的《猛回头》、《警世钟》等。

随着革命形势的快速发展,在客观上有将全国各地和海外革命组织联合起来形成合力的需要。1905年7月底,在孙中山和黄兴等人的推动下,兴中会、华兴会和光复会等革命团体在日本东京联合组成了统一的革命政党——中国同盟会。孙中山被推举为总理,并以"驱除鞑虏,恢复中华,创立民国,平均地权"为宗旨。同盟会决定在东京成立总部,在国内设东、南、西、北、中5个支部,在海外设南洋、欧洲、美洲和檀香山4个支部,支部下设

就义前的黄花岗起义者

分会。

　　同盟会成立后,尽管还存在着组织分散、指导思想不统一等弱点,但其将分散在全国各地和海外的革命组织统一起来,有利于推动各地革命运动的协调配合和平衡发展。1906年,同盟会和哥老会等一起,在萍乡、醴陵和浏阳一带发动武装起义,前后坚持了两个多月。1907年至1908年间,在孙中山的领导策划下,又先后发动了广东黄冈、惠州七女湖以及钦州和廉州、镇南关、云南河口等起义,光复会的徐锡麟则在安庆发动兵变、秋瑾在浙江绍兴准备发动起义。总之,在同盟会成立后的两三年时间里,就先后发动了10余起武装起义。

　　在孙中山领导发动的武装起义中,要数1911年4月27日发动的黄花岗起义最为著名、影响也最大。为了准备和组织这次武装起义,同盟会从全国各地和海外华侨中调集了500多名坚定分子,后增加到800人。为保证有充足的经费作支持,孙中山从海外华人中募集了近20万元专款。黄兴和赵声等则在香港成立了起义的总机关。(赵声为江苏镇江人,是一位同盟会内不可多得且文武双全的重要领袖。他曾写过一首脍炙人口的《保国歌》,宣传反清革命主张,是与邹容的《革命军》和陈天华的《警世钟》、《猛回头》齐名的反清革命宣传品,曾被传唱一时。)

　　黄兴等人的计划是,先由800勇士在广州城内发动,占领两广总督署、水师行台等重要衙门,取得城内的枪械,然后打开城门,引进驻扎在城郊的新军,再由黄兴率一路军北上进入两湖,由赵声率一路军进入江西,占领南京。

但这次起义的准备仍然不甚周密。在清军已有所觉察的情况下,先期潜入广州的黄兴仓促间决定于4月27日发动起义,因而原定参加起义的800人中,只有160多人准时参加。起义发动后,虽一度攻进了总督府,但随后即遭到清军的猛烈反扑,起义再次失败。事后有72具尸体被合葬在黄花岗,事实上全部牺牲的远不止此数。历史上称这次起义为黄花岗起义。

黄花岗七十二烈士碑亭

黄花岗起义虽然也失败了,而且给革命党人造成了巨大损失:"吾党菁华,付之一炬,其损失可谓大矣",但全国的革命形势却仍在继续高涨,这次起义在唤醒民众革命觉悟、激励人民的革命斗志等方面有着重要意义:"然是役也,碧血横飞,浩气四塞,草木为之含悲,风云因而变色,全国久蛰之人心,乃大兴奋,怨愤所积,如怒涛排壑,不可遏抑,不半载而武昌之大革命以成。"①

当然,全国革命形势的成熟是由多种因素共同作用的结果,其中清王朝一再错过振兴强大的历史机遇,不思进取,一味丧权辱国的丑陋表现是根本原因。当一个统治政权已经沦入人人喊打、群起而攻之的境地时,即便有人想为之辩护也羞于启齿,其最终退出历史舞台也就只是迟早的事情了。

程德全不幸在这样灾难深重、内忧外患不断的时代从政,要全面地施展自己的政治才华也就显得非常艰难,他所能做的恐怕只有尽己所能、在自己力所能及的范围内爱国、救国、爱民,从而使百姓免遭涂炭罢了。

---

① 《孙中山全集》第六卷,中华书局1985年版,第50页。

第二章　关外岁月

程德全出身于乡村知识分子家庭，家境贫寒。父亲程海云是一名秀才，靠教书为生。程年少时，随父读书，稍长后为了减轻家庭负担，曾经协助父亲在外授馆以贴补家用。光绪元年(1875年)，程德全赴夔州参加郡试，就在这一年川东发生了严重的饥荒，程家的经济陷入了空前的困顿。多病的母亲无力料理家中事务，弟妹又尚年幼，为了增添操持家务的人手，程德全于光绪三年(1877年)完婚，其妻开始接管家庭事务，但是整个家庭的经济状况仍然徘徊在贫困线上。十余年后，程母去世，弟妹也已成年，程家的经济压力有所缓和。光绪十六年(1890年)，程德全告别家人，出川游历至京城，在四川会馆住下后入国子监肄业，可惜的是，程德全后来虽贵为一省巡抚，但其科举之路却没有成功，直到去世还一直只是廪贡生的功名，这在科举取士的封建社会也算是很罕见了。

不过在京师的游学经历还是给程德全的人生带来了巨大的转机。在国子监就学期间，正值日俄争夺东北权益的矛盾加剧、整个东北边防形势吃紧之际。程德全注意留心局势的变化，多方搜集有关东北的资料，拜访同在京师的东北籍官员，了解东北情势。对东北的积极关注使他结识了生命中的贵人——寿山，正是寿山发现了程德全的才干，并为程德全打开了通向仕途的大门。

寿山(1860—1900年)，黑龙江籍汉军正白旗人，本姓袁，字眉峰。其祖为明末兵部尚书袁崇焕，父亲是吉林将军富明阿。他和程德全的结交颇具传奇色彩。

在京应顺天府会试的程德全落榜后正处在人生的最低谷，不过老天从来都是会给有心的人留出一条上升的通道。这一天，在陶然亭苦读的程德全邂逅了贵族子弟寿山，闲聊中寿山发现这个落魄的书生却对东北的地理、民俗乃至物产都了然于胸，便对程德全产生了兴趣。当得知程德全不屑于死读书本，却深慕曾国藩，好经世致用之书的时候，寿山心中顿生他乡遇故知之感，等到再深聊，寿山被程德全"留心边务只为报效朝廷"之语而打动，

袁寿山

而程德全见寿山并不像大多数八旗子弟那样浑浑噩噩，也顿生敬慕之心。两人心气相通，惺惺相惜，遂为莫逆之交。

第一节 黑龙江的主政者

寿山毕竟是旗人中的贵族子弟，出身官宦世家，在东北一带官场尤有根基，这样优质的人脉资源为程德全进入仕途施展才华发生了很大的效用。1891年，正因为寿山的引荐，程德全才得以到瑷珲应聘，并进入黑龙江副都统文全幕中。甲午中日战争爆发后，他凭实干的业绩被保荐至黑龙江将军依克唐阿幕中，据载，程德全"单骑赴营，痛陈时事，愿效驱驰"，并"于炮弹风雪中，指画山川，尽力筹战"①。1896年，经依克唐阿保奏，程被分发至安徽怀宁县（今安庆市）候补知县（七品职）。其间，好友寿山在东北边疆抗击日军的几场战斗中屡建战功，于光绪二十五年（1899年）被擢升为署理黑龙江将军。这年冬，他上书朝廷请求将远在南方的程德全调到身边辅佐自己。1900年，寿山调程担任将军府文案，兼省银元局总董，这时的程德全已进入将军府的权力核心圈，并拥有一定实权。

程德全的性格倾向和处理问题的风格似乎一直是有底线地趋利避害，这一点从他在黑龙江辅佐寿山处理对俄军的交涉事务中即可见到端倪。

1900年7月，沙俄利用中国北方地区爆发义和团起义之机，在东北地区大举从事侵略活动，先后攻陷瑷珲、墨尔根（今嫩江县）等城市，随后又攻占了省城齐齐哈尔。程德全主动请缨奔赴前线，寿山任命程为营务处总理，负责和沙俄的交涉事宜。

程德全领命后，顾不上将眷属妥善安顿好，就奔赴前线。行至博尔多，适遇莫讷尔河河水陡涨，数万溃兵和难民被阻于北岸，处于俄兵的攻击范围内，情势极为紧张，难民们"呼天号地，惨不忍闻"②。程德全冒险渡过河去，

---

① 周广礼：《程德全》，《四川近现代人物传》第6辑，四川大学出版社1990年版，第188页。

② 程德全：《驻博尔多营次上眉帅书》，载李兴盛、马秀娟主编：《程德全守江奏稿（外十九种）》（上），黑龙江人民出版社1999年版，第715页。

收编溃兵,疏散难民,局面稍安。接着,他又致函寿山,主张向俄军请和,以减小军民苦痛。8月19日,寿山接到清廷议和的指令,即派遣程德全前往俄营议和。程德全怀着关云长单刀赴会的气魄,孤身来到俄军兵营,向俄将当面痛陈用兵出于误会,中方朝廷已下旨命令停战,请俄方不要再向中方进军。他三次要求俄军停止前进,但均遭俄方拒绝,程德全只好以死相求,且哭且骂,经反复交涉,俄将方才答应不攻省城,不杀无辜,不掠财产,程这才返回省城齐齐哈尔向寿山复命,中方让出齐齐哈尔城池,撤出军队和军火供给。后来寿山感念程德全舍身救军民于涂炭,称程为自己的一生知己,是真朋友,是真丈夫。

8月28日俄军进抵齐齐哈尔郊外,因得到翻译姜某的告密和挑唆,误认为程德全与寿山欲搞诱敌深入之计,下令列炮攻齐齐哈尔城,程德全闻知后立即飞身上马直奔俄营。在交涉现场,沙俄军官当着程德全的面,下令向中国境内发射炮弹,程德全力阻无效后,只得扑向炮台,用身体挡住炮口,被沙俄士兵拖离,如此反复数次;后程又欲投江自沉,亦被救起,沙俄军官感其不怕死的爱国举动,下令停止发炮。之后,程德全主动留在俄营充当人质,以打消俄方疑虑。29日,齐齐哈尔陷入俄军之手。俄军撕毁约定,在齐齐哈尔城内大肆劫掠,百姓生灵惨遭屠戮。

在这场中俄军事对垒中,寿山因缺乏援助,无力阻止沙俄的军事进攻,清廷又软弱,悲愤中将身后事托付给相知多年的程德全,愤而以身殉国,先是吞金,后又令属下将自己击毙,三枪乃成,其状极为惨烈。

俄国方面欲强令程德全就任黑龙江将军,作为俄方在黑龙江的统治傀儡。程德全"自思失律之臣,偷生人世,已属厚颜,有何面目冒居将军之任,反复思维,万无生理,是以投江自尽"[①],后被俄兵救起。自认苟活于世的程德全致书沙皇,要求俄方撤军,并为民请愿,要求对方不得劫掠百姓,而应予以善待,结果反而被俄军挟持到赤塔,直到11月7日才拖着患病之躯回到齐齐哈尔。

黑龙江绅民敬重程德全的忠勇行为,又见他已回齐,便联名请求程德全担负起署理黑龙江将军的责任,恳请书肯定了程德全在对俄交涉中的坚毅、果敢行为:"成此危而复安之局,救此垂死复生之人,实皆赖我雪翁一人之力也。"可惜的是,恳请书虽言辞恳切,继任的黑龙江将军和吉林将军也极力保荐,但因程德全是汉人,按照清制,不能在东北担任这一要职。不过在官风

---

① 程德全:《拟呈俄国伯利总督请代递上俄国皇帝书》,载李兴盛、马秀娟主编:《程德全守江奏稿(外十九种)》(上),黑龙江人民出版社1999年版,第734页。

颓败的晚清政坛,程德全这种敢于在危难之际担负重任、为报答友人的知遇之恩和顾及民众利益而置生死于度外、与强敌折冲樽俎的作风在腐朽糜烂的晚清官场中实在是非常突出的,他的工作能力和胆识也终于被慈禧太后把持下的清廷知道了。

在一次宴请西方外交官员的活动中,俄国公使夫人当着慈禧太后的面,盛赞程德全是中国难得的好官员。程德全的名字由此引起清廷的注意。1903年冬,程德全入京觐见光绪皇帝和慈禧太后。在谈完正事后,慈禧接着说道:"汝在黑龙江千回百折,亮节清风,吾早已知道,汝试想吾怎么得来的?"未待程德全答话,慈禧看了一眼光绪后径自说道:"某公使夫人说的就是他。"并说:"吾自从西安回来,各国公使臣女眷时常来见,曾道及我中国并非无人,即庚子年你们黑龙江若不是汝在那里,其疆土当早归他国。可见中外政治虽然不同,人心是一样的。以后当差,总要这样才好,就是外国人也知敬服。他们当汉奸的,外国人反来痛骂,所谓小人枉自为小人。"①慈禧之所以对程另眼看待,除了他在危急时刻能挺身而出、不畏强暴、为国家和民众利益舍生忘死外,更由于在中央权力日趋式微的晚清政局中,程德全始终尊重朝廷的权威地位,而不是居功自傲,更没有依仗外国势力谋取自己的个人利益,这种忠勇姿态和为官态度,对晚清的统治者来说,是急需大力提倡并予以弘扬的。这也是程德全科举功名虽然不高,但却在日后的为官生涯中屡屡受到信任和重用的重要原因之一。

无奈清廷官制自有规矩,没有科举辉煌履历的程德全在官场中的晋升只能按部就班,只不过前进的步伐已明显加快。庚子事变平息后,1901年2月,程德全被擢升为直隶州知州。有感于黑龙江商贸极为落后、百姓生活极不方便的现实情形,他多方筹得10万两白银,创办便民会,派人到上海采办货物,运回黑龙江销售,所得盈余全部用于安置流离失所的难民。

1902年9月,经吉林将军长顺奏请,程德全被派往三姓(今依兰)处理与俄交涉事宜,兼办筹饷缉捕事务。随后,吉林将军和黑龙江将军多次上书朝廷,要求破格提拔程德全。1903年,勤勉工作多年的程德全终于受到上天的眷顾,正式迈入封疆大吏的行列。这年冬,在受到清廷两宫接见后,他越级晋升为道员,旋加副都统衔,至此,清朝200多年来在发祥地东北不重用汉人的旧制被打破。1905年,清政府任命程德全为署理黑龙江将军。1907年,清政府在黑龙江设省后,又破格任命程德全为署理黑龙江巡抚。

---

① 程德全:《癸卯召对纪略》,载李兴盛、马秀娟主编:《程德全守江奏稿(外十九种)》(上),黑龙江人民出版社1999年版,第755—756页。

不久,因 1900 年在被俄军挟持途中罹患的风寒病复发,程德全离职休养。1909 年,调任奉天巡抚。1910 年调任江苏巡抚。

程德全长达十余年的黑龙江从政经历展示出了他勇识过人,处处能以悲天悯人之心处理危机的工作能力和风格,单就这一点,在晚清时期人浮于事、腐朽糜烂的官场也已属于难得之才了。

第二节 锐意进取,积极作为

程德全被清政府任命为齐齐哈尔副都统时,正值日俄战争打得最为激烈之际,清政府虽然宣布"局外中立",但炮弹不长眼睛,战争期间东北人民饱受战火的摧残,不少人失去家园,或为躲避战火被迫过着颠沛流离、居无定所的悲惨生活。日俄战争时的黑龙江虽没有直接遭到战火的冲击,但同样受害不浅。战后,沙俄加紧了对黑龙江的控制和侵略。如何抵制沙俄的侵略,发展黑龙江的经济,振兴黑龙江的防务,有效维护清廷的权益,成了程德全日夜为之操劳的要务。

在此之前的 1901 年,清廷为挽救统治危机,主动宣布实行新政、恢复实施曾被自己一度废弃的"戊戌维新"中的大部分变法措施,并且还对之有所发展。如何结合黑龙江的实际情况,制定出实施新政的具体方案,同样成为程德全必须认真对待的当务之急。

正是在这一背景之下,程德全以开放的心态在黑龙江积极推行新政,从而开启了黑龙江地区的近代化历程,在短短的几年时间内,就取得了明显成效,在很大程度上使黑龙江缩短了与内地各省的差距。

一、整顿吏治,整肃贪腐

在封建专制社会里,官府的形象、吏治的好坏在经济发展和社会进步中具有明显的风向标意义。因此,几乎所有想有所作为的统治者和政治家,都把整顿吏治、整肃贪腐作为改革的突破口,程德全也不例外。他认为为政之道,既不存在从不产生弊端的法度,也不存在数百年都不变的规定;大凡实施新政都必须先改定官制,东西各国在变法之初都是从此入手。程德全的这一认识,可算是抓住了问题的根本症结所在。

包括黑龙江在内的东三省,向来被视为清王朝的龙兴之地,享有特殊的政治待遇。在清政府宣布官制改革前,这里一直实行着与内地完全不同的军政合一的管理体制,具有平战结合的军事化特征,实权掌握在将军手中,由将军统管黑龙江地区的所有军事和民政。黑龙江将军辖区内先后设有齐

齐哈尔、黑龙江、墨尔根、呼伦贝尔、呼兰、布特哈、通肯、兴安城等副都统或副都统总管及其衙门。除齐齐哈尔外,其他城市的副都统代表黑龙江将军独立执掌本辖区的军政事务。除将军和副都统衙门外,在一些重要地方,还设置了协领衙署。在将军衙门,除设有员外、主事、笔帖式及各司员外,还设有水师营、鸟枪营(即火枪营)、前锋营、虎枪营和粮饷处等军事机构。在地方则设立管理驿站、驿路的督理总站和站官;在沿边及险要地方,设置卡伦,并派兵驻防。这种军政合一的管理体制对于地处边疆要塞的东北有一定的战略意义,但是也存在着不少弊端。

程德全在一份上军机处的奏章中,对黑龙江地区军政合一的体制弊端作了充分揭示:为保持满族尚武精神的八旗制度,历时已久,积习日深,官兵除了食饷外,一无所知,养尊处优的八旗子弟战斗力明显下降。土著各部落由于僻处边隅,见闻狭隘,往往"坚守偏见,锢蔽把持,视外省人如仇雠,以地土为私产,不肯稍事开通,以图公益"。旗籍子弟凭借"国语、骑射"就能入仕做官,因而失去进取之心,多为不学无术之辈,"泄沓相沿,久成习惯,欺朦诿卸,视若寻常"。驻防各部,"半多旗族,情联谊洽,最易瞻徇,遇有事故,非通同舞弊,即互相隐护"。由于积习太深,要想转变,实在是难之又难。"历任将军、副都统非无公忠体国,亟图振作者,然以外来之一二人,势孤情隔,与盘结多年之众人相争,胜负之数,不待烦言。甚至举事不便其私,则故意延宕,否则蜚语中伤。将军、副都统无可如何,反不得不委屈迁就,以求相安。"程德全到任后,曾对司旗各员"推诚布公,苦心开导,以期力除锢习,稍起新机,或可引为同心,补救万一。(然)始则茫然莫解,继则群以为疑,近则渐用阻力,隐相抵抗。不得已借才异地,参用外来之人,又复意见横生,谤议四起,使必挠乱不行而后已"①。很明显,这种管理体制已不利于黑龙江在和平时期的经济发展和社会进步,而到了必须变革的地步。

程德全就任黑龙江将军后,开始实践自己的设想,对原有官制进行改革。

先是在1904年奏准在将军府内下设两局、两处,即垦务总局和善后总局、营务处和文案处,并乘机撤并相关机构,裁汰不合格人员。

设立垦务局。程德全赴任前,省城设有蒙荒总局和招垦总局。他认为,"若仍将三蒙及省属各处每放一荒,在省立一名目,不惟经费过繁,必致意见杂出"。因此,程德全决定"将蒙荒、招垦两局归并一处,名曰垦务总局,专办

---

① 程德全:《上军机处论变通旗制改设民官》,载李兴盛、马秀娟主编:《程德全守江奏稿(外十九种)》(上),黑龙江人民出版社1999年版,第786—787页。

通省垦荒事宜,庶可以节虚糜而免歧异"。

设立善后总局。程德全认为,各省在兵燹之余都设局办理善后,而江省一向荒陋,又遭庚子之乱,自应设局办理善后,凡是财政清讼、学堂巡警、团练保甲、采访忠议、抚恤难民等事务,以及应该兴办或变革的各个事项,都要统筹规划办理,以使事权归一,办事有章可循。

关于营务处。其设立营务处的目的在于整饬军纪。因在庚子变乱期间,黑龙江的驻防部队相继溃散,变乱结束后,虽"零星凑兵三千余名,然散漫无纪,实无以为缉捕之资"。而黑龙江向来胡匪横行,地方很不安靖,设立营务处后,"逐渐整饬操防,或望起色"。

关于文案处。程德全说:"为庶政所从出,实通省行政枢纽。兴替所关,最为机要。从前边防文案,系专为军事而设。名同事异,因乱久停。若由各司承办,又辗转需时,动多泄露。今特参防吉林课吏局、奉天文案处办法,两署会设文案处一所,一切政令文牍皆取办焉。"①

1906年12月,程德全又奏请添设裁判处。他认为,仅仅在省城善后局内添派清讼委员负责审理一切案件,人少事繁,办事难免粗糙,而且在主管财政的地方,兼理司法办案,也难以兼顾周全。况且清政府也在加强法制建设,在这种情况下,如果江省再因陋就简,仅在善后局兼派清讼,对于司法工作来说不够慎重。如果沿用发审的名目另立发审局,则又不仅会白白增加经费开支,而且承办者也有可能拘守旧的法律规定,而不能实力奉行新修订的刑法。因此,他奏准设立裁判处,遴派现任候补及投效之道府以下各官充当总办、会办、预审、帮审等职务,使其尽心讼狱,不致阳奉阴违。

经程德全的大力改革,到1907年,黑龙江的各项新政举措已取得明显成效。这时,原有行政机构已不适应于形势发展的需要,程德全奏请在省政府下设10个司,即咨询司、行政司、外交司、财政司、武备司、学务司、巡警司、裁判司、农政司、商务司。其中,设置咨询司的目的在于仿照近邻日本明治维新时的做法,减少在黑龙江推行新政的阻力。"凡旗员曾任实缺暨力就裹者,统行归入该司,仍请恩赏原俸,以示体恤。""日后如该项人员逐渐出缺,应请以卿士大夫有德望者补充斯选,藉资顾问。"行政司,由文案处及原设之管档主事、笔帖式等合并组成,以适应"文日积而日繁,法日改而日密"的局面。外交司,由交涉局所改,"专掌邦交之事,以修好弭争,不失国权为宗旨"。由于江省地处边陲,涉外事务颇多,加上庚子变乱后俄军尚未撤走,

---

① 程德全:《改添局处折》,载李兴盛、马秀娟主编:《程德全守江奏稿(外十九种)》(上),黑龙江人民出版社1999年版,第70页。

而日本又将在江省开设商埠,"交涉之事日繁一日",且"瞬息机征,动关全局,较内政尤宜慎重,非熟悉公法、约章成案及各国政体、治法者,不能胜任"。财政司之设,在于"综核度支",由原户司和善后局合并成立。武备司,由原兵司和营务处合并成立,掌管练兵和考察地形的职责。"遵照练兵处章程,汰弱留强,陆续编为常备军,并一面设立陆军小学堂,认真训练,俟办有成效,或能成协、成镇、成军,均照定章,分设兵备、参谋、教练等处。至行军之要,测地为先,拟于该司附设绘图处,将全省山川扼要逐渐详绘,以资考察。"学务司由原学务处改设,"为作育人才之地",以适应废除科举考试后教育发展的需要。巡警司由原军署内的工司及警察局合并而来。裁判司由原刑司和裁判处合并成立,"凡有京控上控命盗杂案以及提省之户婚田产词讼,均归审理"。农政司"以开垦闲荒为专职,而林业附焉",并将垦务局合并,"俟垦务办有端倪,再行量地栽种蔬果,兼各种树木,并由该司拣选农家子弟之事教者,参考选种、更种、治疫、治水诸法,务便(疑作使)农业大兴而边圉益固"。仿中央商务部而设立商务司,"所有工程及工艺厂"皆隶属该司。①

与此同时,程德全奏请撤并了一批军政机构和设施。比较重要的有,1904年8月,程德全奏准一次就裁掉布特哈城副管12缺,对于实任官员,仍暂时支付薪俸,其中才具较优者,即升任协领,而对于那些当差尚勤、才能稍次者,如果有佐领的空缺,也准许他们补缺,做到逐步裁撤到位。继将省城齐齐哈尔,以及黑龙江城和墨尔根城的协佐校官全部改满汉公缺后,又将通肯防地的28名满洲专缺全部撤除;将水师营和黑龙江、墨尔根两处管庄壮丁全部裁撤,并入汉军营内;将东、西布特哈原有92名官佐裁撤掉76名;黑龙江驻扎在吉林的水师,就地归入吉林汉军旗内,并将原四品官改为佐领,五品官裁掉,六品官改为骁骑校。1907年底,又裁掉理刑员外郎1缺、理刑主事1缺、管档主事1缺,无品级笔帖式9缺、九品笔帖式2缺、额委笔帖式17缺。

1905年,程德全在机构改革方面提出了7个"应予变通"的建议。其中,属于行政方面的就占了5项:(1)将军衙门的机构和人员设置,除管档主事、户、兵、工各司保留外,刑司只保留掌印员外郎、理性主事各1员,因已设立了分巡道兼按察使。(2)通肯副都统本为安插旗丁而设,目的在于承领荒地,但实际应者寥寥,且引起旗民矛盾,加之海伦厅设立后,副都统衙

---

① 程德全:《拟请归并局处改设十司折》,载李兴盛、马秀娟主编:《程德全守江奏稿(外十九种)》(上),黑龙江人民出版社1999年版,第343—345页。

门只负责管理旗务,因此裁撤协领 2 缺,防御 4 缺,佐、校各裁去 16 缺。(3) 鄂伦春雅发罕部落原分库玛尔、毕拉尔(属黑龙江城)、阿里多、普库尔(属墨尔根城)、托河(属呼伦贝尔)5 路行走,为摆脱谙达欺凌,曾单独设兴安城满洲总管、鄂伦春总管并副管等官进行管理,但因成效不明显,曾撤去兴安城及其总管、副管。庚子之乱后,该部落不少人竞相归附俄国,有的甚至赴俄营参军。为"绝其向外之心,而予以安全之道",程德全主张要"不拘满汉蒙",拣选"通晓鄂伦春语,习苦耐劳,洞达时务者"担任协领,并领取全俸;佐、校人员,也要"拣其稍通汉语者而官之";至于犒赏银两,则"责成该协领认真散放"。(4) 呼兰官屯粮仓,应派员查明储量,就近变价,以免折耗,并"清丈官屯地亩若干,岁纳租钱与仓粮变价钱文,一并另款存储,以备发放俸米及地方布特哈等处孤独专款"。(5) 对驿站,仿照俄国驿递办法,官备车马,听人雇用。①

　　程德全这样大幅度地裁撤冗员并未引起全省政坛混乱,这在政局已处于风雨飘摇之中的晚清末年是极为罕见的。究其原因,主要还是与他行事谨慎、有理有节以及在做出决策和采取行动前善于作充分细致的调查研究密切相关。令后人为之叹惋的是,程德全的努力并未能挽清王朝大厦于将倾,几年后,失望的他甚至亲自参与了推翻清朝统治的行动。

　　为适应黑龙江由旗治向民治转变的需要,程德全在裁撤原有一些不能适应形势发展变化的旧官衔和官员的同时,又根据新情况,充实并加强了原有的机构设置。1904 年 11 月,他一次就奏准添设了 10 多名重要官员。类似这样的奏请还有多次,既说明黑龙江原有官僚机构设置的不够规范,同时也说明在迈向近代化的过程中,作为一省最高长官的程德全,对规范和完善官僚机构建设的高度重视。

　　在机构改革的同时,程德全对黑龙江的吏治也进行了整顿。也许是有感于当年寿山对自己的知遇和举荐,程德全重用了一批清正廉洁、能力较强、敢于负责的爱国官员,如宋小濂、徐鼐霖、多禄等,而对那些贪腐、渎职或有过失的官员,则进行驱逐、弹劾甚或干脆革去职务。

　　程德全在保举宋小濂的奏折中一再称赞宋才智杰出,内外兼修,而且大力支持地方改革,擘画精详,才力优裕,实际工作也卓有成效。"才猷焕发,器识宏深",办事"条理井然","实为江省不可多得之员","每与该员论事,

---

① 程德全:《统筹善后十四条折》,载李兴盛、马秀娟主编:《程德全守江奏稿(外十九种)》(上),黑龙江人民出版社 1999 年版,第 255—258 页。

动合机宜,且于东省情形,外交分际,均身亲历练,不托空谈"。① 程德全先是向清廷保举由他担任中东铁路的交涉专员,继则又保荐他为外务部的对俄交涉顾问,接着又建议朝廷实授其海伦厅同知一职。宋小濂担任的重要职务有文案处总理、善后局会办(行总理事),兼督广信公司,后又兼办哈尔滨铁路交涉兼清理铁路两旁垦务,可谓集多种大权和要务于一身,是黑龙江省仅次于程德全的实权人物,受到程德全的特别倚重。在保荐徐鼎霖的奏折中,程德全称赞徐心思缜密而有远见,在办理文案、垦务等要务时十分得力,对于时事也颇有见解,是黑龙江省颇有识见的人才,于是1905年保荐其为海伦直隶厅同知。程德全还称赞多禄才识练达,学问优长,颇能讲求新政,尽心为民办事。此外,程德全还打破朝廷陈规,把广纳贤才的视野拓宽到外省,他曾一次奏准将黑龙江省外的奉天候补道张樾、户部主事蔡镇藩、工部主事何煜、湖北知县辛天成、广西即用知县王廷槐调入黑龙江任职。这些人后来大多没有辜负程德全的慧眼识珠,成了他在黑龙江推行新政的得力干将。

程德全还经常据实保荐一些他比较了解的实干型官员,比如:王昌炽体用兼备,才识出众,政声卓著,深为民众称颂,请求朝廷破格擢用;张国淦学识坚卓,深通治国之术,是不可多得的官员。类似这样的保荐,不胜枚举。

程德全在保举官员的问题上自有其底线在。即便是对自己一向十分赏识的属下,如果他们犯有严重过失,也绝不包庇护短。任巡防中军统领的花翎二品衔协领吉祥,因剿匪有功,曾多次经程德全向朝廷请赏加官,吉祥也知恩图报,对清肃黑龙江匪患颇有功劳。但在1907年9月,吉祥因对先前降附但已有反叛迹象的原匪首张有才等防范看管不力,致其在叛逃时打死管带和哨长各1人,打伤哨官等2人,经一个多月搜捕,仍未有结果。程德全遂将此事上奏朝廷,建议将吉祥革职,发往军台效力赎罪。

程德全在应对俄军、保护军民时勇气过人,在处理品行不端的幕僚时也秉承了这样的勇气。清制,地方长官均有任期限制,唯僚属可以长期任职,因此一些工于心计、肆意妄为者便趁机钻营,结党营私,干涉地方长官的行政措施。庚子变乱刚结束,黑龙江局势很不稳定,黑龙江将军萨保虽竭力应付,仍颇感疲惫。在这种情况下,以吴承蕴为首的一些幕僚便"倚仗声势,内外把持",干涉省政,萨保本想息事宁人,让他自动隐退了事,但吴承蕴自恃

---

① 程德全:《宋小濂以知府候补片》,载李兴盛、马秀娟主编:《程德全守江奏稿(外十九种)》(上),黑龙江人民出版社1999年版,第230页。

有根基支撑,竟置若罔闻。程德全接任黑龙江将军后,便将吴承蕴驱逐出黑龙江省,勒令其回山东福山县原籍。随即,因担心其逗留关东,别有钻营,他又奏请朝廷让吉林和奉天两省"不准该劣幕中途逗留,改名冒充"。为驱逐一个幕僚竟要如此兴师动众,可见在黑龙江等地幕僚势力的强大,不过这也让人看到了程德全的决心和魄力,反过来又使得程德全整顿官场的多项举措起到了较好的效果。

经过多年行政历练的程德全洞悉官场陋习,曾尖锐地批评说:"内外诸臣守痼习如故,进苞苴如故,敷衍苟安如故,争植私人如故,赏罚不行如故,是非紊乱如故。其黠者甚且结党援以左右政权,藉名位以扩张势力,自私自利而不知有国家,争宠争荣而惟便其私计,守秕政若瑰宝,视舆论为寇仇。"甚至有"甘视其国之危亡而不以易一身一瞬之富贵"的病国蠹虫。① 对那些作奸犯科、为官无行者,或密陈参革,或干脆奏请予以正法。其中一次,程德全就奏请将拜泉县补用知县王锡侯、陈致远、司伟勋,候选府经历郝桂芬,黑水厅巡检谢鉴莹等5人的原有职务尽行革除。

在参革官员方面,要数对周冕的参革最具有代表性。周冕,原为湖南候补道员。光绪二十三年(1897年)到黑龙江承办漠河矿务,因欠缴公款被人参奏,经北洋大臣裕禄查实,共欠17万元,被革去职务,并限期追缴公款。1898年,黑龙江将军恩泽任命周冕担任木植公司总董。1900年,继任黑龙江将军的萨保派其充任铁路交涉差使。而此时周冕所欠款项尚未交清。寿山继任黑龙江将军后不久,庚子变乱发生,寿山本人在变乱期间自杀身亡。周冕利用变乱期间文件档案大半遗失的混乱情形,诡称在乱前已将欠款交寿山收讫。但经将军府内一直担任粮饷总管的姚福升等证实,周冕并未交清所欠款项。

此外,周冕在担任木植公司总董期间,所经手的巨额款项从不上报。铁路两旁所放荒地达240井,至少应收荒价银381 024两,但据查复结果,具体数目却含混不清。铁路两旁各80里所出牧草的售价也未上报。

更有甚者,周冕在任职期间,还私自放任沙俄军人和商民越出条约规定的垦殖范围,任意进出林区砍伐林木和放牧军马,并在庚子变乱期间,帮助俄军购办军粮,将价值数万金的洋房供俄国红十字会使用。在处理中俄交涉事宜时,他也有辱国格,把俄人当作护身符和靠山,竭力巴结讨好和迎合沙俄,而对于黑龙江省的公务则一概置之不理,甚至有独树一帜

---

① 程德全:《遵旨复陈化除满汉要旨折》,载李兴盛、马秀娟主编:《程德全守江奏稿(外十九种)》(上),黑龙江人民出版社1999年版,第584页。

的势头。让程德全尤其不能原谅的还有,1904年有一名俄国人被土匪杀害,周冕作为朝廷命官,不但没有应程德全之命妥为交涉,反而乘此离间、煽惑俄人,差点使局面失控。周冕且结党营私,不仅视政府公文如白纸,而且将朝廷的命令当作儿戏,甘为俄人作鹰犬。

晚清齐齐哈尔古城

对于周冕这种贪赃枉法、行为近似于汉奸的顽劣官员,程德全先后多次上奏弹劾。即便是在周冕被晚清权臣袁世凯重用后,程德全也没有碍于袁世凯的颜面而放弃追索,仍然穷追猛打,未稍宽宥。他在致袁世凯的公函中再次扼要列举了周的劣迹:

> 该道前充敝省铁路交涉差使,所有经手各件,头绪纷繁,其前办木植公司,除瑷珲一城外,所有各处木植,均归该公司价买,代缴捐费。又铁路所需木植,亦归该公司承办,按值百抽十,包纳捐费。见诸公牍者,呼兰一处,一有银五千余两,其各车站以及民间所需,五六年来,款已巨矣,从无只字禀报。约计该公司所得之数,视公牍扣自木把者,不啻千百之十一。且将江省产木地方与铁路公司拟订合同,划归公司经理,车站展地较奉省加至十余倍之多。马家船口地方系商民禀请开设马(码——引者)头者,该道一并勒令出售。所有各处地价,均由该道经手,并未具报。又自对青山起,至满洲站止,一千数百里铁路两旁各八十里内羊草,均经该道包去,以备俄兵喂马之需,得价若干,亦未报明。而达赉诺尔湖煤税一项,上年屡向俄员磋商,铁路公司总以该员经手为词,其税款是否业经抽

收,无凭查询。以上各项尚可从缓,惟所放郭尔罗斯后旗荒地,据报称共有二百四十余井,每井毛荒一千六百二十垧,每垧收价银一两四钱,三七折扣,每井应收银一千五百余两,计共应收银三十八万余两,闻该员加价收取,实尚不止此数。旋据该旗蒙公咨称,周冕仅交荒价银四万五千两,羌帖一千五百卢布,请代追取等情。饬据该道复称,所放荒地已交价者,仅十五万余业经该旗蒙公提银十万两,已与蒙文两歧。其余各款,除借给杜尔伯特贝子二万两外,均已陆续用尽。既称仅收价银十五万余两,其未交二十三万两究系何人所欠,已放荒地究有若干,均未造册报省。

公函中请袁世凯命令该道转令经手各官员详作回复,并将铁路交涉局一并交代,以作为核办的依据。

其实,不仅程德全多次向朝廷上奏弹劾周冕,在程之前继寿山任黑龙江将军的达桂就曾列举了周冕的 6 条劣迹,即:

第一,(漠河)金厂之款挪移木植公司者二十余万两,至今尚未清结者犹有十七万余两。

第二,木植公司自开办至今,应交税款及该公司所收自商民者均在该道之手,并未交还分文。

第三,荒价银两只字未报。

第四,马家船口假公司之名抑勒百姓强卖。

第五,交涉局用人行政概未报省。

第六,以公款私自设立生意,违背华例。①

达桂并表示要对其进行追究,但周冕自恃朝中有袁世凯等实权人物的鼎力支持,依然我行我素,有恃无恐。为此,程德全先后 8 次据实上奏朝廷,严厉驳斥周的自辩供词。结果虽未能如愿将周冕查办,甚至还由程德全自己出面,向东三省总督徐世昌提出全部奏销周冕经手所欠的各种巨额款项,但最终也逼得周冕无法再在黑龙江立足,只能卷起铺盖走人。程敢于碰硬、不畏强权、不达目的誓不罢休的韧劲,在官大一级压死人的封建时代,尤其是在自上而下贪腐成风、各级官僚机构几乎已被形形色色的大小腐败分子完全蛀空了的晚清官场,堪称罕见。然而,也正因为如此,程德全在一片浊流中以其良好的操行在生前和死后都赢得了世人的敬重,后世甚至有人以"完

---

① 程德全:《驳(周道)亲供三》,载李兴盛、马秀娟主编:《程德全守江奏稿(外十九种)》(上),黑龙江人民出版社 1999 年版,第 1030 页。

人"称之。

此外,原巡警左军左营千总万永胜,因擅自招降纳叛,并伪造公文,与匪首一起欺压乡邻、鱼肉百姓,被程德全奏请予以正法。海伦厅警察总巡王翰卿因"通匪挟官",亦被程德全奏请正法。

二、统筹考虑,开发东北边疆

程德全除了擅长处理行政事务外,在主政黑龙江期间也十分关注民生,着力改善当地的经济状况。东三省因是皇家发祥之地,长期实行封禁政策,严禁内地居民前往开垦,结果经济水平与内地的距离越拉越大。黑龙江地处边陲,情形更为严重。黑龙江的西、北、东三面与俄仅隔一江,自咸丰八年(1858年)订约以来,俄国极力经营,沿边数千里屯堡相望,星罗棋布,骎骎乎有日逼之势。而我方黑龙江右岸上自呼伦贝尔起,下至松花江口止,四千余里以内除瑷珲一城外,其余地方荒凉空旷,渺无人烟。庚子之后,瑷珲失陷,两国边境六七千里间任人出入,边境线似有还无。对于此种情势,1904年,程德全在上军机处的奏折中呼吁尽早施行移民实边政策,以防境外异族潜入窥伺我领土,日益侵吞,而我方却无从入手。他认为,实行殖民政策,迁民实边,是治理黑龙江边防的第一要义和根本大计,而练兵剿匪是当前的应急之策。在应诏觐见两宫时,他又建议:"江省地旷人稀,俄人蓄志南侵,非有人民,难资抵制。目今办法,急须殖民实边。而殖民又以招户垦荒为起点,所谓有人此有土,有土此有财。"①后来,他又一再提出,为抵制俄国的侵略和渗透,必须移民屯垦。"惟抵制无如屯募,屯募必须迁民","敌患日迫,隐忧滋深,吉、江两省与俄接壤之处,愈不得不以设官殖民为急务。"②

从程德全的多次吁请可以看出来,他之所以竭力呼吁开发东北、移民实边,除了发展经济等方面的考虑外,还有着巩固边防、抵制俄方入侵的战略意图。比如,程德全在奏稿中曾经表示,开发东北,在当地推行移民拓荒,实际上并不是为了增加国家的税赋,而是为了充实边防力量,增强抵御异族入侵的能力。他是在充分认识到东北地区在全国的重要军事战略地位后,才一再呼吁当政者应重视东北,内地兄弟各省应支持开发东北的,这也符合他作为边防要塞黑龙江省军政一把手的身份。他这样分析东三省的局势:"东

---

① 程德全:《纪入觐及之齐齐哈尔署任概略》,载李兴盛、马秀娟主编:《程德全守江奏稿(外十九种)》(上),黑龙江人民出版社1999年版,第765页。

② 程德全:《上外务部论防俄人越界事》,载李兴盛、马秀娟主编:《程德全守江奏稿(外十九种)》(上),黑龙江人民出版社1999年版,第876、877页。

三省为国家根本,处蒙古尾闾,根本动摇则全局瓦解,尾闾截断则诸部风靡,诚恐东方有事,燕京必危,燕京既危,中原随之。"①东三省的安危与内地的存亡密切相关,要保护东三省,非得全力加紧经营不可,而要全力加紧经营,又非各省协助筹巨款作经费不可。之后发生的一连串历史事件证明,程德全并非是在故作惊人之论,中国的东部近邻和北部近邻一直惦记着东三省这块肥肉。自明治维新起,中国的东邻日本就确立了先征服朝鲜、继征服中国的满蒙地区(即东北地区)、再征服整个中国和亚洲、最后征服全世界的侵略步骤,甲午中日战争、九一八事变、七七事变等也陆续验证了这一罪恶的侵略图谋;而俄国甚至苏联也跨过黑龙江把军队开进了东三省,并且迟迟不愿意撤军。近代历史虽已证明了程德全判断和立论的精准,但可悲的是,在当时几乎没有人响应他的冷静呼吁,他护卫东三省的战略计划好似一拳打在了棉花上一般,被浮躁、腐败而又羸弱的中国官场化为无形。

尽管如此,程德全还是一而再、再而三地向朝廷和各方人士阐述自己统筹开发东北的见解。在他看来,黑龙江积弊甚深,势非详细规划、统筹解决不可,小修小补、小改小革、头痛医头脚痛医脚式的小变动已于事无补。在署理齐齐哈尔副都统时,程德全上奏朝廷,条陈六事,提出垦荒亟宜变通、瑷珲难民亟宜安插、厘捐亟宜变通扩充、田房税契亟宜举办、散兵亟宜设法收抚等主张。其中,他认为安插难民、收抚散兵更是当务之急。

日俄战争结束后,程德全先后向朝廷呈送了《密陈东事日迫亟宜全力经营折》、《统筹善后十四条折》等奏折,深入分析战后东北三省正面临的危机,提出了综合治理黑龙江的基本思路。《密陈东事日迫亟宜全力经营折》指出:"俄人虽败,而满洲全境南北剖分,自顷俄约迁延,绝不稍存退让,比且遣人各处绘图挖井,狡谋可想。而日人又席战胜之余威,急于南境扩张势力,屡简重臣及其国最有名誉之学士、博士暨暑假诸生群来辽东,切实调查,以主张其殖民政策。"他认为,当时的东三省正处于"霜雪待降,堂檩将崩之时"。因此,必须抓紧时机,详加筹划,切实治理,否则"安危之机转瞬即逝,噬脐之痛后悔何穷"。而其中编练陆军、修筑铁路、迁民实边、自开商埠可以强兵富民,在程德全看来更应急办。这份奏折虽然因为清廷简放特使前往东三省巡阅,没有上送,但其中所提出的系统主张却是极有见地的。

《统筹善后十四条折》同样展示了程德全在管理地方事务方面的深谋远虑与过人才干,他详细分析了黑龙江在军政体制上所存在的深重积弊:

---

① 程德全:《密陈东事日迫亟宜全力经营折》,载李兴盛、马秀娟主编:《程德全守江奏稿(外十九种)》(上),黑龙江人民出版社1999年版,第423页。

江省地处极边，为东北屏蔽，八旗满蒙汉聚族而居，劲旅精兵，甲于天下，部落虽极繁多，而设官编伍部署亦极周备。但积久弊生，名存而实已去。……旧制历年遵守悉属具文，库帑按月开支几同虚掷，旗缺则官多兵少，不免十羊九牧之嫌，边屯则外诱内离，大有驱雀入丛之患。尤有甚者，官或以俸为生活，置机务于不顾，兵亦视饷为生活，即骑射亦不娴，此人才之所以消乏，兵势之所以日弱也。①

针对上述情形，程德全提出，要对黑龙江的军政管理体制进行深入、系统和彻底的改革，具体来说包括"应裁者四、应变通者七、不可缓者三"。除军事上应裁撤八旗兵、修理匠、水师营和火器营以及进行行政上的机构改革等外，不可缓的三项为：吉、江边界宜合一经理；招民开垦呼伦贝尔、呼兰等城的荒地；与俄人交涉，将瑷珲等在庚子事变期间被沙俄占领的地方悉数收回。

宋小濂书法

程德全在黑龙江省从政有年，这些建议都来自于他的长期实地考察，不仅切中肯綮，直击时弊，而且切实可行，其忧国之情字里行间随处可见，因而得到了清政府的高度肯定，清廷批示道："所陈均极切要，具见认真，即著该署将军妥速筹办。"②

后来，程德全又将《统筹善后十四条折》中所提设想的实施情形向朝廷做了详细汇报，并根据后续调查与思考，提出了进一步完善的设想。其中关于撤废驿站一事，程德全决定由省城北至瑷珲、南至茂兴各站，俟俄约议定，商埠大开，即"妥订章程，改照俄站办理"。由茂兴站至呼兰各站，全部裁撤。

---

① 程德全：《统筹善后十四条折》，载李兴盛、马秀娟主编：《程德全守江奏稿（外十九种）》（上），黑龙江人民出版社1999年版，第253页。

② 李兴盛、马秀娟主编：《程德全守江奏稿（外十九种）》（上），黑龙江人民出版社1999年版，第260页。

"所有来往公牍,拟先设立文报局及铺司,以代驿传,即以各站升科大租并站丁工食暨草豆银,改作该项经费。"①同时,加紧对呼伦贝尔荒地的开发、官屯的整顿和瑷珲难民的安置。

1907年2月,程德全又向朝廷上呈了《统筹江省应办事宜折》,再次向中枢机关详细阐述了黑龙江所急需创办的各项事业,表示殖民、实业、交通、边防、军事、商业、设官等事项样样都是刻不容缓。具体来说,就是迁民实边,以为垦务;振兴实业,以辟利源;经营防务,以固封守;注重交通,以保国权;扩充军界、商界,以维边局;预筹设官殖民,以图抵制6个方面。该奏折所涉诸事因需款浩繁,被清廷留中不发。

在所有黑龙江应办各事中,程德全强调得最多、用力也最多、成效最为明显的一件事就是招民垦荒、迁民实边。自担任直隶州知州、齐齐哈尔副都统时起,他就开始谋划如何加快黑龙江的开发。为了尽快、有效地开发黑龙江,程德全下令废除了实行有年的封禁政策,改变了军政合一的管理体制,还从内地大量招募移民,并改变了旗招民佃的僵化政策,在有效保障并不断改善旗人生计问题的基础上,废除他们的特殊权益。

为鼓励内地向黑龙江移民垦荒,程德全下令免除开荒后一定年限之内的赋税,并为移民者提供免费交通服务,在内地设立机构,随时查核赴黑龙江的移民人数,由相关机构发给票照等凭证,先禀明邮传部,转而命令铁路各总办并招商总局验明票照,一律放行,并豁免沿途所需各项车船路费。

为充实开垦黑龙江边地的移民群体,程德全甚至提出,可以将内地各省违法犯罪者中罪行较轻的,遣发黑龙江,允许家属随行。为奴人犯改为充当苦工5年,安置人犯则充当苦工1年,在到达后由各地方官严加管束,期满后,如果其表现尚可,就酌情调拨到边境,编入农籍,计口授田,俾其垦种,这样处置人犯,国家不费一钱,数年之后,还可以添人进口,增加边防人数,边境也就繁盛有望了。为鼓励罪犯家属随同前往黑龙江,官方可提供全部经费。他并要求凡犯属及押解员役经过沿江沿海乘坐轮船及关内外火车,全部免收费用,以减轻官方经济压力。在程德全看来,如此做法可使内地省解配之劳,边疆则得殖民之益,可谓一举数得。

放荒之初,为保护旗人利益,维持其生计,实行的是"旗领民垦",但效果不理想。原因在于一方面旗人不习农耕,因此对废牧围垦不积极、不得法;另一方面民人怕增加自己的负担,不愿从旗人手里领荒开垦。因此,程德全

---

① 程德全:《复陈筹办江省善后情形折》,载李兴盛、马秀娟主编:《程德全守江奏稿(外十九种)》(上),黑龙江人民出版社1999年版,第338—339页。

就任齐齐哈尔副都统后,开始变通原有章程,实行旗民兼招之策,这一举措很快收到了实效。

在程德全的大力倡导和积极推动下,黑龙江的垦荒和开发事业一改此前呼吁多、行动少的冷清景象,很快发展起来。就拿通肯地区来说,在光绪二十三年(1897年)以前,虽已放荒多年,但迁延年余,竟未放出一垧。原因在于"旗交押租,民人承佃"的政策对老百姓没有什么吸引力。于是,程德全改变办法,规定:对于旗营屯地,垦户认领后,因未交押租,需缴纳京钱六吊三百文,将地变为己产,所交京钱一部分交给旗户,一部分作为生息资本,解决失地旗户的生计问题。对于散户所领土地,除原交押租外,每垧另交京钱三吊一百五十文后,即变为私产。如此变通后,民人认领踊跃起来。

其他各地照上述办法办理后,亦进展迅速。如开荒条件并不优越的郭尔罗斯,经庆山等人的大力招垦,到光绪三十二年(1906年),竟连碱地都被放垦殆尽。

放荒招垦的成功推进,募集到了大量发展黑龙江各项事业所急需的宝贵资金。到1906年12月底,仅在郭尔罗斯、札赉特、杜尔伯特各蒙旗及通肯、巴拜等段并甘井子、讷谟尔河各处,就收进押租四百多万两白银,实际到账的有380多万两。据有关研究,前后总共收到押租不下五六百万两。这在经济发展程度远远落后于内地的黑龙江省,可是一笔巨额款项。新政期间,黑龙江地区新式教育的创办、实业活动的开展、官僚机构的日常运转等经费赖此颇多。

程德全在东北任期内一手抓边防和经济开发,一手抓民生。出身底层的他十分重视体恤民情,曾前后4次上奏清廷,请求免除黑龙江牧民进贡貂皮的负担,最终获得了朝廷的同意。在就任齐齐哈尔副都统后不久,程德全还曾奏请朝廷免除了黑龙江地区在光绪二十五年(1899年)前所欠的租赋负担。

三、筚路蓝缕,创办实业

甲午战争后,西方列强各国相继转变侵略方式,纷纷加紧对中国进行资本输出,直接在中国设工厂、开矿山、筑铁路、办银行,通过各种强硬手段在中国境内划分势力范围,强迫中国接受条件极为苛刻的贷款,目的都是为了加紧对中国进行政治控制和进一步的经济掠夺。黑龙江与沙皇俄国接壤,成为沙俄对华资本输出的主要对象。沙俄先后在黑龙江设立了对华进行资本输出和金融渗透的华俄道胜银行,并修筑了中东铁路,开采漠河金矿等。

华俄道胜银行在中国发行了广为流通的纸币,被称为"羌帖";中东铁路沿线两旁数十里都成了俄国的专属经济区,尤其是在周冕等卖国官员的操弄下,黑龙江的土地、林木和优质草场资源被沙俄大肆侵占,中国国家权益大量丧失;漠河金矿等长期被沙俄盗采,自然资源大量流失,环境也遭到严重破坏。

程德全主政黑龙江时,在这一地域已有十余年的一线工作经验,他对黑龙江的军事战略地位以及经济情况可谓了如指掌,在该地区推行实业运动成为程德全挽回国家权益、抵御沙俄的政治控制和经济掠夺的主要策略,黑龙江地区的经济近代化大门也由此开启,纯德、马六舟则成为协助程德全推动黑龙江实业运动的主要骨干。

程德全认为商务的消长关系到地方的盛衰,商务的消长又和财力的盈虚密切相关联,而要兴办商务以造福地方,非厚集财力,设立公司不可。为促进地域经济发展,使黑龙江尽快驶入近代化轨道,程德全在吸取创办便民会获得成功经验的基础上,于 1904 年冬在该省成立了广信商务有限公司这一带有官钱局或

黑龙江广信公司货币

官办银行性质的金融机构,以便为黑龙江近代实业的发展提供金融支持。广信公司设总股本 50 万两,考虑到江省财力匮乏,且风气尚未完全开化,商民认股不够踊跃,因此决定先期招股 20 万两,官商各半。待办有成效后,再陆续招足 50 万两。公司采取官督商办模式,由商人为总董,主持公司事务,由官方派员督查,以减少弊端。在内地各省已纷纷放弃官督商办模式、避之犹恐不及的情况下,广信公司仍采取这种方式,反映了黑龙江与内地各省的明显差距,说明近代化的风雨还远未吹拂和滋润到这里。公司发行的纸币,为保证质量、防止伪造,特选择在上海用西法印造。

广信公司虽取官督商办模式,但就其章程而言,颇与近代公司法相契合。这份经程德全审核过的章程,由于其在黑龙江实业活动中曾起过重要作用,而且其主要思想颇为前卫,堪称是一份极其珍贵的历史文献,此处特予以详细介绍。

关于举办目的和宗旨,章程指出:

江省地处偏远,商力本微,经乱后尤为艰窘,加以钱法壅滞,非设法提倡疏通,不足以振兴商务,裨益地方。滋拟官商合股,设立公司,参仿官银行办法,开使纸币,汇兑银钱,存借生息,兼运输大宗粮货,用以疏通圜法,提倡商情,俾商民藉资周转,得以随意经营。庶风气日开,商务渐可通畅,地方因之富庶。

一、公司虽系官商合股,然既以开使纸币为基础,振兴商务为宗旨,即应名曰广信商务公司,以符名实。

关于股息和股票的转让等,章程规定:

无论官商,每股给股票一张、息折一扣。如有入股较多,愿合领一票一折者听。常年官息五厘,凭折支取。付息日期,每年自冬月起,至腊月止。

一、股东如有将股票息折遗失,或遇变损坏,准随时报明公司,取具妥保,再行补给。若将股票转卖他人,亦须同至公司报明登簿,并将原给票折上注明某年月日转卖某人,以备察考。

关于业务活动的主要内容和范围,章程规定:

一、开使京钱纸币,自一二三五吊至十吊五十吊一百吊,共分七等,周流通省。无论官民,随时支取,均以银元或现银兑付,不得稍有留难。凡官府经征租赋捐税,准以此项纸币交纳,以广大信。

……

一、公司(难)[应作虽]以开使纸币汇兑银钱为主,然既系商务,无论何项货物,均可任便经营,以广利源。

一、公司设在江省,无论总分各司出入款项,应均以江平(库银—引者)计算,以昭划一。

一、公司既为疏通圜法,振兴商务起见,自应多设分公司,以冀推布。总公司设在齐齐哈尔省城,其省属繁盛城镇,各设分公司,并拟于吉林、长春、奉天、营口、北京、天津、上海等处,派人坐办汇兑购运等事,兼可探报行情,考察商务,以广见闻。

关于公司的组织机构和日常管理,章程规定:

一、公司虽系官商合股,究属商务。其办事人等,应均用商人。官场习气,一概革除。惟须由将军、副都统派督察一员,随时稽察。凡公司之利弊,商情之旺衰,均有该员查明,禀请核办,应需薪水公费,由公司筹给。

一、公司既系商务,所有承办人等,均不用总帮办名目。总公司应用总董一人,副董二人。分公司各用分董一人,主持公司事务。总副分董,均由官商股东公举,以昭慎重。其余分办各事,如司帐书札,以及诸执事人,则由总副分董量能收用,惟须取具妥保。总副分董及办事人等,均宜洁清自爱。除应得辛工外,不准透支分文,以重款项。如有舞弊及亏空情事,责令举主保人赔补。

一、总董如才不称职,或徇私舞弊等情,股东及副董可随时察考,据实剖论,公议去留。副董以下诸人,倘有不守规则,以及偷漏诸弊,由总董查明,轻者记过议罚,重辞退,或送官究治。

一、出入帐目,按三个月结清一次,造具清册,呈请督察委员稽核无误,转报将军、副都统备案。至次年正月,将上年出入各款汇总结清,造具清册三分,呈清督察委员稽核无误。一转呈将军、副都统备案,一交省城商会,凭各股东阅征信,一留本公司存查。

……

一、公司既系招股办理,宜集思广益,以求妥善。于每年正月结帐后,定期知会各股东齐集公司,将应办之事悉心核议,应如何扩充利益,如何厘剔弊端,各抒所见,由总副董择善而从,并考核在事人等功过,分别公议,于应得花红酌量加减,以示劝惩而昭公允。

关于公司的利益分配,章程规定:

一、每届次年正月将上年帐目算清,除开支辛工伙食及一切用度外,如有赢(盈—引者)余,应作为十成提分,计公积三成,股东余利五成,总副分董及执事人等花红二成,俾得利益均沾,庶几人知奋勉。①

从广信公司的实际营业范围来看,其实并不仅仅局限于金融领域,而是几乎遍及整个商业领域,举凡商品采购和销售、金融服务、信息搜集等,无不涉及,因此称得上是一个名副其实的商务有限公司。就其利益分配和日常管理而言,也基本符合近代公司的有关要求。

广信公司的创办,对于启动黑龙江地区的经济近代化运动具有重要的导向意义。在广信公司开办的同时,程德全还开设了工艺厂、机器面粉厂。他认为:"振兴商务,当先以招工艺为基础。"因此,决定由官商各招股10万

---

① 程德全:《设立广信公司折 附清单》,载李兴盛、马秀娟主编:《程德全守江奏稿(外十九种)》(上),黑龙江人民出版社1999年版,第123—125页。

两，创办工艺厂，既"牖民智"又"导利源"。工厂的技术骨干有的来自外省，也有的是直接从本地选拔，"以加精江省已有之工艺，扩充江省未有之工艺"，等到有了成效后再以集资的方式在全省进行推广。工人则是从省内外的一些贫苦百姓中招录，由技术骨干对他们进行基本的培训，使得这些人能够凭自己的一技之长得以谋生。工厂还招录了一些终年游荡无所事事的人，也教他们学一些技艺谋生，一来可以使他们免于饥寒，二来还可以起到挽救他们不使"流入匪类"为非作歹的作用。

考虑到黑龙江当地盛产麦子，当地人又多以面食为主食，面粉有一定的市场，1907年9月，程德全派纯德从天津、上海购买了火磨（即钢磨）等机器，在省城西关外嫩江岸边创办了一家机器面粉厂，所出面粉色质精洁，行销畅旺。

昂昂溪火车站

发展经济，交通先行，铁路的作用尤其不可忽视，道路是否通畅关系到商业的兴衰，而铁路交通更是国家的命脉，在维护国家主权中也有其重要意义。程德全清醒地认识到，世界各国都把铁路当做国家命脉，在半殖民地半封建的中国，外国铁路修筑到哪里，也就意味着中国的权益丧失到哪里。对于经济落后、防务薄弱的黑龙江来说，情况就更是如此。黑龙江省僻处极边，为东北的屏障，而黑龙江城地理位置尤其重要，自从东清铁路开通后，不仅失去了地势险要这一优势，就连商品的流通和官府物资的运输都依赖他方，一旦发生变故，消息闭塞，就会坐困一隅。

为了维护国家主权，抵御沙俄的侵略，程德全一再向清政府提出要自修铁路,"非修铁路别无抵制之方,亦别无振兴商务之计"①。但清政府的财政收支平衡早已为巨额的对外赔款所冲垮,纵使内心真想有所作为,此时也已无力为之。从下面一组数字就可以看出这个时候的清政府经济负担是多么沉重:仅是庚子赔款一项,连本带息清政府已经被迫背上了接近10亿两白银的巨债;1905年还被英国借口"镑亏",勒索白银667万两;1903年,吉林一省就被勒索白银25万余两用于"教案"赔偿。而光绪三十四年(1908年)的财政总收入是2.4亿两,国家财政可谓捉襟见肘,何况慈禧太后挥霍无度,生活侈靡。在这种情况下,程德全只好另谋出路,自行筹集资金修筑铁路。在他的构想中,拟先修筑从哈尔滨江北马家船口起,北向呼兰、曲达绥化,直接黑龙江城的1000多里干线,然后再修筑从对青山到呼兰、由昂昂溪车站至省城的两条支线。在他看来,南北衔接贯通之后,商务上有起色自可翘足而待,即使是经营边防也会容易一些。

但即便如此,清政府也未敢下决心修筑这条并不算很长的铁路。与此同时,沙皇俄国却在步步紧逼,由其控制的东清铁路公司一再提出要修筑由昂昂溪、哈尔滨向北的两条支线,以连接省城、呼兰、瑷珲和绥化等城市。这时,全国各省都已兴起收回路权和矿权的运动,已有一定资本积累的民族资产阶级也纷纷承办地方铁路。为避免对俄交涉陷于被动,程德全于1907年奏准修筑齐昂铁路。经过两年的紧张施工,齐昂铁路于1909年9月竣工,10月正式通车。该路总长虽只有50里,用的是只有1米宽的窄轨,而且因遭到俄国人的抵制,无法与中东铁路连接,因此使用效率不高,运费却很高,但它却是东三省第一条由中国人自己修筑的铁路,对于抵制沙俄借修筑铁路为名大肆侵夺中国利权有着重要的意义。铁路建成当年,程德全又在紧邻火车站选址附近建成了卜奎电灯厂,供巡抚衙门、兵营、商户、居民、齐昂铁路照明用电。至今齐昂铁路的部分路基和齐齐哈尔火车站原址尚存。到1914年齐昂铁路才获得中东铁路当局允许,延伸1公里,得以与中东铁路齐齐哈尔站(昂昂溪)接通,而这时程德全早已离开了黑龙江,大清的龙旗也已换作民国的五色旗了。

在开发矿产资源方面,程德全也是高度重视的。他认为当今之世,各国筹富之道,除了工商而外,就是矿务了。在他的亲自筹划下,不仅先后收回了被俄国人侵夺开采的漠河、奇乾河、观音山、都鲁河和发毕拉河金矿,而且还相继派人到金牛山、怀欢洞、马鞍山、巴彦苏苏东北的朝阳山一带探勘煤

---

① 程德全:《创修铁路折》,载李兴盛、马秀娟主编:《程德全守江奏稿(外十九种)》(上),黑龙江人民出版社1999年版,第321页。

矿,结果查明那里煤炭藏量丰富、煤质甚良。他任命纯德和马六舟分别担任金怀马和朝阳山煤矿的负责人。鉴于黑龙江财力短绌的特殊情况,程德全向朝廷提出:"江省矿产丰厚,久为外人垂涎,所有各处矿物亟应由官提倡,次第勘办,应需费用既难招集商股,又无闲款可筹,惟有将木税一项,除开支文案处薪公外,即作为勘办矿务经费,核实动用。"①仅用半年工夫,金怀马煤矿就开采了100多万斤煤炭,朝阳山煤矿因地下水丰富,加上运输条件恶劣,采煤机器无法运入,办得不够理想。

为全面调查黑龙江省的矿产资源,程德全于1908年任命纯德、马六舟为矿政调查局总办和会办。

四、创办新式教育,培养人才

程德全在黑龙江任职时,正是该省乃至全国百端待理、频繁变革、新旧急剧转型的时期,因此对各种人才的需求极为急迫。程德全认为:为政之要,首在得人,而得人之要,尤在预为储备。而要培养和储备人才,就必须创办各类新式教育机构。程德全在奏稿中指出:在时局艰难之际的当务之急,是大力兴办教育以培养应用型人才。

清初是以武功定天下,黑龙江作为龙兴之地,又有着政治上的优越感,历来不重视文化教育,加之原有的文化基础极为薄弱,因此与内地的差距越拉越大。当时,黑龙江的社会风气大致呈现如下情形:一方面旗人自认为出身优越,视野狭窄,"徒守承平弓马之旧",不了解国内外时事局势,既没有了老祖宗入关时的尚武之风,"更昧今日兴学之义,国书清语,省识无多,西学汉文肄习尤寡,其子弟坐废聪颖之质,其父兄群甘锢陋之风,咸谓骑射偶娴,即可坐膺专阃,浡陟疆圻"②。而且,黑龙江的人口结构是旗人贵族子弟多,普通百姓少,虽然旗人子弟在清朝初期充满战斗力,以骑射名闻天下,清朝中兴以后大半名将也都是出自黑龙江,但是过去那些老臣大部分都精通满、蒙文字,因此军事方面能够借鉴古兵法,说明他们能够取得成功也并不单单是凭靠蛮勇之力。但到了晚清时期,旗人子弟既不习国语清书,又不谙中外诸学,即使其中有一些聪明的能够粗通文墨,在官衙里谋个一官半职,也就已经很满足,他们缺少奋斗和进取之心,在见识上也比较短浅,这样的旗人

---

① 程德全:《试办矿务折》,载李兴盛、马秀娟主编:《程德全守江奏稿(外十九种)》(上),黑龙江人民出版社1999年版,第199页。

② 程德全:《江省兴学维艰请变通旗缺俾资劝励折》,载李兴盛、马秀娟主编:《程德全守江奏稿(外十九种)》(上),黑龙江人民出版社1999年版,第280页。

在整个黑龙江可谓比比皆是。

另一方面,自外省移入的汉人多属闯关东者,从事农商的多,而知识分子少,文化程度同样很低下。在这种情况下,要想在很短的时间里就办成先进省份已有的所有学校,是断断不可能的,比较切实可行的办法只能是先在省会暨各属开设小学堂,同时通过考试选拔学生出洋学习师范,以备教育管理之用,而且兴办学堂宜合而不宜分,宜统筹普及而不宜再划畛域。这些规定已带有强制性的义务教育意味。等到小学堂教育稍有可观,再推广、增设高等学堂、中学堂。应该说,程德全的这种根据黑龙江的实际情况循序渐进、量力而行的办学思路和行事风格是极为难得的,与晚清政坛上因循苟且、作风虚浮、好大喜功的末世衰相形成了鲜明的对比。

到1907年,呼兰府、绥化府、巴彦州已筹设四乡小学;余庆、木兰、青冈等县在绥化、巴彦、海伦等处附设学堂的基础上,已自立两等初等小学;在兰西县、呼兰城分别设立了师范传习所,并改良私塾70处和40处;瑷珲、墨尔根两城各设初等小学1处,东布特哈设初级师范预备科1处,西布特哈设初等小学1处;肇州厅设公立初等小学10处,多耐站创办公立小学1处,大赉厅设半日学堂1处,塔子城分防设初等小学1处;西呼伦贝尔城设满蒙文官学1处。1908年拟大加扩充,其中黑水厅将省城初等小学划作10区;呼兰府在原有基础上再添办14区,总数达18区;余庆县添设四乡小学10区;兰西县添设四乡小学4区;巴彦州添设两等小学12区;绥化府再扩充5处,总计达10处。在此期间,共新添设各类小学55处,发展速度不可谓不快。

在小学办有成效后,程德全于1906年决定创办中学。当年即在省城、绥化、呼兰、巴彦州等文风较盛且小学创办已久的地方招收50名中学生。到1907年已招足两班共100名,并逐渐扩大规模,准备在新修南路农业小学堂东北空地上修建中学校舍。

为解决办学师资不足问题,程德全除了从内地各省大力引进教师外,还特别重视师范学堂的创办。1906年,他在齐齐哈尔创办初级师范简易科,经两年紧张学习,到1908年共有初级师范毕业生100人,大大缓解了师资紧张的问题。为解决高等小学和中学教员不足的问题,他决定停办初级师范简易科,改办两级师范学堂,规定预科1年,分科2年,每班100人。

在中国传统观念中,女子无才便是德。因此,在漫长的封建社会中,绝大多数女性都被剥夺了受教育的权利,受着三从四德等封建纲常礼教的严重束缚,既严重影响到女子本人的身心健康,更严重制约着整个社会文明程度的提高。在欧风东渐、美雨润拂的晚清末年,随着男女平等意识的渐次传入,女子也要享受教育的观念逐渐被人所接受。在资产阶级革命党中,还涌

秋 瑾

现出了秋瑾、宋庆龄、何香凝等一大批女中豪杰。

程德全在推动黑龙江近代教育的过程中,特别关注女子教育,不过他的出发点倒不是为了促进男女平等,而是因为"女子无学则母教必不能善,儿体必不能强,少成习惯,所关良非浅也",说明程德全兴办女学的目的是为了使幼童在启蒙阶段就能够从母亲那里得到比较正确的家庭教育。1906年冬,程德全倡议在省城创设幼女学校一区,首期招收20名女童入学,计划分5年招足200名,先按初等小学办理,以后再逐渐添聘高等教员,目的是早立国民教育之本,为开办女子师范作准备。到1908年,分别在呼兰府、巴彦州、兰西县设立第二、第三、第四幼女学校各1区,所需经费则均自行筹集。

在兴办矿业等实业的过程中,程德全常常会遭遇到专业技术人才匮乏的困难:"就今日情形而论,分官设治,百端经始,即如钱谷、刑名而外,若学务,若外务,若商务、荒务,若矿务、警务以及兵政、路政暨农业、林业、渔业诸大端,无一事不待人而理,即无一事不由学而来,固非可以滥竽充数也。"①因此,创办各种专门学堂以培养所需人才,就成了当务之急,这也成了黑龙江近代职业教育的发端。

为解决教育与实践严重脱节的问题,程德全主张在普通教育中增加实业内容。在《小学堂注重实业片》中,程德全认为,教育应当从初等开始,民生中实业最为重要。因此,他准备在省城各初等小学堂添购仪器标本,加课实业,作为各个属地的示范。其中在北路小学打算以工业为重点,为日后的工艺打基础;南路小学宜于种植,打算开辟为农业试验场和演习林,作为农学实验基地;西路小学则注重商业,为日后的商船和各项商业发展打基础。这种因地制宜、规划周详的设想和安排,具备较强的可操作性,反映了程德全一贯的务实作风。

不仅如此,在经费捉襟见肘、每每需要向朝廷和内地各省告贷的情况下,

---

① 程德全:《设法政肄习所折》,载李兴盛、马秀娟主编:《程德全守江奏稿(外十九种)》(上),黑龙江人民出版社1999年版,第369页。

程德全出台了一些鼓励出国留学学习先进知识的政策：

> 经世之才，非阅历不能有成；匡时之学，非体验不能有得。从前中国士子墨守旧学，足迹不出里门，于外洋之治乱兴衰，政教风尚，置若罔闻，致弱之源未始不由于此。比来朝廷广开风气，锐意振兴，上年特旨，考试出洋学生优予官职，意在选束俊髦，以维新政。①

国内不少有志青年听说黑龙江鼓励留学，回国后还有优先录用官职的机会，"闻风兴起，朝欧西而慕东亚，寰球万国，视若户庭"。但当时很少有到俄国留学的，一是因为俄国作为后起的资本主义国家，不如欧美各国发达，在政治、经济等各方面似乎没有什么可学的，二是因为国人对穷兵黩武、大肆侵占中国领土的沙俄没有好感，再加上 1904 至 1905 年间在中国东北发生的日俄战争中，貌似庞然大国的沙俄竟然给蕞尔小国的东邻日本打败了，国人自然就不太愿意将沙俄作为留学的目的地。但程德全认为，"江省（与俄）界连壤接，密迩周旋，将来两国铁轨大通，界务、商务以及一切交涉事宜，接踵而起。若于彼都政事俗尚不加深究，何以收安内辑外之效？"②因此，他决定选派王忠相等 7 名学生赴俄留学，为起表率带头作用，他还让其长子程世模一同自费赴俄留学。为了帮助这些即将赴俄的留学生尽早克服语言障碍，程德全在齐齐哈尔设立了 1 所俄文学校，它的作用相当于现在的出国语言培训学校。

尽管黑龙江教育经费紧张，但程德全还是尽力将办学硬件向近代化靠拢。他要求所建校舍必须整齐，光线卫生亦须符合规定和要求，在高等小学堂中必须建立理化实验等教室，而所需费用都由官款垫付。

五、整治社会秩序，打击盗匪活动

近代以前的黑龙江地处北方边陲，地域辽阔，加之气候严寒，自然条件恶劣，又因开发较晚，内地流入者因旗籍制度的限制等因素，社会地位低下，谋生非常不容易，不少人迫于生计，便和散兵游勇一起落草为寇，这些规模不等的股匪和马贼，少者数十人，多者数百乃至上千人。他们装备较为精良，经常呼啸而过，行踪飘忽不定，在边境一带流窜，干着打家劫舍、杀人越货、抢劫商旅的行当，几乎无恶不作，成为社会的一大祸害。对此，百姓啧有

---

① 程德全：《学生赴俄游学折》。载李兴盛、马秀娟主编：《程德全守江奏稿（外十九种）》（上），黑龙江人民出版社 1999 年版，第 384 页

② 程德全：《学生赴俄游学折》，载李兴盛、马秀娟主编：《程德全守江奏稿（外十九种）》（上），黑龙江人民出版社 1999 年版，第 384 页。

烦言,官府也非常头痛,对他们的搜捕打击虽不遗余力,但每每成效不大,或难以长久,过一段时间又会死灰复燃。

对横行各地的马贼和胡匪,程德全采取的是首恶必办、剿抚兼施、堵疏结合政策。他在上报朝廷的一封片折中提出:虽然归顺的土匪罪可当诛,但是也有值得同情的地方,可以利用他们对土匪集团内部比较熟悉的有利条件,在将之收编后"以捕余贼";而对胁从者,则一概从宽免究,勒令他们回归安业,引导他们从善。对于那些继续作恶的惯匪,则坚决予以痛剿。

在程德全任职黑龙江的几年内,几乎每年的春、夏、秋三季都要集中正法一大批在历次剿匪行动中被捕获的马贼和惯匪,有时一个季度就要正法马贼八九十名,而日常的剿匪活动则几乎从未停止过,仅1906年四五月间就连续多次出动军队清剿匪贼,且收获不小。程德全在上奏给朝廷的报告中,对此有详细记载:

> 闰四月初间,于沈家店拿获受伤贼目沈泳言,留作眼线,会同巡警军管带英顺排队进发,于小城子南张家店并五站、西姜家窝堡等处,与贼接仗四次,虽官兵互有伤亡,卒获大胜,计擒斩首从共二十余名,打落人票五十余名。又五月十四日,于信字十井,闻有匪首青字、贾字、英字、双沨等四股,共一百六七十名,合股窜扰,当即督队驰剿,遇贼于丛莽中,且逐且战,追击四十余里,沿途擒斩累累,日晚收队。计共阵毙贼匪二十六名,生擒六名,受伤逃逸者不知确数,夺获损坏连珠枪二十杆,马二十五匹,人票二十余名。适巡警左军统领恒玉带队由黑津河而来,探知著名匪首巴天、大奎字、蒙着造等股,在前麇集,当经会合各队驰抵坤字四井,奋力前博,鏖战逾时,贼势遂纷纷惊溃。当时有绥化府捕盗营哨官金和巴兰,后路练总张永贵带兵前来助剿,适值大雨,仅获贼匪张利成、王育洼两名,打落人票四十余名,马十三匹。十六日闻吕明全屯被贼焚烧,遂又会同各队向北穷追,遇贼于三道污窿地方,开枪迎击,贼党拼死据(拒)敌,相持半日之久,贼乃大败奔逃。计阵毙贼目八名,夺获枪炮多件,马九匹。我军连夜前进,十七日追至镶蓝旗六井,贼目巴天阵毙,蒙着造、大奎字均受枪伤。①

经过多年坚持不懈的围剿和招抚并举,到程德全离任前夕,黑龙江省的

---

① 程德全:《剿贼出力查明给奖片》,载李兴盛、马秀娟主编:《程德全守江奏稿(外十九种)》(上),黑龙江人民出版社1999年版,第402—403页。

匪患有了明显减轻,不少地方社会治安有了明显好转,道路畅通,商民生活和经营都趋于安定,重现了往日曾有的繁荣。

六、司法改革

作为黑龙江的军政一把手,程德全在司法改革方面也有所动作。先是规范了司法程序和工作分工,奏请裁撤了清讼委员,设立裁判处,派将军署分巡道秋桐豫为裁判处总办。规定凡营中所获盗犯及上控提审之命盗杂各案及大小词讼,均归该处办理。遇重大疑难案件及词讼之多纠葛者,必须由总办临时委员陪审。稽查人员须派公正练达之人担任,预审以下各员以地方候补同通州县及佐班等官充之。

接着,程德全又相继奏准开办了侦探学习馆、法政肄习所和巡警学堂等专门的政法教育机构,培养政法方面的专业人才。其中,侦探学习馆类似于现在的警官学校,由官方聘请一两名精通刑侦的外国人充当教习,参照近代学堂的形制和规则,招收候补投效人员及本地20岁以上中学已通的聪颖子弟入馆学习,研究各国侦探各书所载案情,并随时详译医学、化学各理,名探宋慈的《洗冤录》是该馆学习刑侦技术的必读书目。在该馆学习三年期满后,通过考试者,"发给卒业文凭,严定权限,分拨各府厅州县"。经过侦探学习馆的学习培训,其毕业生可以:

> 佐辅新政,案中真伪虚实以及一切曲折底蕴,不难察访而得。除紧要人证酌传数名外,其余概可免传,自不致波及无辜(辜—引者),则拖累之弊可除。官之于民至亲至切,本不容稍有隔阂,今既设立专员,承认察访之责,或有下情不能不上达者,皆可于察访得之,则壅蔽之弊可除。情既得矣,破案必速,遂破遂结,讼狱且为之一清,疾病瘐毙之苦自迹较少,则积压之弊可除。平日讲求洗验之法,人命重案自无错误,死者之冤得以早伸,则屈抑之弊可除。印官得臂助之力,彼此于公余暇日各举心得,互相考证,互相诘驳,则精义自出。法学必日有进步而惰玩之弊、荒率之弊、固陋陈腐之弊可除。①

法政肄习所则由"本省候补投效人员,不论旗籍、民籍,有差无差,均须报名入所,分科肄习,或则认为专门,或则列在普通,分班而课,严定甲乙,以

---

① 程德全:《请添侦探学习馆折》,载李兴盛,马秀娟主编:《程德全守江奏稿(外十九种)》(上),黑龙江人民出版社1999年版,第332—333页。

示优劣"①。巡警学堂由京师直隶择聘教习,挑选士兵人等分班授课,使之了解巡警义务,在毕业后,能够照章认真办案,使奸邪之人消失于无形,为当地造福。

再次,在狱政改革方面,设立罪犯习艺所作为改造犯人的专门机构。1906年6月,程德全奏请清廷在省城齐齐哈尔南门外租地创设习艺所,用以安置本省军流徒各犯,给以口粮,责令其学习手艺,使无业者归于有业,有罪者化为无罪,最终达到改过自新、获取谋生手段的目的。由于该所规模较小,无法适应黑龙江改造罪犯的需要,1907年,程德全又奏准在省城东关外旧营房基址另建了一处罪犯习艺所,共有大小房间128间,所有工厂、监督室、材料库、成品室一应俱全,共花去钱104300余吊。

晚清刑罚

复次,设立警察所。按照清末新政的部署和要求,1905年,黑龙江改练军为巡警部,专司缉捕盗匪。1906年12月,程德全奏准在黑龙江设立警察总局,另行招募400人组成。其主要职责为"安市廛,平道路,禁游惰,解斗争,防疫瘟于未萌,诘奸宄之时发"②。

最后,在刑律改革方面,程德全提出废除酷刑。清军入关后,因是以少数民族身份入主中原,为了防范汉人不服统治"反清复明",一直沿用着中国历史上的各种酷刑,并且还有所发展。晚清时期,迫于司法改革近代化的发

---

① 程德全:《设法肄习所折》,载李兴盛,马秀娟主编:《程德全守江奏稿(外十九种)》(上),黑龙江人民出版社1999年版,第869页。

② 程德全:《创办警察折》,载李兴盛,马秀娟主编:《程德全守江奏稿(外十九种)》(上),黑龙江人民出版社1999年版,第275页。

展趋势,先后废除了腰斩、凌迟等酷刑。程德全充分认同朝廷的这些举措,他还提出惩治犯罪必须标本兼治,好比良医治病,元气充足后百病自可全消,如果攻伐的药下得过多,必将病入膏肓,伤及根本,到那时再用和缓的药也无效了。

不过,世上并没有真正的"完人",程德全也不是"完人"。由于黑龙江位置偏僻,文明开化程度相对内地而言较为薄弱,同时也由于程德全本人的认识局限,他在司法改革方面所迈出的步伐仍是有限的。一个典型的例子就是,1906年4月,清廷向各省发出由法律大臣沈家本主持起草的刑事、民事、诉讼各法,要求在试行过程中提出修改和补充意见。程德全借口江省荒僻初开,如果骤行新法,有可能效果适得其反。他认为,根据黑龙江的实际情况,在现有260条规定中,"权限所分,不妨是则是效;宽严之明,尚须其甚其难"。尤其是其中有关陪审员及律师的规定,必须根据当地的风俗和民众的性格,量力而行;如果削足适履,强立名目,反而会使各地的刁绅讼棍趁机搬弄是非,产生破坏推行的后果。他并一一将其中所有与江省存在所谓"扞格之处"的条文择其要者,开列清单。

应该说,程德全所列出的所谓"扞格之处"并非全无道理,如程认为原文中关于"如有殷实之人指控道路之人犯罪,巡捕不持拘票,即将所指之人捕送公堂审讯"的规定就极不合理,尽管程的出发点不是从法理上进行考虑的,因为他担心的是,如果允许殷实者指控路人,而不分罪行轻重,肯定会出现不少诬陷良民的冤案,平民就会受害无穷。这种从情感而不是从法理角度进行辩驳的做法,反映了程德全在法律上基本是个外行。至于其他辩解内容也大多与法律制度的近代化趋势明显相违背。比如,程德全既不赞成完全取消刑讯逼供,又反对关于拘留嫌犯不得超过24小时的规定,也不赞成死刑犯必须先行奏准然后再予执行的规定,更反对律师任便查阅案卷的规定。所有这些不同意见,均反映了程德全作为封建官僚在法律方面的历史局限性。

七、军事改革

作为黑龙江的主政者,又因黑龙江的特殊战略地位,程德全将工作重心定位在改革军事机构以加强黑龙江的边防力量方面。

清朝在入关后对在东北老家的八旗兵给予了相当优厚的待遇,即所谓"高薪养忠"。原先规定八旗兵"每名岁给饷银十二两,遇闰增加。丰收之年,每兵纳粮二十二仓石,否则以次递减",以收"寓兵于农"之效。根据当

时的消费水平,一个八旗兵的收入可以养活一家七八口人,结果就养成了八旗兵丁的惰性,他们根本不懂农务,更不知道精耕细作,遇到丰年则花钱购粮以入官,在歉年则消极地仰赖官府的接济。长期下去,官府肯定不堪其累,一遇歉收,正饷而外,尚须接济银米,即使是由饷扣还,大抵奏请豁免,不仅白白浪费可作大用途的款项,而且兵丁也不胜其苦。

原先还规定各旗修理鸟枪、弓鞍、铜铁的工匠每人每年领饷银 12 两,由于物价飞涨,按照这个价格已无法雇到合适人员,而且鸟枪、弓箭已非战事所必需,铜铁匠到处皆有,马鞍在集市上就可以买到。因此,再沿袭这个老规矩专设匠额,只会白白增加经济负担。

当时,东西各强国已发明了很多威力强大的新式武器,火器营在庚子之乱后已经派不上用场,兵士无所事事,原有旧式枪炮几同废物。如果要扩充武备,充实火器营的武装力量,也必须是精通炮学的专门人才,"方能经理无误,且须另筹办法"。

至于水师营,由于铁路畅行,那些体型庞大笨重、行程速度又慢的船只,都只能停泊在大江大河里,发挥不了作用;而按原有规定,百余艘大小兵船、粮船 10 年一大修,5 年一小修,需花费白银 36000 余两。所需物料领自工部,沿途运费开支浩大,且在庚子变乱期间,所有船只早已荡然无存。

程德全决心改变一味向已经缺乏战斗力的旗人子弟倾斜的规定,并裁撤那些形同虚设、徒耗军费的旧机构。1905 年 11 月,他奏请朝廷,建议裁撤黑龙江八旗兵 770 名、各旗修理工匠 150 余名、火器营全部、水师营全部,并将这一建议贯穿到其后所进行的各项军事改革中。比如,为保持军队内官员晋升的公道和公正,使得真正有才干的汉人也能够发挥才能,程德全适度打破旗汉的出身界限,在保持呼伦贝尔、布特哈、鄂伦春、呼兰、通肯、巴彦苏苏等处公缺旧章的同时,将齐齐哈尔、墨尔根、瑷珲三城满、汉、蒙协领 16 缺,满洲佐领 32 缺,防御 20 缺,骁骑校 32 缺,蒙古佐领 42 缺,骁骑校 42 缺,汉军佐领 8 缺,骁骑校 8 缺,共协、佐、防、校 200 缺,除世袭佐领外,均作为满、汉、蒙公缺,"不分旗翼,不拘资格,其廉干者立予擢用,不肖者即行革除"。官阶则照练兵处、兵部奏定九级章程办理,以便统一。所有裁撤水师营的四品官 4 员、五品官 3 员、六品官 5 员,除驻扎在吉林的四、五、六品官各 1 员及该营丁户的归并办法另行确定外,其余各总管及四、五、六品官,以及火器营参领等各员,并通肯协、佐、防、校,均以对品之缺升补。

对于制兵,原有 13000 名,由于不再实行校猎制度,加以先后奉调出征者 40 余次,大都亡于战阵,户口凋零,而那些凯旋回旗者,又居功自傲、习于安逸,以往的纠桓精锐之士全部变得疲软,与内省绿营痼疾相同,因此,程德全要求按照练兵处章程,汰弱留强,将其编为常备军,以一兵食二兵之饷,配备协领和佐领,并从湖北、直隶武备学堂中调取教习,对这些兵士认真进行训练。水师营丁户,就近编入汉军旗佐,循序当差升转。

这些改革主张的提出,目的都是为了提高军队的战斗力,减轻国家的财政负担。与此同时,程德全还大力加强军队的近代化和正规化建设,创办了多所军事院校,培养军队近代化建设的人才。

1906年12月,应陆军部要求,程德全决定在黑龙江筹办陆军小学堂和速成将弁学堂。这是在综合考虑黑龙江省的具体情况后才作出的决定。程德全指出:

> 本省练兵之难,约有一端,新军饷厚,费款不赀,一镇之需,岁逾百万,江省所入相悬过多,成此一军,百事俱废,此筹款之难。边氓椎鲁,教练无人,统将乏材,队长亦鲜,异地借材,多非上驷,始基不慎,补救方艰,此选材之难。仓卒成军,有类乌合,兵学未娴,军制不讲,貌袭常备,名同实乘(乖),此又创始之难。

因此,"欲求善策,惟急筹重款,以预储养兵之资,赶办学堂,以速成教练之材"。不过,在军事改革方面因黑龙江地处边陲,为防止有极端意外军事事故发生,程德全还是秉承了他一贯的不偏激和不急于求成的务实作风,他对旧有军队并不过骤裁撤。对于紧缺的陆军小学堂教练官员,除向他处请求支援外,先从当地高等小学堂学生中挑选一些学业优秀、禀赋优异者,进校学习;"不足则就本地旗民按格选补,一面博访周咨,仍多调究心陆军人员,俾资讲贯,总求将来俱合军人资格,不在此时徒饰外观"。同时,考虑到学堂培养人才需要时日,准备"添设速成将弁学堂一区,考造本地外来各员弁,按章督饬讲肄,俾得及时应用,期收循序渐就教练普及之效"①。程德全的这种事实求是、不事虚饰的办事风格,贯穿于他从政的始终,在清末民初的官场中极为罕见。

八、对俄交涉,捍卫国家主权

可以说寿山的眼光很准,程德全与以身殉国的寿山一样具有强烈的爱国情怀,对那些卖国求荣、依恃外力的民族败类一向深恶痛绝,必严惩而后已。前述他与汉奸周冕的冲突,在很大程度上就是因为周冕投靠沙俄,大肆

---

① 程德全:《江苏筹款维艰请先筹办陆军小学堂并速成将弁学堂折》,载李兴盛、马秀娟主编:《程德全守江奏稿》(外十九种)(上),黑龙江人民出版社1999年版,第481—482页。

出卖国家利益而引起的。

"弱国无外交",当时备受列强欺凌和掠夺的国人对洋人多半有畏惧心理,清朝官员在对外交涉中也多半不得不持妥协退让态度,就连闻名中外的有着中国"铁血宰相"之称的李鸿章在庚子前后也是饱受强敌的羞辱,被迫签署了不少丧权辱国的条约,身后还承受"卖国贼"的骂名。与强邻沙俄接壤的黑龙江更是出现了众多在对外交往中一味媚外示好、奴颜婢膝、不惜损害国家和民族利益的宵小之徒。当时有不少翻译人员(通事)依仗自身通晓外语,在对外交往中欺上瞒下、向敌方通风报

时局图

信、搬弄是非并从中渔利。由于这些人的存在,常常使中方在对外交涉中处于不利地位,程德全本人也深受其害,他在庚子交涉中就差点因翻译姜某的挑拨死于非命。

这些无良的通事依仗俄国人的势力,扰害乡民,无恶不作。比如,吴志肖等3名通事曾带领俄兵数名闯入殷实人家借口搜翻防夜枪械,绑缚殴打事主,抢去衣物首饰银元牛羊等物。王振山等则时常带领洋人在各村镇按户号粮,勒价强买,并借口搜翻防家枪械等禁物讹诈钱财。冯希增为驻巴彦苏苏俄军做翻译,狗仗人势,见财起意,勾结刘凤起、孙洛疙瘩,以换羌帖为由,将经纪人周振铎骗至俄军驻地的一处空屋内,在将其枪杀后,复用斧头进行碎尸,放入火炉焚烧,妄图毁尸灭迹,情节十分恶劣,手段特别残忍。王文渡因诈财不遂,唆使俄兵打死打伤练勇多人。程德全亲自将这些与洋人勾结残害同胞的通事所犯案件上奏朝廷,并将他们就地正法。

除了这些通事外,军中一些将校也内外勾结,出卖国人利益。黑龙江城骁骑校存喜因精通俄语,在庚子变乱后,被黑龙江将军萨保派往瑷珲协助协领桂升"招抚难户,兼办交涉"。但在其到任后,"以能通俄语为护符,勾结外人,挟制桂升,专以剥削同类为事,使无数流亡失所之徒不敢归业,而该骁骑校乃藉以见好于外人,以肆其盘踞把持之计而为所欲为",而且"任意挥霍

（公款—引者），视为己私"。更有甚者，程德全在察知存喜严重问题后，本准备将其调回另委要差，实为对其教育挽救，而存喜却自恃有洋人撑腰，始则千方百计拖延时间不办理交接，"继复嗾使俄官派兵驱逐，勒令（继任者—引者）奎庆等立刻出境，虽经臣等坚持定论，迭次磋商，驻省及黑河各俄员已允奎庆等接办，而彼族与该骁骑校勾通已久，终不肯就我范围，以致扰乱纷纭，善后大局，迄今未定"。鉴于庚乱以后，黑龙江"稍通俄语者，类皆肆意妄为，久已诛不胜诛"，存喜"背本昧良，形同化外"，"若不尽法惩办，实无以挽此颓风"，而且该员"身充要差，即已目无法纪，与我为难。万一漏网之余，铤而走险，倒行逆施，后患更何堪言"①。经程德全奏准，存喜被正法。

在对外交往中，程德全的原则和底线是外人不得侵我利权，如果两国交涉只论强弱、不论是非，即使一时得利，也难获得世界各国的公认，而且还会使国家蒙羞。他一再强调："主权所系，存亡所关。"②尤其是在对俄交涉中，必须以"不侵碍中国土地及妨碍其主权"为前提，更不允许他人插手或越俎代庖。程德全并非不知敌强我弱这一基本国情的愚顽颟顸之辈，对于一时难以据理力争的谈判，他多采取拖延战术，或假以时日，以待局势变化，有利于我时再行定夺；或相互推诿，由有关当事方从容应对，总以尽可能多地维护国家权益为前提。

庚子之乱后，在商议东三省开埠方面，程德全主张暂缓实施，原因在于沙俄势力在东北地区已无孔不入。商埠的开设更有利于外国势力的侵入，而不利于国家主权的捍卫，因为东北经济很不发达，能够用于交换的土货实在是少得可怜。在这种情况下，遽开商埠，利害得失显而易见。不仅如此，他还认为开埠后，沙俄一定会在各关口要道派遣和自己合谋通气的人，然后攫权争利，为所欲为。况且，"国际边情所关方大"，"在我不过仅易一关道。而此后太阿授人，仍蹈前辙，哈埠为吉、江交涉枢纽，将来如实行两省交涉归并之议，则东方大局权操自人，铸错复成，挽回非易，前车不远，可为警心"。③即便要开商埠，为了不丧失主权，也以自开为主。

出身平民的程德全对朝中无人、在对外交涉中屡屡吃亏的结果深感遗憾和无奈。他在致友人书中，曾毫不客气地批评外务部毫无定见，任人摆

---

① 程德全：《正法存喜折》，载李兴盛、马秀娟主编：《程德全守江奏稿（外十九种）》（上），黑龙江人民出版社1999年版，第105—106页。
② 程德全：《上军机处论调停日俄战局》，载李兴盛、马秀娟主编：《程德全守江奏稿（外十九种）》（上），黑龙江人民出版社1999年版，第785页。
③ 程德全：《上军机处论力持主权》，载李兴盛、马秀娟主编：《程德全守江奏稿（外十九种）》（上），黑龙江人民出版社1999年版，第863页。

布,听任假借整理边防之名,而行腐蚀破坏边防之实的巨蠹祸害全省,牵制大局,却偏偏又为难辛辛苦苦从事边防事务的官员,程德全对外务部的这一做法表示百思不得其解。在这种"时事愈坏,牵制愈多"的情势下,程德全大有报国无门、宏愿难遂的感慨,只能在自己所管辖的范围内,尽可能地减少利权的丧失。他之所以重用宋小濂,在很大程度上就是因为宋小濂谈判技巧比较高明,而且又有较强的原则性,在对外交涉中能够不畏强权,敢于折冲樽俎,虎口夺食,为挽回国家权益据理力争,并每每有所收获。

中国铁路与铁警

1905年7月,程德全奏准由宋小濂接替周冕办理黑龙江铁路交涉事宜。在程德全的大力支持下,经过一年多时间的反复交涉,最终宣布废除周冕与俄方签订的所有合同,重订购地和伐木合同,收回了不少原先丧失的权益:"不惟呼兰、诺敏、浓浓等河毫未拨给,而地段亦减缩十分之九。"在购地数量和价格等方面,也有不少收获:原先周冕所订合同中允给俄方20万垧,此次改定126000垧,减去了7万余垧。前合同官地每垧地价5卢币,此次议加为8卢币,总计俄方铁路占用江省官地不下8万垧,增出地价23万余卢布,而且还订约规定俄方永远不得再增加铁路用地,断了俄方扩建铁路的野心。此外,在车站附近"留出华商便利足用地段,又拨留交涉局华官厅基址,使路界以内主权不至尽失"。"伐木一案,前合同陆路自庆吉斯汗至雅克什共十一车站,长六百里,宽六十里,此次分为二段,各长三十里,宽十里,较前合同,长减十分之九,宽减十分之八有奇。水路则前合同呼兰、诺敏二河长三百余里,宽一百余里,权林、浓浓二河,长一百六七十里,宽七十余里,此次仅止权林一河,长五十里,宽三十五里,较前合同长共减四百余里,宽共减一百数十里。复于各地段内派驻委员,以便稽查,并专条声明,将来国家订有护养林木章程,公司亦须遵守"。在宋小濂的据理力争下,中俄双方约定,所签两份合同底稿,由中方先定,虽用华、俄文缮写,日后遇有争论和纠纷时,以华文为准。①

在当时俄强我弱、力量对比较为悬殊的总体形势下,能够订成这样的合约,实属难能可贵。这也说明了这样一个道理:在半殖民地半封建的中国,除了少数卖国求荣的汉奸卖国贼外,在对外交涉的某些特殊情况下,主事者如果举措得当,进退有据,并非只有丧权辱国、全盘皆输这一种结果。

九、加快蒙旗地区的改革

清时,黑龙江将军统辖的蒙旗地区主要有扎赉特旗、杜尔伯特旗、郭尔罗斯旗以及呼伦贝尔和西布特哈地区。其中,扎赉特旗东北属齐齐哈尔,东属杜尔伯特旗,东南属郭尔罗斯后旗,南属郭尔罗斯前旗,西及西南属科尔沁右翼后旗,北及西北为西布特哈属境,面积62100余平方公里。杜尔伯特旗在齐齐哈尔东南,东属青冈县,东北属拜泉县,南接郭尔罗斯后旗,西与扎赉特旗接界,北连齐齐哈尔,面积47700余平方公里。郭尔罗斯旗亦在齐齐哈尔东南,东属兰西县,南濒松花江,西临嫩江,为扎赉特旗及郭尔罗斯前旗属境,北接杜尔伯特旗,面积45000余平方公里。西布特哈在齐齐哈尔正西,东北濒绰勒河、哈巴奇河,东南属札赉特及科尔沁右翼后旗,南至科尔沁右翼前旗,西及北均为呼伦贝尔属境。呼伦贝尔位于今黑龙江西部和内蒙古东北部,以呼伦和贝尔两湖而得名。东据兴安岭,西以额尔古纳河与俄国为界,北连黑龙江,南以兴安岭的索岳尔济山为界,与锡林郭勒盟、哲里木盟、兴安盟的部分地区接壤,西南与外蒙古的车臣汗部交界。长期以来,蒙旗地区过着逐水草而居的游牧生活,无论是经济状况还是文化水平,或者是生产、生活方式等都与内地有着较大差别,已经明显不适应于晚清以来经济社会近代化变革的基本趋势,但这些地方又大多与侵略野心极重的沙俄相接壤,以积贫积弱之地与强敌为邻,可谓危机暗伏。因此,通过综合配套改革,加强对这些地区的政治控制、促进其经济发展就具有极其重要的军事战略意义。

---

① 程德全:《改订购地伐木合同并择尤(优—引者)保奖折》,载李兴盛、马秀娟主编:《程德全守江奏稿(外十九种)》(上),黑龙江人民出版社1999年版,第1096—1097页。

程德全就任黑龙江当地的最高军政长官后,正赶上清末施行新政以自救,宏观环境相对有利,他对蒙旗地区进行了大刀阔斧的改革。

首先是加强政治控制。晚清时期在经过几次大规模战乱之后,地方军事力量日益强大,有拥兵自重之嫌,中央政府对地方的控制能力则渐趋式微。地方政府离心倾向的不断加剧,在客观上为列强瓜分中国领土、破坏中国领土主权的统一与完整提供了一定程度的便利。程德全长期在边疆地区任职,对列强侵夺中国利权、觊觎中国领土的野心和图谋一直有着十分清醒的认识。为寻求应对之策,程德全提出首先必须加强对边疆地区的政治控制,并逐步加快区域开发的速度,遏制其一度有所发展的离心倾向,增加其对中央政府的向心力。

为此,程德全于1906年前后奏准在郭尔罗斯、杜尔伯特旗以及巴拜等地添设厅、县治所,重要的有大赉厅、肇州厅和安达厅等。规定在这些地方的蒙旗不得干预公事,并赋予这些厅以审案和裁定权,所有已放荒段以内,无论旗民、蒙民命盗词讼交涉案件,均由该厅勘验审讯,至于派充乡约、创办巡警诸项事务,凡在厅治界内,也归该厅自行办理,不准蒙员僭越。为了加强呼伦贝尔所属吉拉林一带的垦务和木植,程德全于1907年在吉拉林设立治所。

此外,为抵制沙俄对中国的侵略,程德全还奏准在中东铁路沿线大站如满洲里、海拉尔、博克图、扎兰屯、齐齐哈尔、安达等,或设官殖民,或自开商埠,加强管理。另外,在昂昂溪车站之北的富拉尔基,建立将军行台,以宣示中国主权。

其次是大力整顿吏治。清朝末年,吏治松弛,腐败日重,贪贿成风。蒙古贵族历来享有特权,官职和爵位可以世袭,因此每每养尊处优,不思进取,苟且度日,有时甚至还带头出面阻挠改革。在推行新政过程中,程德全对蒙旗地区的吏治进行了大力整顿,其中比较有震慑力的是对扎赉特旗蒙员格绷额行贿受贿案件以及对郭尔罗斯三喇嘛案件的查处。

1904年秋,扎赉特旗虽已放荒三年,但进展缓慢。该旗蒙员格绷额与翻译、笔帖式穆克德春仍以为蒙旗多留生计为由,请求继续缓放,经庆山多方开导,格绷额等见无法继续拖延,便于当年12月奏报放荒完成。但在1905年经户部核查,实际放荒亩数与所报亩数相差甚大,便要求该旗继续放荒。而该旗扎萨克上书辩解说,在格绷额建议下,曾于1904年向将军衙门报效白银3000两、马3匹,已获准免于继续放荒。程德全得报后,感到事有蹊跷,多次要求格绷额到省说明情况,但格绷额一直没有服从。程遂派喀尔沁蒙员阜海前往调查。据梅楞(又叫梅林,在管旗章京之下分掌旗务者)

哈丰阿揭发,该旗确曾在格绷额的建议下馈送过银、马,赍送者为梅楞依勒栋阿,收受者为穆克德春。

经过多次催促,格绷额、哈丰阿先后到省。经审讯,哈丰阿供称,报效银、马确有其事,经格绷额倡议,由札萨克将银、马交依勒栋阿送省。依勒栋阿回来后,声称银、马已送到将军衙门,并允诺不再放荒。再讯问格绷额,格绷额却既不承认有此事,也不否认有此议。但做贼者内心总是缺乏底气的。格绷额到省后,为疏通关系,曾送给阜海万两银票,请其在程德全面前为其斡旋。阜海表面上答应,实则向程德全告发。程德全要求警局严加讯问。结果查实,馈送银、马确是格绷额的主意。依勒栋阿送银、马到省后,因素知程德全不收礼物,便请笔帖式穆克德春想办法。穆收下白银2000两、马1匹,另将700两存入省城允昌号钱铺,同时送给格绷额1000两。后格绷额进省城办事,又将存入的那700两取出交给了穆克德春。在查清事实的来龙去脉后,程德全决定将格绷额、穆克德春一并革职,并追缴赃款,同时下令格绷额永远不得在该旗做事,并判穆克德春监禁5年,后念其精通满文,令其在监禁期间发挥专长翻译满蒙教科书。所得赃款并阜海交出的10000两银票和马,一并交学务处,用于修筑蒙属学堂。此案在程德全的追查下终于水落石出,蒙旗一些想用贪贿手段谋取私利、投机取巧者见程德全这么严明,也不得不有所收敛。

第二宗案件的主人公三喇嘛籍隶敖汉蒙旗,原名色丹巴勒珠尔,与郭尔罗斯后旗札萨克勒苏隆札普是姻亲关系。1903年,勒苏隆札普与三喇嘛经过事先谋划,诡称勒苏隆札普因欠三喇嘛银两无力偿还,在串通图札萨克奇丹必扎拉森等后,擅自将旗膏腴荒地70井拨出用于偿债。三喇嘛召集兵勇,携带器具,与该旗梅楞死等台吉丹产泥玛等将该台一带荒地任便招放,蒙站人等因畏其声势,不敢阻拦,只得一面由该旗前公之子达木林扎普驰函相告,一面派头等台吉依得尔察干阿勒塔郎等三十多人一起到省控诉。这件事情的复杂之处还在于,三喇嘛与已俯身侍俄的中方派到中东铁路公司任职的周冕相勾结,将部分荒地租给铁路公司,并经常带领俄兵到台站骚扰,三喇嘛本人也受到俄国人的保护,因此程德全虽想方设法欲将其捉拿到案,却终因俄人袒护,一时也难以结案,但有关蒙族官员却因此受到查处。

再次,实行放荒,加快经济发展速度。早在1899年,扎赉特旗就开始放荒,但最初几年进展缓慢,经过程德全与该旗扎萨克反复协商,进度明显加快,到1905年基本放完,共放出47万余垧。郭尔罗斯于1901年开始放荒,同样进展缓慢。经程德全委派庆山主持放荒工作后,速度加快。到1908年,共丈放铁路沿线荒地29万余垧,铁路以西21万余垧,沿松花江及中部

三道岗子一带13万余垧，总计达63万余垧。杜尔伯特旗于1904年8月开始放荒，但因砂碱地较多，加上盗匪时常出没，起初进展并不顺利。后经程德全大力整顿，一面调派军队痛剿盗匪，一面加大招垦力度，到1908年放完，共放垦铁路沿线及嫩江沿岸土地25万余垧。在西布特哈，因地处偏僻，马贼横行，放荒之初较为困难，后经中军统领协领吉祥和黑水厅同知郑国华等大力经营，共放出荒地4.3万余垧。

在边陲之地推行垦荒还有可能碰到外事问题，这时候就需要当局有较高的行政智慧来妥善应对。比如在呼伦贝尔地区，由于该地与沙俄紧密相连，加上土地较为肥沃，俄民纷纷越界垦荒，程德全考虑到俄人强势，一时恐难以招民前往垦殖，便提出仿照古制屯田，也就是将犯人发往该处先行垦荒，同时加大招垦的优惠力度，来往路费和首次播种的种子均由官府提供，待有收成后再逐年扣还。经程德全的得力部下宋小濂的大力整顿，呼伦贝尔的垦荒大有起色，还取得了四个方面的收益：因已有俄人开垦的基础，因此当年即可收获，其利一也；屯田一兴，则俄民自然不能再越界开垦，边患可弭，其利二也；罪犯流民在此垦荒一段时间后皆有恒产，田间多一农夫，则地方少一土匪，其利三也；既有屯丁，则卡伦可裁撤，每年可以省去不少没有实际意义的经费，其利四也。①

复次，筹办实业。这方面主要有开发渔业和矿产资源、创办木植公司。在开发渔业资源方面，程德全奏请在呼伦贝尔所属河流开办渔场，一方面是为了开发地方资源，另一方面则是为了防御俄国人的觊觎。在开发矿产资源方面，主要是通过艰苦交涉，从俄国人手中收回了吉拉林和奇乾河金矿，并继续由中方开办，同时开办了甘河煤矿。其中吉拉林金矿出产黄金的量虽然比较大，但由于缺乏开办资本，收回后的效果却不甚理想。

最后，高度重视蒙旗地区新式教育的创办。程德全要求无论官庄台站及所属蒙古学生都必须入读新式学堂，毕业后允许其照章升入给奖，以示褒奖和鼓励。在其积极筹划下，短短几年内，就在大赉厅创办了两等小学堂、大赉半日学堂、蔡堡初等小学堂近10处，招收札赉特蒙旗子弟入学；在安达厅创办珰鼐初等小学堂，在杜尔伯特创办武兴两等小学堂，招杜尔伯特旗子弟入学；在肇州厅创办乌兰、古鲁、茂兴等初等小学堂10处，招收郭尔罗斯后旗子弟入学；在西布特哈创办两等小学堂1处，在呼伦贝尔创办蒙文小学官学，后扩建为呼伦贝尔两等小学堂，收索伦、巴尔虎各旗子弟入学。

---

① 程德全：《上外务部论屯田迁民实边事》，载李兴盛、马秀娟主编：《程德全守江奏稿（外十九种）》（上），黑龙江人民出版社1999年版，第913页。

十、上书要求立宪和消除满汉对立

1907年,程德全上书朝廷,提出了4条"预备立宪之方"和4条"施行宪政之序"。4条立宪之方为:"政府必负责任,以合立宪制度";"府县宜开议会,以备国会扩张";"调察国内习惯,以资采用";"学科宜增法制,以充智识。"宪政之序4条内容为:"法行自近,以动天下观瞻";"实行宪政,以化满汉界限";"速设宪政研究所,俾资讲求";"分别缓急,以免颠倒秩序"。这其中的一些具体主张相当有识见,也颇具操作性。比如,关于责任政府成立的必要性,程德全指出:"以一人监督行政机关,以求合亿万人之心,与以亿万人监督行政机关,以求合亿万人之心,似其中疏密详略不无差别。"又如:应速将责任内阁成立,并"创立国会以重监督政府之权,妙选英才以尽从容议论之长,特创立法以符三权鼎立之制,必使政治得失有众论以为准绳","倘有以国民程度太低,故为沮尼",而坚持"乾纲独断",继续实行君主专制,势必影响"国家之运祚"。再如:"立宪一事,论内阁之担负责任则利于君,论国民之参预政权则利于民,论政体之齐一人心则利于国。独不利者,官耳。盖众目相瞩,事理毕张,欲徇私则既畏讥弹,欲贪婪则更多顾忌。"即便是在今天看来,这些观点也决不过时。

立宪闹剧

程德全强调"开设国会,尤为最要",因为"若无国会以通舆论而参政权,则宪政之精髓不存,新机之萌芽难望","非先由立法机关议定法律,则司法机关既无所遵守,行政机关更无所适用"[①]。他认为开设国会虽不是为了

---

① 程德全:《遵旨胪陈预备立宪办法折》,载李兴盛、马秀娟主编:《程德全守江奏稿(外十九种)》(上),黑龙江人民出版社1999年版,第577—581页。

"伸张民权",但却认为可以"联国家与人民合为一事","尽监督行政之责",地方自治既可藉资考查,责任内阁也可藉以维持。同时,还可改变全国松垮拖沓之风,以解除危机。在清末革命大潮风起云涌的局势下,程德全再次建议政府"修明百政以安反侧之心,不宜薙狝株连以成钩党之祸",而应"行宪政,融满汉,以安天下之心,开国会,导人才,以作徙薪之计"①。

应该说,作为地处偏僻之地的军政要员,程德全能赞成实行君主立宪的主张本已属难得,更不用说他还能从理论上系统、深入地论证开国会、行宪政的必要性,说明程德全并非食古不化、一味因循守旧不知变通之流。要知道,当时与程德全同级别的边疆高级官员中,有不少是坚决维护君权神圣至上,反对君民共主、实行宪政的。这也说明程德全在南下就任江苏巡抚、与张謇等立宪派人士打成一片之前,就已有了立宪的思想基础。

程德全还提出了消除满汉对立的主张,号召自今后,无论满人、汉人,都一律称为国民,不得仍存满汉名目,以免国人自相残杀。他并提出了消除满汉对立的具体办法:

  一曰裁撤京旗及各省驻防也。二曰各处旗人悉归地方官管理,妥为编置也。三曰裁撤将军、都统各缺,各计□官仍给廉俸也。四曰此后无论满汉统称国民,有仍分满汉者按律科罪也。②

这些具体办法的操作性极强。无奈,清政府还未来得及全部采纳实施,就已被辛亥革命的洪流所吞没了。

第三节 遭人诬陷

几乎和所有改革先锋的命运一样,程德全在黑龙江的改革作为,特别是对贪腐者的严厉惩治,自然也引起了某些既得利益者的强烈忌恨。他们纠众多次向清廷上送弹劾程德全及其属下的奏折,无中生有、贼喊捉贼地攻击程任用非人、贪渎枉法。具体来说,有这样几种罪名:暂革实缺职官,改变通肯旗荒,致令荒价无著,释放恩赏旗奴图得票资,擅放讷谟尔河北荒段以充私囊,虚报成营侵吞兵饷,刻敛巡警经费,致令乡团解散、马贼四起,侵吞赏恤银两以虚皇仁,减报税收以图肥己,修街衢而殃及枯骨,征柴草而累及穷民等。

---

  ① 程德全:《请免株连以销党祸片》,载李兴盛,马秀娟主编:《程德全守江奏稿(外十九种)》(上),黑龙江人民出版社1999年版,第585页。

  ② 程德全:《遵旨复陈化除满汉要旨折》,载李兴盛,马秀娟主编:《程德全守江奏稿(外十九种)》(上),黑龙江人民出版社1999年版,第584页。

主持察查的东三省总督徐世昌秉公办事,在上报给朝廷的报告中一一据实为程德全洗雪了栽赃者污蔑陷害的不实之词。关于"暂革实缺职官",是指上文提到的程德全奏请将原骁骑校吴春喜(即存喜)就地正法、协领桂升革职一事,实际情况是这样的:俄国军队在黑龙江境内时,那些自称通事翻译的人仗着俄方的势力,挟持长官,鱼肉乡里。吴春喜身为政府官员,却治理无方,引得流民心生怨恨,而他却自恃有俄方当靠山,不遵从规定,被正法是罪有应得。而且,根据查阅该署抚的原奏文,其中并没有已与俄方约定同意将齐齐哈尔城归还的言辞。参革程德全的奏文辩解说程怕因蒙混获咎,于是调吴春喜回省,实在是自说自话。

关于"改变通肯旗荒,致令荒价无著",实际情况是:前护将军增祺在光绪二十一年(1895年)奏准开放通肯、克音、汤旺河、观音山等各段荒地,后将通肯改由旗屯招佃。光绪二十三年(1897年)又将克音一段划入通肯,变为旗屯,但进展缓慢。光绪三十年(1904年),经黑龙江将军达桂等奏请,通肯复又改为民垦,很快就将荒地全部放完。所收押租22万余两,悉数拨给了昂昂溪铁路工程。

关于"释放恩赏旗奴图得票资",经调查后认为:释放奴婢,发给执照,向有先例,每照收费2吊,共收740吊,除了印制所需费用外,所余512吊,都拨归给了学堂,程德全并未中饱私囊。

关于"擅放讷谟尔河北荒段以充私囊",调查结论认为,光绪三十一年(1905年)奏准开放讷谟尔河南荒段时,虽未议及河北,但也没有保留布特哈不放之议,且在后来请奖折中已明确表示了要"接续丈放"的意思,但由于北段尚未丈放完毕,因此没有造册上报。

关于"虚报成营侵吞兵饷",调查报告指出,巡警军十营系奏请合通省制兵3000余名改练加饷,又于光绪三十二年(1906年)派中军统领吉祥招收降队编为一营,均有案可考。

关于"刻敛巡警经费,致令乡团解散、马贼四起",调查报告指出:省属四乡巡警,均系就地筹款,官不干预。其中大半是以乡团之费作为经费,亦以乡团之人作为巡警,虽不尽妥当。但要说马贼之兴,是由于解散乡团、改用巡警所致,则殊不尽然。

关于"侵吞赏恤银两以虚皇仁",调查结论说,光绪三十年(1904年)皇太后慈禧七十大寿赏给黑龙江贫民2万两,除盘费车脚622两外,拨给省城八旗水师营9处及上下站官屯共4600两,黑龙江、呼伦贝尔、墨尔根、布特哈、呼兰、通肯等城共6500两,巴彦苏苏、团林子武营400两,绥化府、巴彦州共800两,省城义学1000两,满汉官学1000两,无业穷黎鳏寡孤独等

5078两。至于齐齐哈尔、黑龙江、墨尔根各城的体恤孤寡，原先皆有指定银钱谷粮，在庚子之乱后，均已停放，但布特哈、呼伦贝尔的孤寡钱粮，仍坚持按年发放，并非不理。

至于"减报税收以图肥己"，查清的事实真相是，江省自光绪三十一年（1905年）起至三十三年（1907年）春，所有烟厘税、牛马税及押租、油酒杂税、木税等，总数虽不止3000多万，但经过详细核查，其中有已解未报的，有尚欠未交的，有尚未截数的，但所有款项均有底册可查，并非减报自肥。江省近年收入虽有上升，但参奏谓江省每年有1000万收入，则显属传闻。

关于"修街衢而殃及枯骨，征柴草而累及穷民"，调查结果证明，省城西南开埠界内，因坟墓丛集，晓谕迁移，并择义地一所，后因有工人盗棺的传闻，即下令停止迁墓。扎兰屯局以铁路用羊草过多，曾收过捐税，且瑷珲地方原曾有俄人征收羊草税等，现已收回，并未税及日用柴草。

据此，徐世昌得出如下结论：

> 程德全自署任将军以来，适值俄兵未撤，诸事棘手，该署抚臣谙习边事，悉意经营，于江省不无裨益。即如释放家奴，求领荒价两事，臣去岁奉命赴江查办事件，即有人控诉。当经查明，据情驳斥。惟续放讷谟尔河北段荒所收款项数目，间有未符，及征收各税亦有未尽报明者。然未经截止之款，皆有列册可稽，亦不得遂谓该署抚之希图肥己。原奏所参各节，应请毋庸置议。①

由上述调查报告所得出的结论来看，诬陷者采取的完全是捕风捉影、多方构陷的卑劣伎俩。事实上，程德全的为政清廉是有目共睹的，他所经手的荒地，其收支往往精确到尘埃，比如到放荒基本结束的1906年12月底，程德全奏报清廷，总共应收进押租正款银四百二万一千三百五十七两六钱七分三厘三毫五忽，实际到账的三百八十七万两六千九百七十五两五钱九分七厘三毫四丝七忽六微八纤四沙五尘六埃。扣除有关费用后，还剩二百三十二万四千四百五十三两六钱一厘四毫三忽九微八纤四沙五尘六埃。数字精确到如此地步，不能不惊叹程德全做事的谨小慎微以及自身的一尘不染。

即便是理应归其所有的钱款，他也往往拒而不收，比如程出面组织的便民会，因经营得法乃至在程转任后，还积有盈余款21900余两，有关人员欲将此款交给程德全，但程分文未取，而是悉数充公，用于安置瑷珲难民，连其

---

① 程德全：《徐钦差查复参案折》，载李兴盛、马秀娟主编：《程德全守江奏稿（外十九种）》（上），黑龙江人民出版社1999年版，第687—688页。

子赴俄留学也完全是自掏腰包,这在清末官场上贪腐者俯拾皆是的情况下,反倒显得另类了。

与此同时,从政老到的徐世昌也察知程德全是被故意陷害,便以程"感受风湿,现患腿疾",而"江省事同草创,必须精力坚强能耐劳苦",建议清政府认真考虑程"能否胜任"黑龙江巡抚的问题。在云波诡谲的晚清政坛,徐世昌虽然并不清楚清政府让其查核程德全的真实用意,也深知程德全是被诬告,不过他并不想给清政府留下自己是要全力保荐程的印象。经过慎重考虑,徐世昌将程德全进退的决定权上交给了中央政府。

宣统二年(1910年)3月,程德全奉命南下至江苏履新。

反对改革的既得利益者们除了诬陷程德全之外,还参奏了程德全的得力助手们,以达到彻底动摇程德全在黑龙江力量的目的。主要涉及的人员有黑龙江道府道员宋小濂、魁升、徐鼐霖以及多禄、都尔苏、庆山、常喜、瑞麟等,主要名目为:盘踞要差、浮开款目,设广信公司、挽行钱帖、上下其手、挪动公款、收买银圆、辗转得利,巡警扰民,建造公园和修葺官仓等,浮销银两等事项。

经徐世昌奏准由黑龙江提学使张建勋据实查明,所谓宋小濂、魁升、徐鼐霖等"盘踞要差、浮开款目"问题,具体是指宋小濂等主持垦荒局,"表里为奸,自占腴地,包领转售,旗民商贾报领被驳",将郭尔罗斯等地旗民旧领"收回丈放,

龙沙公园旧景

十倍其价,各商所领三连票并不开明嫡母银两,仅以如数收齐四字印于票面",以便蒙混。据查,均无实据。以自占腴地为例,都是他们为响应政府放荒的号召,带头按价认荒的。而所谓旗民商贾认领被驳等情,则或系有人报领在先,或系有坟茔屋基等项为碍,理应驳回。至荒价十倍之说,更是无稽之谈,因郭尔罗斯、巴拜等地的荒价均是每垧二两一钱。

所谓"设广信公司、挽行钱帖、上下其手、挪动公款、收买银圆、辗转得利",据查虽在创办之初有滥放钱帖之事,但在宋小濂着手整顿后,情况有所改变,至于物价上涨,主要是由黑龙江经济不发达、银根紧缺所致。

所谓"巡警扰民",是指按户捐枪子钱一事。据查,江省举办巡警时,城市巡兵所用枪械由公家制备,四乡由屯长按户捐钱。因各屯摊捐不公,确有骚扰情事发生,现已饬令停止捐款。

对于"建造公园(即今齐齐哈尔龙沙公园,为当地风景名胜)和修葺官仓等浮销银两"等事,参奏道:

> 建造公园,仅就旧有之官仓修葺,用款不过五千七百两,浮销二万两;先贤祠修款仅用六千两,浮销二万两;商埠修造房屋一百五十间,经魁升招工包修,每间估定九十五圆,而徐鼎霖与魁升商议呈报奏销部款,每间核银二百余两,并勒逼工人具结;其修黑水厅衙署,共用三万七千余两,而以八万之数支销。①

据查,事实真相为:

> 公园系旧仓房基址,向俄人索回,自应赶紧建筑。其房屋墙垣亭台池榭,俱系从(重)新修造,且栽花种树以及一切陈设器物,通共用钱八万九千九百余吊,按时价合银不及二万两,尚系实用实销。如谓用款不过五千七百两,差数太多,何至浮冒若此?先贤祠修造竣工,共用钱六万余吊,合银万余两,亦非报销二万。商埠局共建房屋二十六所,计有二百零八间,经该局总理梁掌卿招工包修,合计工料钱十九万四千六百吊。招工时,系在商埠局当众投票,事与魁升无涉,亦非每间估价九十五元,更无徐鼎霖与魁升商议奏销之事,询诸工人,并未勒具甘结。黑水厅衙署并巡检衙门工程,共用过钱三十万零一千余吊,不止用银三万七千余两,皆郑革丞国华经手之事,与魁升等无干,自系传闻失实。②

总之,都是查无实据。因此,最后得出的结论是:

> 程德全莅任之初,适值变乱之后,人才消乏,物力耗亡,于用人一端尤多困难,卒能创立局所,支持残局,其办事苦心,实堪共谅。而事处万棘,不能处处圆融,招人疑忌,亦所不免。即如任用宋小濂、魁升、徐鼎霖等虽未能尽满人意,而当时在江人员可用者只有

---

① 程德全:《徐钦差复查江省道府被各节折》,载李兴盛、马秀娟主编:《程德全守江奏稿(外十九种)》(上),黑龙江人民出版社1999年版,第691页。

② 程德全:《徐钦差复查江省道府被各节折》,载李兴盛、马秀娟主编:《程德全守江奏稿(外十九种)》(上),黑龙江人民出版社1999年版,第691页。

此数,固较诸阘茸无能者尤胜一筹也。①

调查结论虽然也指出了宋小濂等人的不足,并建议给予魁升降一级选用的处分,但却用事实推倒了诬陷者强加在宋小濂等程德全属下身上的所有不实指控,还他们以清白,同时也道出了程德全之所以会遭到诬陷者栽赃的深层原因,那就是因为他为政清廉,行事果断,欲有所作为,敢于碰硬,与贪官污吏、出卖国家权益者水火不相容。

在时隔一百余年后的今天再回望那段历史,细细想来,如果不是由程德全替清政府尽心尽责、委曲求全地守着黑龙江这块多灾多难的地盘,处于俄日两强争夺之中的黑龙江,恐怕早已支离破碎,或者直接被沙俄纳入版图亦未可知。无奈清王朝的腐朽统治气数已尽,程德全虽暂时保全了黑龙江的领土完整,而且还尽可能多地挽回了曾一度被卖国官员私自让渡给沙俄的不少利权,但却无法改变清王朝最终覆灭的历史命运。

---

① 程德全:《徐钦差查复江省道府被参各节折》,载李兴盛、马秀娟主编:《程德全守江奏稿(外十九种)》(上),黑龙江人民出版社1999年版,第691页。

第三章 程德全抚苏

程德全是清王朝任命的最后一任江苏巡抚。一年后,辛亥革命爆发,程德全顺应形势发展的要求,在地方督抚中毅然反正,随后被推举为江苏都督。

第一节 勤政的巡抚

江苏省因地处东南沿海,既得风气之先,又有悠久的历史文化积淀,人文和经济基础明显优于北部边陲的黑龙江省。不过,晚清时期危机四伏,矛盾深重,江苏也不会例外。程德全从巡抚的角度作了一番考察之后发现了不少潜藏的问题,他在《到苏接篆后上亲贵及政府书》中指出:"苏省为吾国文明之中心点,不料开通愈早,腐败亦因此而随之。"

苏省历来重视文化教育,士绅的总体文化素质在全国首屈一指,又因西洋文明和东瀛维新之风的传入,见识水平就比内地省份高了不少,1910年前后的苏省可谓人才济济。恩科状元张謇等以南通为试验场,用创办实业和教育的方式积极倡导近代文明,一时间苏省几乎成了全国的模范。苏省地处鱼米之乡,盛产优质稻米,尤以丝米的出产为大宗,该货品的贸易给当地带来了不少收益。苏省的商人构成和其他地方也有很大不同,他们多半是颇有学问而不愿为官者,这些人寓居苏省后转而从事实业,能力自是不凡,也使得苏省的实业比其他各地要兴旺得多。但是,程德全的履新和查访却使得一些暗藏的矛盾凸现出来,当得知新巡抚在进行调研之后,不断有人通过各种方式互相揭发,这反倒暴露出了苏省的一些问题:苏省的官员和士绅之间关系并不融洽,那些看起来融洽的也多半有徇私的情形,官员往往为了个别士绅的利益,忘记了自己的权责所在。不仅官员与士绅不融洽,即使是百姓也与士绅之间不融洽,至于士绅内部之间也因为利益关系存在不少矛盾,整个苏省人心涣散,一如散沙,呈现出一派末世之征。如何调和这些因利益而引起的矛盾?这是貌似繁荣而文明的苏省给新巡抚出的相当棘手的一道难题。

当时,不仅是政商界和官民之间矛盾重重,军界也有不少问题,令程德全头痛不已。军中主将水平的高低关乎整个军队的作战能力和业务素质,而苏省由于所选将领并不称职,因循守旧,久而久之就养成了很多不良的习气。比如巡防部门,苏省由道员任巡防统带,统带却深居简出,总是不到防,管理失职,导致兵士横行无忌、贪缘为奸。飞划营虽名为"飞",却名不副实,作战行程缓慢,呈上的报告说需要一两天才能移动一个地方,等到去实地一看才知道,原来并没有付诸行动,船舰还是在老地方,主管只是做一些纸上谈兵式的"呈文填表"文字游戏而已。久而久之,飞划营的战斗力丧失殆尽。苏省地属水乡泽国,水港河汊密布,因此配备了水师。可是水师名声很坏,"专以通贼为方法,行扣额之习惯",反而养成了无数的兵痞和流氓混混。原先规定在江浙交界处的要冲之地派驻巡舰游兵,"来往梭巡,辘轳策应",对社会治安起到了一定的作用。可是在程德全到任时,这些游兵已经变成了当地的祸害。遇到有贼船来骚扰时,江苏的巡舰来围剿,贼船就逃到浙江境内;而如果是浙江的巡舰围剿,贼船又转而逃至江苏境内。结果是浙江和江苏两方互相推诿塞责,巡舰没有起到应有的作用,水上的强盗反而更加猖獗。陆军方面也是生机尽失,"名曰新军,因带者未甚得人,又无最高之教育以为模范,虽属新编,已成暮气。而土著之人,寥寥无几,亦与征兵章制不合",急需改革。警察界警风涣散,"有卧治者,有跛踦当街者,有吸鸦片及赌钱者,种种怪象,不一而足",虽然当时已经设了巡警道,但是起色不是十分明显。

吸食鸦片

当时,东北官场因为很多事情都是刚刚创办,还有冲劲和干劲,而苏省官员多半积习已久,脑子里除了惦记着升官发财和"派厘调优"外,既没有图新的思想,也不抱变革的希望。虽然其中学养和工作经验丰富的人不少,但是大多庸庸碌碌。

另外,苏省表面上经济繁荣,内里却早已败絮其中,财政上"一经预算,不但按年出入所亏甚多,即按月所亏者亦不少",已经到了寅食卯粮的地步。

从上述几个方面的事实来看,程德全接手的苏省其实也是个烂摊子,他只得尽己所能,把在黑龙江曾经进行过的一些改革在江苏重来一遍。

一、整顿吏治

吏治败坏、军纪松弛,是晚清时期的普遍现象,到辛亥革命前夕这种状况更激化了存在已久的社会矛盾,成为影响社会稳定的重要因素。程德全在批阅有关案件的调查报告和处理结果时,经常对玩忽职守的地方官和扰民官兵严加斥责,有时还会直接革去相关官员的职务。

宣统二年(1910年)9月,在吴江八坼发生了一起政府缉私船只被劫掠的事件。程德全接报后,十分气愤,当即批示:"飞划营专司缉捕,而反为匪所乘,致被袭劫船枪,并伤勇夫二人,既损军声,又张匪焰,可见平(时)无备,临阵无勇。岁縻巨饷,养此无用之军,实痛恨。应将管带何嘉禄、哨官凌宗汉均先摘去顶戴,勒限十日,责令将此股匪党搜捕净尽,以赎前愆。倘再玩泄失机,定予严谴不贷。"①

军纪松弛带来的直接结果就是官兵在维护地方治安方面成效不足,滋扰百姓之事却时有发生。程德全十分痛恨官兵恃强欺凌百姓的霸道行径。1910年6月,嘉兴官兵在杨泗江剿匪,明知有匪党抢劫船只后藏匿在钱家兜,却不派兵前往围剿,反而听任其逃散。程德全在了解了事情的来龙去脉后,斥责参与剿匪的官兵"恇怯无能",并且质问道:"枪弹为匪党护身利器,该匪于逃走之时,何以并不随手携带?""综核来禀,情节支离,无非借辞搪塞,殊堪痛恨。"他警告这些官兵道:"以后务宜振刷精神,认真巡缉,倘仍一味敷衍,则是咎由自取,断不能为该代统宽也。"②

8月,溧阳县官兵出巡时,路遇村民在道旁便溺,发生了纠纷,士兵程九星在争执中竟拔枪将村民打死,后又擅自离队潜逃,该营管带李国玉不但不据实严惩士兵,反而进行包庇,并试图推卸责任。程德全闻报后,深为不满,他认为,士兵"出言不逊,遽施拍击,已属粗鲁",即使村民"蛮横无理,亦尽可由该哨弁禀知该管带移县饬提究惩",而不应"率尔任气,辄自行拘拿,复施鞭责"。更有甚者,该营管带平时不好好约束、管教士兵,致使其纪律松散,出事后又不进行严厉查处,反而百般推诿,诿过于人。因此,程德全认为士兵贸然开枪打死平民,自应由地方官照常律秉公拟办,不按军法从事,即属从宽。该管带不深究督率无方,却百般为其辩解推脱,实在糊涂,营务处

---

① 扬州师范学院历史系:《辛亥革命江苏地区史料》,江苏人民出版社1961年版,第9页。
② 扬州师范学院历史系:《辛亥革命江苏地区史料》,江苏人民出版社1961年版,第8页。

应严行申斥,并尽快将逃兵捕获。此后,程德全又下令将该营哨官魏千总革职,并将有关涉案当事人提到省城加以审讯,以示公正。

1911年2月,川沙县长人乡乡董吴大本等人为举办地方自治,在该乡俞公庙西侧厅空余房内设立公所,因而与以从事"素教"谋生乃至渗透到社会事务管理中的丁费氏等巫婆发生争执,引发民众骚动,被鼓动的乡民4天内一共烧毁自治公所12所、公私立小学29处,丁费氏甚至蛊惑乡民欲将吴姓乡董等人赶出该地。程德全得此讯息后立即表示:"似此行同匪类,扰乱治安,万难姑容,应由(松江—引者)戚守迅提现已就获七名严行确讯,是否此案真正要犯,分别从重拟办。"同时,批评松江太守失机误事,是少有的庸懦无能。类似这样的处理结果,在他批阅的案件中屡见不鲜。

同月,川沙县同样因筹办自治而激起骚乱,地方官不但不反省自己在政策推行过程中的失误,反而一味推诿粉饰,致事态逐渐扩大。程德全闻报后,异常气愤,在善后处理中对有关官员进行了严厉斥责,并详细分析了该事件的成因:

> 此案肇事原因,根于自治。详阅该守等来禀,并未将当日如何致此情由缕切直陈,徒铺叙打毁房屋及获犯情形,殊不解用意所在?查刘公祠、俞公庙两案,惑众敛钱之顾作霖,既经提讯收押,而又任听保释,是为酿祸之一原因。纠集无赖之丁费氏,既经拘至厅署,而仅交差看管,嗣复轻放出外煽惑,是为酿祸之又一原因。打毁门牌之张阿希,既经会票饬提,并不多派捕役四面兜拿,致路过唐墓桥为龚卧江等强拖以去,疏纵重犯,种种失机,是为酿祸之最大原因。①

接着,他一口气提出了近10个问题和疑惑,要求县丞给予明确答复:

> 积此众因,致该党气焰愈张,乘隙裹胁。该丞充耳不闻,又不亲自查拿弹压,一若无事时听命于绅董,有事时委拖于书差也者,致有初一后四日之间焚毁公私房屋三四十处之重案。试问刘公祠之改学堂,俞公庙之设公所,谁为批准?监督自治者为何人?顾作霖、丁费氏、张阿希三数人之嫌怨,何以能号召群丑,一呼百应?来禀不自引咎,一味掩饰,在该丞不过巧为脱卸,该守亦模棱庇护,是

---

① 扬州师范学院历史系:《辛亥革命江苏地区史料》,江苏人民出版社1961年版,第11—12页。

诚何心?①

程德全强调,在查办案件时,虽然要对滋事者"严密访查,研讯得实,尽法惩治,毋纵毋枉",但不能"任凭厅役四出骚扰,吓诈无辜"。他认为,此一事件的酿成,地方官的举措失当要承担很大责任,并责问地方官道:如果能"称物平施,岂能酿成巨衅"?在他看来,这种失误主要是"公所收捐苛细,结怨于民"。"究竟苛细各捐,业经收有若干?是否太涉琐碎?其规定各捐议案章程,该丞何以放弃权责,竟不细加查核!"

各地乡民之所以在自治筹办过程中频起事端,在程德全看来,尽管原因复杂,但主要在于官民长期对立而形成的积怨。他说:"自治各绅既失民心若此,其此时遭乱事,悯其平时敛怨可知。"民气应当舒缓不可郁积,"现在积怨之余,继以决裂,若再不设法补救,尤非爱护自治之初心。""若再因循敷衍,徒思面面俱到,则星火可以燎原。"②

然而,一波未平,一波又起。刚刚处理完溧阳县因筹办自治而引起的民变,武进、阳湖县的钦凤、丰西两乡村民又因此而发生民变,甚至引起了35个乡的响应。在这一事件中,地方官员同样存在不可推卸的责任,接连遭到程德全的申斥。程德全指出,乡民起事,虽然原因各不相同,但不外"误会调查选举本旨,又有一二私人挟嫌寻隙,于是好事之徒乘机煽惑,殆党徒既众,良莠混淆,假公愤以报私仇"。这清楚地说明了在自治筹办过程中发生的乡民骚扰并不是单纯的偶发事件,而是有着深刻复杂的社会原因的。其中,地方官员的措置是否及时、适当,对于事件的滋生、蔓延和扩展会产生明显甚至是决定性的影响。

为此,程德全提出了办理诸如地方自治等公益事情的基本原则:

> 大凡办理地方公益之事,苟其有益于公者,虽损于私亦当勉为之。不特私利之不可营也,即如欲爱惜私人之名誉,亦必称量对于公众有益与否。如其无益,则宁牺牲少数以顾多数,谓不如是,则不足以服公众,且激之怒而阻吾之进行也。③

应该说这些主张是极为深刻的,显示了程德全的执政风格。这大概也就是他历任黑龙江将军、巡抚,继任奉天、江苏巡抚,多获好评的重要原因。

与此同时,程德全在上报抚院的报告中看到地方官以乡民聚众哄堂为前

---

① 扬州师范学院历史系:《辛亥革命江苏地区史料》,江苏人民出版社1961年版,第12页。
② 扬州师范学院历史系:《辛亥革命江苏地区史料》,江苏人民出版社1961年版,第12页。
③ 扬州师范学院历史系:《辛亥革命江苏地区史料》,江苏人民出版社1961年版,第13页。

提,而不知道更名当以哄堂原因之是非为前提,一味试图为已粉饰、委过于乡民、含糊了事。因此,程德全大为光火,为示责罚,他下令将筹办自治的公所所长革职。

二、积极推行地方自治

程德全就任江苏巡抚时,正值清政府宣布实行新政后不久,在基层推行地方自治和在上层预备立宪是新政在政治方面的重要内容,程德全对这两方面都极为重视。推行自治本是件好事,但由于消息相对闭塞,苏省的农村对于什么是自治、如何实行自治以及为什么要实行自治,却并未明白,因此在推行过程中屡屡出现意想不到的阻力。客观地说,晚清末年,众多政策、措施本身没有什么问题,而且在总体上还是符合历史进步的大方向的,但由于这时的中国积贫积弱,内外矛盾重重,在操作过程中又缺少相应而有效的配套措施和必要的过渡衔接,政策实施的对象或影响所及的群体,大多不明所以,因而在推行时每每遭遇尴尬或阻力,结果是有的流产,有的变形。这也是晚清改革所留给近代历史的最大教训。

程德全把推行地方自治的目的定位在专办地方公益,辅佐官治不足。除了"公"字当先外,为了使自治能够得到平稳推行,减少来自底层民众的阻力,程德全还要求下属在筹办自治时注意体察民情和民愿,这个要求比较理性地防止了绝对为"公"而在推行自治中伤害百姓利益的情况。实行地方自治需要清查和统计户口,并适当收取相应的费用,但因为底层的宣传不到位,加上历年积累下来的官民矛盾,老百姓怀疑此举另有他图,担心或许是官府借此增加苛捐杂税,私人利益受到损害的地方土豪又乘机煽惑破坏,因此不少地方都发生了反对户口调查和统计的民变。宣统三年(1911年)2月,武进县阳邑西风乡发生官民冲突,程下令派飞划第一营帮带刘振钧率飞划十艘赴常镇压,对地方土豪恶棍,则严密缉捕,先作预防,防患于未然。程德全认为选举一事,关系重大,该县令应亲临监督,不得因他故委托人代理。平日对于自治员的办事得失也应随时查考。

阳湖县(今江苏省常州武进县内)钦风乡在筹办自治时,遭到当地豪绅王道来等人的阻挠。王道来长期聚徒团练,加入其团练者要出钱数百,如果官方自治真正实行,团练就会被取代,王道来当然不会支持自治。1911年2月,为抗议官府调查门牌,在王道来的统一策划下,乡民鸣锣聚众抗拒。程德全一面对措置不力的地方官进行了严厉批评,一面要求他们"惩后惩前,补偏救弊,始终不懈,为乡党谋永久幸福;不容因噎废食,致灰求治初心,且贻公民口实也"①。

三、大力进行灾害救助

1911年6月中下旬至7月中上旬，江苏沿海沿江一带因持续遭受大风暴雨的袭击，发生了严重自然灾害，农田被淹、庄稼绝收、房屋倒塌，一向经济富庶、百姓安居乐业的苏南地区，也出现了大批饥民。出于求生的本能，灾民们在向官府求告无门的情况下，只得铤而走险，乞食于豪绅富户，并抢劫米行，社会矛盾趋向激化。

流　民

为化解社会矛盾、稳定统治秩序，程德全致电两江总督，就苏省各地普遍遭到水灾和海潮侵袭而导致惨重损失一事，请其向清廷请求支援，下拨赈灾款项。电文说：沿江沿海一带，自7月以来，连遭大雨和大风袭击，致江潮顶托，湖河漫溢。沿江沿海之县，风灾之后，重以霪雨。即腹地本未成灾之县，又以本月风雨交作，田庐淹没，人口也伤亡不少。其中常熟、昭文、江宁、震泽、昆山、武进、太仓、吴江、新阳、靖江、溧阳等县最为严重，要求给予支持。

接着，程德全又向邮传部大臣、富可敌国的常州籍人盛宣怀等详细陈述了苏省各地因暴风骤雨所造成的严重灾害："本月初四、五、六之昼夜，大雨不息，初七至今，终风且暴，已成灾者更重，未成灾者亦灾。"致"民气不靖，人心思乱"，②常昭乱民则"构煽饥民暴动，绅富被毁，自治警察均遭蹂躏"。程德全请求盛能施以援手，派人参与赈灾。他还要求松江、常州、太仓、昆山、震泽等地官员，对抢掠者进行弹压，如有不服，"当场格杀"。同时，想方设法拨款"以救灾民"，以维持地方秩序。他指出：安分待赈的灾民是良民，良民

---

① 扬州师范学院历史系：《辛亥革命江苏地区史料》，江苏人民出版社1961年版，第13—14页。

② 扬州师范学院历史系：《辛亥革命江苏地区史料》，江苏人民出版社1961年版，第37页。

必救;造言惑听、借端抢掠的"灾民"是乱民,乱民必诛。

随后,程德全又致电内阁请求给予援助。他在陈述了灾区各地的严重险情后,向清政府呈报自己已采取措施,准备从安南、暹罗购进大米,希望清廷一方面能照知沿途各地,"准予免完沿途厘税,俾轻成本",一方面"颁发帑银,以广皇仁,而活灾黎"。① 所幸暹罗、芜湖大米及时运达,灾民得以挨过那个青黄不接的时期,才不致流离失所。

四、重视社会秩序的稳定

程德全就任江苏巡抚时,社会上层吏治腐败、政治昏暗,资产阶级革命风潮兴起,各种宣传新思想的报刊和社团如雨后春笋,民智开启,底层民众的思想觉悟程度不断提高,社会矛盾也因此越来越趋向尖锐和激化,清政府已处于风雨飘摇之中,各地民变、骚乱此伏彼起,层出不穷。江苏虽然富甲东南,为全国财富之渊薮,但因为人口密度大、赋税沉重,农业水利设施年久失修,自然灾害频繁发生,加之存在着不少难以化解的社会矛盾,不少地方盗匪横行、会党林立、民变四起,尤其是经常发生因缺吃少穿而引起的抢米风潮。程德全就任江苏巡抚后,采取了两手一起抓的策略来稳定社会秩序。一方面对地方官的玩忽职守、欺压百姓等行为,予以严厉痛斥;另一方面,对各地频繁发生的民变和骚乱主张严厉镇压,并积极为地方官出谋划策,同时提供武力支持以舒缓民气,缓和官民矛盾。不过,应当说明的是,从晚清的实际情况来看,当时的所谓盗匪多是因政治昏暗、纲纪失修、生活无着等而被迫走上犯罪道路的底层百姓。

在争取社会秩序稳定方面,程德全多管齐下,标本兼治,除了加强灾害救助、重视水利设施等基本建设外,还特别重视加强对影响社会稳定的突发事件的整治力度。在其任职的不到两年时间内,仅查处的盗匪致人死亡案件就有十数起。其中典型的有如下几起:

丰县盗窃犯唐占书、魏二本为游勇出身,结伙42人,携带洋炮、快炮等武器进行武装抢劫,在拘捕过程中打死练董,并打伤练勇。盐城县高三楼、高新楼、王大得子(即王从得),聚众50多人,驾驶船只,携带枪械,大白天闯入闹市抢劫当铺,得赃款25000多两,而且武力拒捕,打死6人,打伤5人。土匪六三、张飞,走州过府,足迹遍布萧、砀、铜、沛等县,大肆抢劫财物,抗拒拘捕。

---

① 扬州师范学院历史系:《辛亥革命江苏地区史料》,江苏人民出版社1961年版,第39页。

江北流民王正国(外号王麻子,又名王鼎臣)窜入浦东,纠结同伙数十人,抢劫盐捕营枪械,打伤管带,打死营勇1名,受伤多名。后又接连抢劫当铺,获赃甚丰。因恐惧官府追捕,流窜浦西、高邮等地继续作案、藏匿。徐州铜山盗窃犯刘大娃、蒋安邦,均为会匪游勇,屡次抢劫财物,并杀死被抢者,还抗拒官兵拘捕。1911年4月,因清江粥厂停办,"饥民数万投奔镇宁",引起沿途各地官府的高度紧张,虽多方阻拦,仍无济于事,程德全只好请两江总督下令暂缓取消粥厂,以平息愈演愈烈的事态。

辛亥革命前夕,苏省一带帮会势力很是活跃,时有暴力事件发生,与官府关系也非常对立。有的底层贫民便加入帮会,寻求保护。如高邮原丐头投入青帮后,在当地开堂收徒,并以武力进行抢劫。帮会头子谈在山、乔万兴在会员吴万、杨锦明被捕后,竟聚众数十人携枪械,将吴、杨抢走,谈还率众抢劫财物,并强扣妇女作为人质,进行勒索。宿州会匪吕继昌、游勇孟昭兴结伙六七十人,持枪抢劫,并扣押人质,武力拒捕。徐州武装盗窃犯张兴业、韩景春、周科、雷洪堂等均参加会党,他们聚众持枪抢劫财物,并扣押人质,杀害百姓,抗拒拘捕,焚毁学堂,几乎无恶不作。

吏治腐败导致有的地方警匪相互勾结,盗匪难以根除。如盐枭出身的徐宝山接受招抚后,与当地会党首领葛三(名明珠)相勾结,而葛又经常与朱大花脸、窦四子、鞠少爷、朱大狮子(名盛椿)、朱小狮子、王连生、陈二等会徒结伙抢劫,官兵屡往清剿,但均因葛与徐宝山有旧,而得以逃脱,因此扬淮地区的抢劫盗案也就难以禁绝。朱大狮子兄弟还开堂收徒千余人,在朱小狮子被捕获后,率众武力劫夺,并击伤营勇多人。程德全多次严令两淮缉私统领王有宏、镇江陆统领、淮运司、扬子栈道及所管各州县等严密缉捕,苏州飞划营统领王曜也参与行动,才将该伙匪徒基本捉拿归案。

对于屡屡发生的民变,因为其性质是直接与官府对抗,程德全通常采取强力手段来处理。如川沙县部分农民为争夺庙产,聚众捣毁、焚烧该县自治公所、学堂、绅士房屋,并准备向上海进发,激化事态,程德全遂多次命令上海道台、松江太守和江苏巡防军统领林开武一起督率军队前往弹压,这次民变方才渐趋平息。

每逢冬春青黄不接之际,外地流入苏省的饥民动辄以数千计,因苏州、松江一带经济相对富裕,苏北饥民便多往这一带流动,给当地治安带来很大压力,虽历经治理,却很难收效。为尽早防范,1910年秋,程德全商得两江总督同意,在清江(今江苏淮安)设立机构,拦阻饥民南下,但仍有五六百人越过卡哨,绕道前来昆山吕十二图进行强索滋扰,进驻当地大户邹仁安、邹步云弟兄宅内,向其索要50石大米。后经图董陈有山出面协调,减为 16 担,另加银洋 10 元。但十四图蛮子乡的村民因不堪滋扰,聚众前来与流民决斗,致流民六七人死亡。流民遂退踞邹步云屋内,紧闭大门,并将邹捆绑起来,弄到屋顶,令其向村民进行劝说,但因人多嘈杂,没有什么效果,流民认为邹劝解不力,便将其戳死,扔到屋下。后又将邹宗介戳死,并打伤村民多人。村民放火焚烧邹宅,流民被烧死不少。与此同时,有江西德化、星子两县难民 6000 多名,经由安徽广德、建平县进入溧阳县内进行强索滋扰。

频繁发生的盗匪案件,典型地反映出了王朝末年的衰世之征,而人心不古、世风日下也成了影响社会稳定的不利因素,在这样的大环境下巡抚一方,其难度也就可想而知,身为管理高手的程德全同样回天乏力,难有治本之术。

1910 年 12 月,通州地区整修由城西至唐家闸河西的马路,因要损及道路两旁的农田,本已议定由自治公所筹资给予每亩 50 元的赔偿,由业佃双方对半收取,所需工钱,沿途两旁民田每亩各出二角五分,亦由业佃双方分摊支付。不料在工期即将完成之际,由卢四出面纠集部分乡民进行阻挠。他们声称,一些大业主不仅要独吞赔偿款项,而且企图让佃户独自承担集资费用。一时聚集了两三百人。后经请求两江总督派员一同参与对该事件的措置,动乱方才平息下来。

江浙两省交界处的太湖流域,水网纵横,历来是匪患猖獗的地方。常常是此剿窜彼,彼剿窜此,两地官府十分头痛。程德全就任江苏巡抚后,多次与浙江巡抚商量加强联合剿匪事宜。1910 年 11 月初,程德全应浙江巡抚要求,先是派出御武巡舰疾驶至苏浙交界处,继又加派张副将带领多艘兵舰,会同盐捕营巡缉官沈葆义前往严密搜捕,同时又命飞划营统领王道曜带领水师前往出事地点,和浙江方面一起合力围剿股匪。

广东黄花岗起义发动后,各地暗流涌动,起事响应者屡屡发生,清政府陷入了四面楚歌、草木皆兵的孤立与惶恐之中,江苏工商业兴盛,工人数量较多,新思想的传播又很活跃,资产阶级革命力量发展较早,因此受到清政府的重点关注。此时的程德全也已经预感到了清王朝的大厦将倾,但沐浴皇恩的他还抱着"立宪"的希望。他动用了一切可以动用的力量来做维护清王权统治的最后努力,他命令所属"设法侦察,严为防范","各防营及巡警道,分别遴派专人,在火车站、轮船上下并水陆各要道,严密巡察。遇有形迹可疑及暗携军械之人,或跟踪侦探,或查实严拿,以斯(期——引者)预遏乱萌"。同时,在"沪上各码头遇有东洋来沪之船,留心

巡察侦缉"①。

今天看来,程德全是一个尽心尽责的敬业巡抚,工作能力也超出一般官员很多,没有很多官员流于贪腐的致命弱点。但是他生不逢时,在腐朽没落的清末,不管他如何忠君爱国、勤政爱民,如何想通过自己的努力来报效清政府对他的知遇之恩;也不管他是如何殚精竭虑来挽救危局,他的所有努力也只能是尽其所能地维护了江苏一省的暂时稳定,不仅无法阻挡历史进步的潮流,就连他本人,最终也被裹挟进了革命的洪流之中。

第二节 支持立宪者的最后忠告

病入膏肓的晚清政府也深知自己危机重重,到了最危急的关头,洋务运动、戊戌变法、清末新政等一系列大规模的运动都表明这个末代帝国也确实做了很多自救的工作,光绪三十二年(1906年)开始推行的预备立宪应该算是清王朝的最后一次挣扎了。

立宪即君主立宪制,又称立宪君主制,或称"虚君共和",是相对于君主独裁制的一种国家体制。君主立宪是在保留君主制的前提下,通过立宪,树立人民主权、限制君主权力、实现事实上的共和政体。君主虽然是国家元首,但君主的产生方式与权力因国家制度的不同而不同;纵使是同一个国家,往往在不同时期,君主的产生方式与权力范围也各不相同。不过,晚清时期中国进行的预备立宪运动是一场独具中国特色的政治改革,和西方的君主立宪制有着较大的差别,而且当时中国的国情也注定了它失败的宿命。

1905年,日本以小胜大,在日俄战争中打败沙俄帝国,给了穷途末路的清政府很大的触动,最终他们把日方胜利的主要原因归结为"立宪战胜专制"。很快立宪的呼声在国内朝野风起。同年,清廷派出载泽、端方等五大臣出国考察政治,光绪三十二年(1906年)五大臣归国,在呈交的调查报告中历数立宪的三大好处:"一曰皇位永固,二曰外患渐轻,三曰内乱可弭",为了不损害最高统治者的利益,他们指出,"今日宣布立宪,不过明示宗旨为立宪预备,至于实行之期,原可宽立年限。日本于明治十四年宣布宪政,二十二年始开国会,已然之效,可仿而行也。"其中的"预备"两字正中最高统治者下怀。1906年9月1日(光绪三十二年七月十三日),清廷颁发了《宣示预备立宪谕》,"预备立宪"由此开始启动。12月5日,以大地主官僚和民族资产阶级上层人士为主要成员的立宪派开始结成组织推动君主立宪,集地

---

① 扬州师范学院历史系:《辛亥革命江苏地区史料》,江苏人民出版社1961年版,第29页。

主官僚与民族资产阶级于一身的张謇是其中的重要骨干。张謇推行立宪的主要实验场就在他的根据地——江苏，因为这里有繁荣的工商业和实力雄厚的绅商阶层，身为江苏巡抚的程德全得地利之先，也积极地参与到了立宪活动之中。

程德全并不是凭借科举走上仕途的，又常年在边疆工作，因此在官场核心圈内尚是无名小辈，而张謇从被点为恩科状元起就一直被广为关注，从北京到南通以至于广东，张謇都是没有争议的实力派，但是这个资深的实力派和实干家却在两江总督张人骏那里遭到了阻碍。

1908年秋，张謇奉命筹办江苏省咨议局。10月，他在南京碑亭巷设立筹办处。他自任总理，江宁布政使樊增祥、提学使陈伯陶为主办，江宁盐巡道荣恒、江苏候补道李瑞清、赵从嘉、熊希龄等为会办。1909年8月，江苏咨议局正式成立，张謇在到会的95人中经互选得51票，当选为议长。

溥仪登基

尽管咨议局为奉命举办的产物，但它既已成立还是尽可能地发挥了作为民意机关的立法和监督作用。第一届常会通过了《本省单行章程规则截清已行未行界限分别交存交议案》，要求凡在咨议局开办以后所订的本省单行法，都必须经过该局议决，然后才能呈请公布生效。第二届常会议决的《本局议案公布施行后之实行方法案》，规定地方官必须按期报告咨议局议决案的施行情况，如故意拖延不办者则据实给以纠劾。

在封建君权下成长起来的议员们虽无应有的议会政治素养，但他们办起事来却还是尽责的。在第一届常会期间，江苏巡抚瑞澂交议的改定厘金征收办法一案，咨议局经过讨论后认为此举会损害商民利益，便予以驳回。两江总督张人骏，愚昧顽固，从不把咨议局放在眼里，引起咨议局议员的强烈不满，便常常采取不与合作的态度。张在札复第一届常会的11件议案中，有2件需复议，5件被驳回。1910年夏天，上海3家钱庄倒闭，引起金融风潮。张未经咨议局讨论，即向上海洋商借债300万两白银以维持市面。此事虽应急办，但由于张人骏完全撇开民意机构，引起议员们的不满。咨议

局以总督无视该局权限,擅借外债,属于违法行为,要求资政院核办。1911年2月初,咨议局召开临时会议,讨论宁属预算案,对张人骏原提案删减30余项,涉及50多万两白银。张人骏拒绝公布,也不交局复议,竟按原案执行,引起了一场轩然大波。

张人骏与张謇的政见不合给程德全与张謇联手共治江苏提供了机缘。

其实,程德全和张謇原本并不相识,更无私交。到了1911年,清王朝政治危机加剧的时候,两个人在如何挽救这个百孔千疮的政权问题上取得了共识,这就是促请清政府尽快实行立宪。他们开始抱团取暖结成统一的政治集团,共同应对艰难的政治局势。

1911年2月28日,张謇到苏省巡抚衙门所在地——苏州会晤程德全,从此二人建立了密切的联系。程德全给予张謇以最有力的支持,而张謇也频繁往返于苏州、南通地区,协调和沟通江苏巡抚与各地绅商之间的关系,双方共同维护苏省的政治稳定。可以说,程德全在抚苏期间的一系列方针政策之所以能得到有效贯彻,与张謇等人的赞成和支持大有关系;反过来,张謇等人在辛亥前后的立宪请愿活动也得到了程德全等地方督抚的大力支持。清末,江浙一带的立宪运动之所以能搞得有声有色,与他们之间的互相支持密不可分。

1911年秋武昌起义爆发,当时谁也没想到这个极小范围内的事件却彻底改变了中国的历史。很快地,全国各省都有了不同的反应。而已沉潜了一段时日的程德全再也坐不住了,他连续上奏朝廷,要求加大改革的力度,做出具有实质性的动作来争取人心,赢得挽救的主动。1911年10月13日,程德全致电内阁,分析武昌起义爆发的原因:"内由于政治改革之观念,外由于世界潮流之激刺。"程德全还在电文中预测了清廷未来的政治危险:"此非朝廷果有尝胆卧薪之意,草泽恐有前赴后继之虞。"

而此时的张謇正在从北京南归的途中,更巧的是,武昌起义爆发时他正从武昌乘轮船回江苏,在轮船上亲眼目睹了武昌起义的景象,但他还没有预料到此事的影响重大。等到了安庆方知大事不好,武昌已被革命党人占领。等到船一抵达南京,张謇就直奔两江总督府面见张人骏,要求他出兵湖北去扑灭革命烈火,并奏请清廷赶紧制定宪法,以此来维持苏省的稳定。然而,此举遭到了张人骏的拒绝。张謇虽心急火燎,却也无可奈何,不得不另寻他法。

程德全一向思想较为开明,在他的为官理念中,维持稳定和消除危机是第一要务。当他得知张謇已回到南京后,便立即电邀其来苏州共商应对危机的办法。

10月16日,在张謇乘火车从南京往上海途中,雷奋、杨廷栋受程德全委托,赶到无锡将张謇迎至苏州,一起商议给清廷的奏疏。在和程德全取得政治上的共识后,先由张謇亲自动笔拟稿,后改由他口授,雷奋和杨廷栋轮流笔录,最后再由张謇修改定稿,直到午夜12点,奏稿方成。奏稿首先

武昌起义炮战

介绍了武昌起义后长江流域各地群起响应、谣言四起的情况:

> 自川乱未平,鄂难继作,将士携贰,官吏逃亡,鹤唳风声,警闻四播。……民之讹言日甚一日,或谓某处兵变,或谓某处匪作。其故由于沿江枭盗本多,加之本年水灾横连数省,失所之民,穷而思乱,止无可止,防不胜防。沸羹之势将成,曲突之谋已晚。

接着,奏稿提出了"标本兼治"的主张:

> 缓急之图,必须标本兼治:治标之法,曰剿曰抚,治本之法,不外同民好恶,实行宪政。臣某、臣某亦曾以是概要,上渎明听。故臣等近日广征舆论,体察情形,标本之治,无事分途;但得治本有方,即治标可以一贯。臣等受国厚恩,忝膺疆寄;国危至此,无可讳饰;谨更披沥为我皇上陈之。

在列举了"内政不修,外交失策,民生日蹙,国耻日深。于是海内人士,愁愤之气,雷动雾结,而政治革命之论出"的现实问题之后,奏稿对清廷相关举措的一再失当直言不讳地提出了尖锐的批评,指出:

> 一闻先皇帝颁布立宪之诏,和平者固企踵而望治理,激烈者亦降心而待化成。虽有时因外侮之侵陵,不无忧危之陈情;然其原本忠爱,别无贰心,已为朝廷所矜谅。惟是筹备宪政以来,立法施令,名实既不尽符;而内阁成立以后,行政用人,举措尤多适当。在当事或亦有操纵为国之思,在人民但见有权利不平之迹。志士由此灰心,奸邻从而煽动;于是政治革命之说,一变而为种族革命之狂,而蓄祸乃烈矣。积此恶感,腾为谬说;愚民易感,和者日多。今若

用治标之法,必先用剿。然安徽、广州之事,既再见三见;前仆后起,憨不畏死。即此次武昌之变,督臣瑞澂素抱公忠,其事前之防范,何尝不密?临时之戒备,何尝不严?而皆变生仓卒,溃若决川;恃将而将有异心,恃兵而兵不用命。即使大兵云集,聚党而歼,而已见之患易除,方来之患仍伏;有形之法可按,无形之法难施。以朝廷而屡用威于人民,则威衰;用威而万有一损,则威尤衰。是剿有时而穷。继剿而抚,惟有宽典好言。宽典则启其玩,好言则近于虚;纵可按反侧于一时,终难导人心于大顺。况自息借商款、昭信股票等事,失信于人民者,已非一端。今欲对积疑怀二之徒,而矢以皎日丹青之信,则信已衰;不信而有违言,则信尤衰。是抚亦有时而穷。故臣等之愚,必先加意于治本。

对于治本的方法,奏稿也给出了明确的建议,指出:必须切实实行宪政,解散皇族内阁,由内阁负起完全的责任,而不是玩弄政治花招,欺骗世人。对武昌等地的起事诸人,固然要予以处分,但在目前的形势下,应勇于承认自己的失误,下诏罪己,尽量宽大处理。

盖治病必察其脉,导水必溯其源。种族革命之谬说,既由政治革命而变成;必能餍其希望政治之心,乃可泯其歧视种族之见。然苟无实事之施行,仍不足昭涣号之大信。今舆论所集,如亲贵不宜组织内阁,如阁臣应负完全责任,既已万口一声;即此次酿乱之人,亦为天下人民所共指目。拟请宸中独断,上绍祖宗之成法,旁师列国之良规;先将现任亲贵内阁解职,特简贤能,另行组织,代君上确负责任。庶永保皇族之尊严,不致当政锋之冲突。其酿乱首祸之人,并请明降谕旨,予以处分,以谢天下。然后定期告庙誓民,提前宣布宪法,与天下更始。庶簧鼓如流之说,借口无资;潢池盗弄之兵,回心而释。用剿易散,用抚易安。否则伏莽消息其机牙,强敌徘徊于堂奥;民气嚣而不能遽靖,人心涣而不能遽收;眉睫之祸,势已燎原;膏肓之疾,医将束手。虽以袁世凯、岑春煊之威望夙著,恐亦穷于措施;微论臣等。①

从电文可以看出,程德全和张謇对清廷还抱有最后一丝幻想,他们依旧把君主立宪看作清廷"延年益寿"的灵丹妙药。程德全通电各省将军督抚,

---

① 张謇:《代鲁抚孙宝琦、苏抚程德全奏请改组内阁宣布立宪疏》,载曹从坡、杨桐主编:《张謇全集》第一卷《政治》,江苏古籍出版社1994年版,第175—176页。

征求同意连衔上奏,可惜这时的中国好比坐在了火山口上,各省督抚内心各有打算,结果只有热河都统溥颋、山东巡抚孙宝琦表示赞同,而铁路大臣端方、两广总督张鸣岐则表示上奏时间还未成熟,四川总督岑春煊虽对奏稿内容表示赞成,但不同意列名,其他各省的将军、督抚均未有表示。张鸣岐后来虽然很快改变了态度,同意列名,但因程德全等已将奏稿上送,因而未来得及将张鸣岐的名字列入。就这样,奏稿一直拖延至10月22日才发出,在清政府的皇权威严江河日下的情势下,这篇奏稿的命运也就可以想见了。也许是有史以来第一次收到来自大臣的言辞最为严正、也最切中肯綮的奏疏,摄政王载沣及内阁总理大臣奕劻、协理大臣那桐、徐世昌等均不知所措,他们经过商议后决定留中不发,奏稿沦为废纸。其实退一万步想,就算他们果真按照奏疏上的建议去做了,真的就能够挽救爱新觉罗所代表的大清皇权覆亡的命运吗?对此,历史早已有了答案。

1915年,杨廷栋从箱子里翻出了这份充满悲剧色彩的原稿,并请吴湖帆绘图装裱,张一鹏为之题名为《秋夜草疏图》,杨廷栋本人和张謇也分别写了序和跋,记述了当时草拟奏稿的详细过程,并抒发了感想。1916年3月,已经准备淡出官场、潜心向佛的程德全看到了这幅《秋夜草疏图》,在极其复杂的心绪下写了一篇跋文,特摘录如下:

> 辛亥八月后,吾苦苦劝谏,奚止此一疏?乃反复敷陈,卒不见听。国体改革以还,日相寻于斗争猜忌之域。吾时于两方谆切劝解,亦均不见听。岂天之不悔祸?抑吾之诚不足以感人也。驯至今日,纲纪陵夷,道德灭绝,人民困于水深火热,几不可一朝居,鸣呼?既无以对故君,复无以对国人,罪深业重,夫复何言?①

张謇手书

---

① 《人文月刊》第2卷,第1期,第12页。

跋文在字里行间表达了程德全对辛亥革命后出现的纷乱世相的失望（第二年他就正式退出了政界），同时也表达出对当年连续4次上书清廷呼吁立即改弦更张、与天下更始的无怨无悔。后世读者也可以从这些感情饱满的序和跋中体会到社会变革的复杂性和难以掌控性。

除了这份名闻一时的奏疏外，在武昌起义之前，程德全还先后连上其他3疏，分别由武进沈友卿、长沙罗偘子和应德宏起草，其中最为重要的是他在8月22日、9月2日上送内阁的奏章。

在8月22日的奏章中，程德全建议清政府面对危局，应从容应付，不能大开杀戒，树敌过多，速取灭亡。他认为，各地乱象丛生，其由来有自，原因复杂，且冰冻三尺，非一日之寒，其中清廷自身的举措失当，是重要因素：

> 革党肇变，热狂激发，悍不畏死，内由于政治改革之观念，外由于世界潮流之激刺。曩日之皖，今兹之粤、之鄂，皆以勾结军人为根据地，其事可诛，其情诚可痛。此非朝廷果有尝胆卧薪之意，草泽恐有前仆后起之虞。伏念先朝明诏立宪，巩固皇基，原以破除革命之异说。现在筹备仅有条文，而根本之图，仍无实济。内阁虽云成立，而君主仍当政治之冲，故责任全不分明。①

在这种情况下，程德全认为，清廷如不彻底与天下更始，标本兼治，而停留于小改小革、修修补补，甚至诿过于人，动辄诛戮，不仅无法化解危机，适足以将自己逼向绝境。他说：

> 今革党乘川乱抵虚袭鄂，若再因应稍失其平，更将予革党以号召之资，而益为渊薮之驱矣。方今人心浮动，伏莽甚多，连年荐饥，灾民遍野，恭诵纶音，明烛万里。目前治标之计，应否请旨将川省土匪与争路士绅及现今鄂省兵匪勾结，特降明谕，分别措办，以免猜疑而安反侧，为收拾民心之计。至若治本之策，必当先使内阁确负责任，政令有所统一，以期合乎先朝宣布立宪，消弭革命之本旨。②

在9月2日的奏章中，程德全建议清廷下诏罪己：

> 今日之大患，不患革党之猖獗，而患人心之涣散；不患武昌之失陷，而患各处之响应。果能收拾人心，以杜响应，则武昌不足平，革党不足弹也；否则鄂乱虽指日戡平，而革命异说深入人心，由来

---

① 扬州师范学院历史系：《辛亥革命江苏地区史料》，江苏人民出版社1961年版，第42页。
② 扬州师范学院历史系：《辛亥革命江苏地区史料》，江苏人民出版社1961年版，第43页。

者渐,人人有思乱之机,处处有蠢动之势,危急存亡,事机甚迫。是以朝廷宜乘此时宣布痛切诏言,感动天下,一新耳目,此固目前戡乱定变之图,亦即将来长治久安之策,本源之计,殆无易此。①

至于罪己诏的内容,程德全也早已想好了:

一、现在政治亟宜切实改革,诚无可讳,诏言似宜宣布责任内阁,按照宪法另行组织。一、此次革党倡言排满,用肆煽惑,诏言似宜宣布亲贵内阁为当时不得已之办法,按照宪法原理另简总理,示人民以大公,以杜簧鼓煽诱之口。一、从前党人无路自新,遂致悍然不顾,诏言似宜宣布开除党禁,凡从前国事犯一律恩赦,予以自新之路,以绝革党趋附之途。然后宣布朝廷德意,不忍轻言剿戮,以免生灵涂炭,革党叛兵反正来归者,均从宽典,如尚执迷不悟,不即解散,是真无可宽赦,朝廷为维持现状,拯救民生起见,不得不一意痛剿云云。②

程德全天真地认为,罪己诏一下,清廷就可以变被动为主动,局面也会随之一新,人心尚可挽回,还未发生"变乱"的地方很快会打消"反正"的计划,而革命党则将成为全民公敌。在他看来,这是瓦解革命行动的"釜底抽薪之法"。

程德全唯恐清廷在濒死之际仍冥顽不化,抓住大权不放,不接受自己的意见,因而在奏稿中竭尽劝说之能事,反复说明实行君主立宪的好处:

夫君主立宪政体,其精神真际全在君主神圣不可侵犯一语。惟爱之至,敬之极,故不忍君主身当政冲。惟爱敬君主,故爱敬君主之皇族,亦并不愿皇族躬为政敌。盖政治上责任之所在,即功罪之所归,亦即恩怨之所集,非谓君主不握政治大权,亦非谓皇室懿亲不胜执政也。正以政府与全国人民相见,既成对待之势,即有争战之形。立宪国之君主,常立于人民之上,超乎政治之外,不幸有事,亦只民与民争,党与党敌,而君主之神圣,皇族之尊严,仍使匕鬯不惊,苞桑永固。此正东西各国宪法之妙用,亦即先朝宣布立宪,消弭革命之微权。③

---

① 扬州师范学院历史系:《辛亥革命江苏地区史料》,江苏人民出版社1961年版,第48页。
② 扬州师范学院历史系:《辛亥革命江苏地区史料》,江苏人民出版社1961年版,第48页。
③ 扬州师范学院历史系:《辛亥革命江苏地区史料》,江苏人民出版社1961年版,第48—49页。

同时,他一再表明自己的内心:"臣为皇室永葆尊严计,为融和满汉意见计,为四万万民生同免涂炭计,不知顾忌,不避烦渎,迫切痛陈,冀回天听。如以臣言为不谬,辱荷采择,实我国家之福;如不蒙矜悯愚忱,亦求俯赐诛斥,以为乖危妄言,淆乱观听者戒。"①总之,他希望清廷不要像前一次一样,对奏稿置之不理。

但程德全在上这些奏疏时,清廷已处于风雨飘摇之中,苟延残喘尚且为难,标本兼治就更不用提了。不过,程德全也由此认清了清政府的真实面目,而且深知其人心尽失,大势已去,于是在9月15日继上海光复后,随即宣布苏州独立,率先由清朝巡抚而变为革命后的军政府都督,开各省之先例。这时距他发出奏稿只有20天时间,距武昌起义爆发也不到一个月。

在正式宣布独立前,为保地方治安,一向处事谨慎的程德全通电所属,要求赶紧办理团防,以应不测:

自鄂事猝起,各处士绅条陈,均以筹办团防为当务之急,查历届举办冬防,即取守望相助之意。今宜稍事变通,提早筹办,各属团体林立,正可因地制宜。如有工场地方,则宜工团;有农会地方,则宜农团;有中学同等学堂之处,则宜学团!既振尚武之精神,并弭无穷之隐患。仍由各地方长官为之监督,将筹办章程,随时禀报。如果办理得力,俟事定以后,禀明酌加奖励。此为谋公共治安起见,希即分行各属及各绅耆并各团体知照切实施行。②

同时,程德全又连续通电各地,要求大小官佐切实维持地方治安和秩序,对监狱押所要严密防范,以免发生骚乱;特别是注意保护外国人的生命财产安全,避免给他们提供干涉的借口,要以保全中外商民的产业为第一要义,赶紧邀集地方绅商会商各国领事,设法维持,不能任其破坏。

然而,形势发展之快,就连程德全本人也大有来不及反应之慨。团防还未及切实筹办,各省便纷起响应独立,不旋踵,江苏亦在程德全的主导下宣告独立。

---

① 扬州师范学院历史系:《辛亥革命江苏地区史料》,江苏人民出版社1961年版,第49页。
② 《人文月刊》第2卷,第1期,第14页。

第四章　辛亥革命中的程德全

关于程德全在辛亥革命中的表现,可谓人言人殊。革命党人说他在新军进城之际,从梦中惊起,不知所措;其家仆则说他仅用竹竿挑去巡抚衙门上的几块瓦片,以示革命必须破坏,就从清朝的巡抚摇身一变而为民国的都督;以往的教科书则将其定性为投机革命。在辛亥时期反正的高级官员中,程德全一直是一个有争议的人物。

那么,在革命高潮过程中,程德全的表现究竟如何呢?现存有《云阳程公六十寿序》,是程德全的旧属为其祝贺六十岁寿诞时所撰,序中虽带有明显的褒扬和歌颂意味,但大体可以看出程氏在辛亥革命前后的具体作为,兹录全文如下:

> 公之移抚吴中也,朝政日非,亲贵用事,鄂难既发,四方风应之速,犹震霆巨涛,无所措其手足。公既疏请清廷,宣誓立宪,罪已大赦,中格不报。知军国之事,已无可为,乃以地方民命为重,徇苏五属士绅之请,宣布独立。举旗之日,城市宴然,而民军麇集于阊胥一带者,亦相率敛退,举公为江苏都督,是为公全苏之始。既就任,即宣言:"此举为政治改革,事成则让贤,不成则身执其咎。"誓辞朊恳,众为感泣。时苏常各属,假托名义,揭竿图掠者,日有所闻。公简劲旅四出,相机剿抚,不旬月而乱定。旋从谘议局民意,出师金陵。师次尧化门,有以分兵浦口,断敌归路之策进者,公谕以为共和而战,不在多杀戮。乃以书谕守军,谓潮流所届,抗之反不利于清室。及守军引去,公饬诸将撤围江上水师,自惠民桥以上,无得邀击。苏军奉公号令惟谨,故是役苏军入城独后,军纪亦独严。临时政府既建,公以南北议和,大局底定,亟思引退,遂辞江苏都督,养疴沪上。数月后欲为欧美之游。既登舟矣,有牵率者谆谆以苏难未已为辞,不得已扶病莅苏。而蒯氏"洗城会"变起,公黉夜遣兵禽之首要,解散先锋团,苏城复全。时上海、镇江、江北各有都督,

常州、无锡、松江、扬州各有军政府,公于期年之间,苦心经营,裁并十余万乌合之众,编为三师,方冀军民分治,渐入于承平之轨,而南京留守既废,沪上宋案复起,遂成癸丑之祸。公始则力持正论,冀平民气,以息变端;继以中央不谅,敦促赴宁,以无一兵一饷之身,履危地,障逆流,毅不稍却顾者,为苏民计耳。及至宁,党人环请举兵,公正色严拒,置身家于不顾。乃寡识者胁公不遂,尚据金陵与北军宣战。公既脱身归,遂建行署于沪,以第二师孤军支拄苏常数郡,力保治安。不数月而宁城下,苏垣复全。方事之殷,宁沪乱兵,实逼处此,中央隔绝,饷械无措,第二师所部不及五千人,旦夕虑哗溃,防煽动,艰险不可胜言。而公节制有方,竟措斯民于磐石之安,是非威信素孚,奚能及此!计公前后全苏者三。夫苏为东南繁会,洪杨劫后,元气尚未尽复,使复糜烂,则中原民力尽殚。无论团体如何,政体如何,皆将无所借手。而流亡载道,早已刀俎供人,后来之衮衮诸公,又安有可争之余地?故谓公之保苏,实保全国,非过语也。①

在辛亥革命大潮中,程德全固然并非首义之人,但他却是全国第一个响应武昌起义、宣布江苏光复的巡抚。在客观上,由于程德全的主动倒向革命阵营一边,不仅使古城苏州避免了因军事上的攻伐而导致的糜烂后果,而且由于苏州作为省城在江苏省以及江苏省在东南地区乃至全国的特殊地位,程德全的主动反正其导向意义就显得非常重要,江苏省的光复影响并带动了整个东南地区的局势转换。

第一节 宣布反正,苏州光复

一、武昌首义,各地纷纷响应

1911年10月10日,武昌起义爆发,拉开了埋葬清王朝的序幕。不久,首义士兵占领了号称九省通衢、战略位置十分重要的武汉三镇,成立了湖北军政府。面对突如其来的武昌起义,各地督抚的表现很不一样:

有潜逃者,以两广总督张鸣岐、两江总督张人骏为代表;有被杀者,以四川总督赵尔丰、湖广总督瑞澂为代表;有自杀者,以闽浙总督松寿为代表;更

---

① 扬州师范学院历史系:《辛亥革命江苏地区史料》,江苏人民出版社1961年版,第60—61页。

革命军炮击清军

有顺应时代潮流、宣布反正者。其具体情况见下表:

辛亥革命时期各省独立情形及督抚表现

省份	督抚表现	独立时间	首任都督	省份	督抚表现	独立时间	首任都督
湖北	总督瑞澂被杀	10.11	黎元洪	上海		11.4	陈其美
江苏	总督张人骏逃走;巡抚程德全反正	11.5	程德全	安徽	巡抚朱家宝反正	11.8	朱家宝
广西	巡抚沈秉坤反正	11.7	沈秉坤	广东	总督张鸣岐潜逃	11.8	胡汉民
福建	总督松寿自杀	11.9	孙道仁	浙江	巡抚增韫逃走	11.5	汤寿潜
山西	巡抚陆钟琦被杀	12.9	阎锡山	山东	巡抚孙宝琦反正	11.13	孙宝琦
贵州	巡抚沈瑜庆逃走	11.4	杨荩诚	云南	总督李经羲逃走	10.30	蔡锷
四川	总督赵尔丰被杀	11.27	蒲殿俊	江西	巡抚冯汝骙自杀	10.29	李烈钧
湖南	巡抚余诚格逃走	10.22	焦达峰	辽宁	巡抚赵尔巽反正	11.11	赵尔巽
吉林	巡抚陈昭常反正	11.16	陈昭常	黑龙江	巡抚周树模反正	11.17	周树谟

续表

省份	督抚表现	独立时间	首任都督	省份	督抚表现	独立时间	首任都督
陕西	巡抚钱能训（护理）自杀未遂	10.22	张凤翙	甘肃	总督长庚逃走	1912.3.15	赵惟熙

说明：广东宣布独立时，本推举张鸣岐为首任都督，但张深恐早先与革命党人结下的仇恨，于次日潜离，胡汉民得以就任都督。湖南焦达峰就任都督仅10天就被杀，立宪派人士谭延闿接任都督。闽浙总督松寿吞金、江西巡抚冯汝骙自杀、陕西护理巡抚钱能训自杀未遂，山西巡抚陆钟琦、四川总督赵尔丰、湖广总督瑞澂等被杀。山西在独立后不久，袁世凯派张锡銮任巡抚，将阎锡山赶走。南北议和后，阎锡山复任都督。山东宣布独立后10天，在袁世凯的压力下，又于11月24日宣布取消独立。辽宁、吉林、黑龙江三省成立了近似独立的保安会。处于清政府统治核心地区的直隶（河北）、河南两省及部分边远省份如新疆等未能宣布独立。

一个值得关注的现象是，经过革命初期的短暂震荡后，不少省份的实权都落到了立宪派和旧官僚的手中，而且在多数情况下，只有政权被立宪派和旧官僚掌握后，地方才逐渐稳定下来，湖南、山西、贵州等地就是如此。那些实权在一开始就被立宪派掌握的省份，局面始终都较为稳定。即便像浙江、四川等省在革命胜利后出现过短暂的为争夺权力的斗争，也都没有出现局面失控的现象，而且实权最后都归旧官僚和军人所掌握。

辛亥革命时期，旧官僚和立宪派之所以能占有一定分量，在多数省份中还处于绝对的优势地位，并非如以往主流观点所认为的那样：立宪派人士善于投机，在关键时刻利用了革命党人对政权重要性认识不足的弱点，篡夺了革命果实，其实这是由辛亥革命的特殊性所决定的。

20世纪初，特别是在光绪皇帝和西太后相继归天后，迭经中外势力频繁冲击的晚清政权迟早要倾覆，这已成为国人的基本共识。革命党人在各地频繁发动的反清起义，固然加速了清王朝的覆灭进程，但客观的情势在于，由于革命党人长期旅居海外，其武力推翻清政府的主张又过于鲜明，因此清政府对之一直严加防范，革命党人在国内的影响反而受到限制。而主张循序渐进的立宪派，却利用自己的合法地位，在清政府尚能勉强容忍的范围内，不断扩大自己的实力和影响。这种既有妥协退让、又有矛盾斗争的政治策略，尽管不如革命党人的壮烈行为来得干净利落和轰轰烈烈，但却更为老到，对专制独裁的皇权的威胁同样是致命的，到了反正在即的关键时刻就有了釜底抽薪的意味。而且，越临近武昌起义的时候，清政府的诸多表现越令人失望，这就将越来越多的立宪派人士推向了革命一途。当时，立宪派的主要倡导者多为社会精英，在地方上具有一定的号召力，普通民众受其影响，对清政府的反动本质认识得越来越清醒，转而丧失了对清政府的所有希望。

正如前章所述，立宪派人士起初是不赞成暴力革命的，即便是当革命不期而遇地来临时，他们也想尽力使暴力冲突减少到最低程度或尽早结束冲突，这在许多省份几乎都有相同的表现。以安徽省为例，起初巡抚朱家宝不仅自己不赞成独立，而且欲采取措施阻止革命党人的起事，曾准备将有可能举事的新军调出城外解散，另调江防营和巡防营进城护卫，并准备捉拿革命党人，以绝后患。立宪派人士唯恐朱的极端性举动激起革命党人的拼死反扑，因而对朱的决定明确表示反对，并为此与朱家宝展开争执。他们推举窦以珏、童悒芳等为代表，面见朱家宝，声称革命党人"皆青年志士，皖人之子弟，皖父老俱稔知之"，不宜遽加逮捕，否则人心难以维系，何况革命党人"怀挟猛烈炸弹，相煎太甚，铤而走险，恐全城俱碎"①。朱氏对徐锡麟刺杀恩铭的事件记忆犹新，在立宪派的警告下，不敢再采取进一步阻碍革命的行动。窦以珏等趁机提出三点要求：

一，巡抚为"皖人民之父母"，如调兵遣将，与革命党决战，试问战起，安徽"父老兄弟生命财产中丞闻问否？"二，安徽"筹款数万万编练新军以防外患，防军以防内患。今一旦溃散，试问此款尚在否？请饬藩司拨还，以此款自办新军。又督练公所既办，成绩安在？但今日大局至此，所有遣散兵士，应赶速派人招回，以为民军"。三，"江防营有勇而无智，现该营兵丁在城市交易，大半强勒手段，应请饬该营赶速撤回，以保治安。"②

在立宪派人士的软硬兼施下，朱家宝被迫收回成命，并表示："军心如此，民心如此，各省踵蹑而行，我敢独异，请诸公策自保，吾遵奉施行耳。"③他最终同意宣布独立。

四川咨议局议长蒲殿俊在闻悉清政府"铁路国有"的决定后，曾据理力争，痛陈该决定的荒谬，强烈希望清政府能收回成命，但清政府在邮传部大臣盛宣怀的坚持下，拒绝了蒲殿俊等人的请求，蒲激愤异常，曾对湖南籍议员粟湛时说："国内政治已无可为，政府已彰明较著不要人民了，吾人欲救中国，舍革命无他法，我川人已有相当准备，望联络各省，共策进行。"④蒲殿俊

---

① 孙博爱：《安徽革命记略》，载《中国近代史资料丛刊·辛亥革命》（七），上海人民出版社1957年版，第184页。
② 郭孝成：《安徽光复记》，载《中国近代史资料丛刊·辛亥革命》（七），上海人民出版社1957年版，第174页。
③ 张国淦：《辛亥革命史料》，龙门联合书局1958年版，第243页。
④ 粟湛时：《湘路案》，载《中国近代史资料丛刊·辛亥革命》（四），上海人民出版社1957年版，第551页。

四川保路同志会报告

的强硬表态,除了表明此时的他已对清政府完全失望外,更表明了他有 2000 多万川人作为后盾的底气。四川省内多山,交通极为不便,修筑铁路得到全省人民的大力支持,全省 5000 多万人中有近四成直接投资修筑铁路。一旦铁路国有,2000 多万人的原有投资无疑会打水漂。因此,四川的保路运动在全国发展得最有声势,绝不是偶然的;蒲的表态因而也就最有底气和分量。然而,顽固专制的清政府竟对民众的力量熟视无睹,从而也就一步步将自己推向了不归路。

汤化龙曾以湖北咨议局议长身份赴京请愿,要求尽快开国会,实行君主立宪。但在三次请愿均告失败后,他的态度日趋激烈,到了请愿团被清政府强令解散前夕,在立宪派人士秘密召集的会议上,汤化龙和北京的立宪派代表孙洪伊、四川立宪派代表蒲殿俊等一起,表示要与清廷决裂,转而赞同推翻清王朝的腐朽统治。其后,他严词痛击清政府的腐败,对皇族内阁提出严厉抗议,随后又明确反对清政府的铁路国有政策,指斥四国银行通过给清政府提供贷款套取回扣。他还曾出面做新军首领宋大霈的工作,希望他不要带兵入川镇压保路运动,甚至发出了恨不能亲自领导发动革命的感慨。

武昌起义发动后,汤化龙就任民政总长兼总参议长,地位仅次于都督黎元洪。宣誓就职时,汤化龙说,作为"国民代表,原有兴复责任,既经诸君推举,事已成局,自当尽死报命,成则共图勋名,败则生灵涂炭。我汉人从此扬眉吐气,在此一举,我汉人万劫不复,亦在此一举"①。其后,他又以湖北军政府民政总长的身份通电各省,历数清政府的腐败罪孽,呼吁响应:

> 清廷无道,自召灭亡,化龙知祸至之无日,曾连合诸公奔赴京都,代表全国民意,吁请"立宪",乃伪为九年之约,实无改革之诚。溥仪竖子黄口,摄政愚谬昏庸,兵财大权,存亡所系,而竟摒弃汉人,悉授亲贵,溥伦载涛,童骏儿戏,分掌海陆军部,载泽贪很,官领度支,意在钳制汉人,强制专制,维新绝望,大陆将沈。吾皇神明之

---

① 剑龙:《武汉革命始末记》,载《中国近代史资料丛刊·辛亥革命》(五),上海人民出版社 1957 年版,第 176 页。

裔,岂能与之偕亡。楚虽三户,势必亡秦,非曰复仇,实求自救。武汉义旗一举,军民振臂一呼,满酋瑞澂,仓皇宵遁,长江重镇,日月重光。立乾坤缔造之丕基,待举国同心之响应,特此通电告慰,望即不俟剑屦,奋起挥戈,还我神州,可不血刃。诸公久立悬崖之下,同怀伐罪之忱,必当见义勇为,当仁不让,立举义旗,争先恐后,友邦领馆,来问宗旨,告以政治革命,极表同情,中外腾欢,大势已定,一发千钧,时机不再,伫候佳音,无任激切。①

当风头正健的袁世凯派蔡廷干、刘承恩前来探询军政府是否可以接受君主立宪为议和条件时,汤化龙和革命党人一起明确回答,君主立宪的时机已经过去,除实行共和制之外,已没有别的选择:

> 我们武昌起义,并非专行种族革命,实政治革命。我中华民国具有22行省,内有汉满蒙回藏五大族,求五族平等,所以必须改建五族共和。处现在20世纪时代,君主国逐渐减少,民主国日益增多,如能按照共和制度,实事求是,则清朝永久立于优待地位,享共和幸福,较之君主时代之危险,至有世世子孙莫生帝王家之惨胜百倍矣。我想清廷真有觉悟,顺应潮流,必以吾言为然。请蔡、刘二君转达袁项城不必固执。②

汤化龙以公认的立宪派人士著称于清末政界,然在此时对清政府能有如此决绝的态度,将之定性为投机革命也就显得过于简单化和脱离当时的政治实情了。从这一角度来说,与其说是革命党人的武装起义推翻了清王朝,不如说是清政府无法自知地充当了自己的掘墓人。

汤化龙其实就是程德全的一面镜子,程德全之所以能在苏省轻易宣布反正,并能维持政局的稳定,既可归因于他对晚清以来总体局势的准确判断,也与江苏各地特别是巡抚治所所在地苏州的革命形势早已成熟有很大关系,关键还在于他得到了实力雄厚的立宪派的大力支持,因此才能够在其宣布反正后,以绝对的主导地位一直牢牢地控制着苏省局势,多次平息和化解了政治危机,保持了苏省的统一和稳定。

二、光复前的苏省社会

19世纪末20世纪初,在全国性的反帝反封建斗争中,苏省的资产阶级

---

① 张国淦:《辛亥革命史料》,龙门联合书局1958年版,第101页。
② 曹亚伯:《武昌革命真史》(中),上海书店1982年版,第263—264页。

民主革命运动也开始逐渐兴起，兹以苏州为样本来考察当时苏省的社会情况。

清末，帝国主义利用资本和技术的优势大肆掠夺在中国建造铁路的特权，光绪三十一年（1905年），全国各地开展了声势浩大的"保路"爱国运动，苏省也掀起了"苏路风潮"。为反对英国攫取江、浙两省路权，江苏绅商恽毓鼎、邓邦述、尤先甲等256人向商部公呈自办铁路，明确提出"自行筹办，由保路权以保国权，亦即保利权"。次年组成苏省铁路公司，100余名发起人中，苏州绅商署名的达20余人。苏省铁路公司在苏州设有驻苏分公司。光绪三十三年（1907年）11月3日，苏州商会带头拒绝购买清政府向英商借款筑路而发行的路票，发起召开保路集股大会，江、浙两省绅商到会者约300人，当场共集苏路9243股、浙路870股。同时，苏州女界还成立了"女界保路会"，支持保路斗争。驻苏铁路公司还设立铁路学堂，培养铁路技术人才。自光绪三十二年（1906年）至宣统三年（1911年），苏路共募集股款4098715元。后在清政府的高压政策下，自筑铁路的要求未能完全实现，延续数年的"苏路风潮"不得不偃旗息鼓。

20世纪初，以上海为中心爆发了全国性反美华工禁约运动，距离上海最近的苏州社会各阶层踊跃参加，尤以抵制美货运动声势最为浩大。光绪三十一年（1905年）4月18日，苏州绅商借福音医院开会提议抵制美货。6月28日，数千人集会于阊门外丽华茶园，到会者一律签名，决议不用、不买美货。都亭桥大有成烟号店主吴纳士在会上表示，将店内已停销的美烟、香皂、花露水等存货运至玄妙观当众焚毁；素营美烟的怡和祥号店主施炳卿原已与美商签订了一年合同，也当众宣布废除合同。此后，成衣业、漆业、织机业等行业也相继作出规定，禁销、戒用美货。苏州妇女界也积极投入这次运动中。据不完全统计，苏州当时各行业的群众性集会达30多次，参加人数达数万人，运动一直持续到次年初。

在反帝斗争的同时，一批资产阶级民主爱国人士开始宣传反清革命思想。早在光绪二十六年（1900年），东吴大学堂首任国文教习黄人（字摩西）创办了苏州第一张民办报纸《独立报》，又与庞树柏等组织"三千剑气文社"，以诗文鼓吹革命思想。次年，包天笑主编的苏州第一家《苏州白话报》创刊，以爱国启智为己任，鼓吹改革、实行新政，宣传兴办新式学堂，普及文化知识及男女平等等新思想。

光绪二十九年十月初一日（1903.11.19），朱梁任偕同具有反清革命思想的青年文人梁柚隐、胡友白、包天笑等18人登苏州郊外狮子山招国魂。朱书纪年为"共和纪元第四十六癸卯十月辛亥朔"，署名"黄帝之曾曾小子",白布招魂幡上写着:"归去来兮我国魂,中原依旧属公孙。扫清膻雨腥风日,记取当日一片幡。"幅上绘一怒吼雄狮,意谓睡狮已醒,将一吼惊人。这在当时也是全国范围内少有的壮举。

常熟黄宗仰(1865—1921年),别号乌目山僧。自幼博览群书,工古诗文辞,旁及释家经典。光绪十年(1884年)出家为僧。后在上海哈同妻罗迦陵处主持讲授佛经。他以出世精神做入世事业,积极支持和参加资产阶级民主革命运动。光绪二十八年(1902年)与蔡元培、章太炎等发起成立中国教育会,拟编订教科书、改良教育、挽救危亡。次年,成立爱国学社。曾资助邹容《革命军》出版,"苏报案"发生后,营救章太炎、邹容不果,避往东京,访孙中山于横滨,募资捐赠江苏留日学生同乡会革命刊物《江苏》。

《女界钟》

吴江金松岑(1874—1947年),光绪二十二年(1896年)在同里镇创办"自治学社"和"理化音乐传习社",传授新文化,后又与陈去病组织"雪耻学会"。光绪二十八年(1902年),创办同川学堂。翌年,应蔡元培之邀赴沪参加"中国教育会",并成立了同里支部。柳亚子、潘光旦、费孝通、王绍鏊、王佩铮、范烟桥等都是他的学生。他曾应《江苏》杂志约请,写了《孽海花》前六回,谴责晚清腐败,后交曾朴修改和续写,所译俄国虚无党史《自由血》,以及《女界钟》、《三十三年之落花梦》等,鼓吹革命不遗余力。

宣统元年十月初一日(1909.11.13),由陈去病、高旭、柳亚子、苏曼殊等人发起,20世纪第一个革命文学团体——南社在苏州虎丘正式成立。名为"南社",取"操南音不忘其旧"之意,即在标榜"反抗北庭"。南社成立时,共有17人赴会,其中同盟会员14人。与会者选举陈去病为该社文选编辑,高旭为诗选编辑,庞树柏为词选编辑,柳亚子则为该社书记。南社成立不久,入会的很快达到200多人,其中多为同盟会员。社员以诗歌活动为主,借吟诗作文,鼓吹民主革命,提倡爱国主义,抨击清王朝的统治。南社的发起,在民族气节提倡的革命时代,是呼应同盟会而起的文学研究机关,即"为国内文学鼓吹革命之中心组织",颇具影响。

与此同时,苏州地区的民众运动也不断发生。1911年7月初,常熟地区连日大雨,百姓生计大受影响,乃相携到官府请求给予赈济,没有结果,由此

引发骚乱。愤怒的群众冲进昭文县令魁福家里,将之洗劫一空。魁福临时翻窗出逃,得以身免。饥民们还将常熟自治公所、县警局等尽数捣毁。常熟县令方时槊、昭文县令魁福接连向程德全请求援助。程德全回电表示:"饥民固可悯,乱民断不可恕。除饬司委勘并拨款赈济,一面饬派王道(即飞划营统领王曜——引者)督率师船,星夜前往弹压外,务即妥筹抚恤,解散胁从,严拿滋事首要禀办。"①在另一份电文中又指示:"乱民打毁自治公所、邵绅(即邵松年——引者)住宅,并有毁学之谣。如此猖獗,实属目无法纪。……如果弹压不服,准予格杀具报。"②程为官一向以开明著称,如情形不是十分危急,当不致授权下属以生杀予夺的大权。同时也说明,在辛亥革命前夕,即便是在经济发展水平一向较为发达的苏南地区,清政府的统治也已走到了尽头,只要时机一到,它将被彻底摧毁。

当时,苏州地区的资产阶级革命运动虽然不如广州、武昌等地那样著名和壮烈,但却有着深厚的阶级基础,而且参加者的动机不是为了跟风或追求时髦,因而也就显得特别坚实和稳重,一旦成功就较少出现反复。近代以来,随着上海的开埠和太平天国战事对苏州的严重冲击,上海逐渐取代苏州成为东南地区的经济、文化中心,但在上海的辐射影响下,同时凭借当地原有的深厚经济文化底蕴,苏州地区和周边的南通、无锡一样,还是搭上了中国近代化的头班列车,并以较快的速度向前行驶。

在本国官僚企业和外国在华企业丰厚利润的吸引下,同时也是为了抵御帝国主义国家对中国的经济侵略,在甲午战争后,不少有识之士受"实业救国"思想的激励,开始走上创办实业的道路。晚清洋务大员张之洞时任两江总督兼南洋通商大臣,也多次奏请朝廷在苏州创办丝厂和纱厂,以维护利权,认为:"丝厂利三分,纱厂利二分,若有巨款大举,即尽收利权,假如设丝厂五所……则江苏一省之茧,可全收尽矣。"③光绪二十一年(1895年),经清政府批准,张之洞筹划成立苏州商务局,下设商务公司,额定资本白银100万两,开办纺丝、纺纱两局,以丁忧在籍的原国子监祭酒陆润庠为公司总董,筹建两厂。后因商股一时难以筹集,由官方奏准借用中日战争商款移作股本,从苏州、松江、常州、镇江、太仓等五地以典当业为主的商人处按年息7厘借得白银54.8万两,借户即作股东,由官督商办,开办苏经丝厂和苏

---

① 扬州师范学院历史系:《辛亥革命江苏地区史料》,江苏人民出版社1961年版,第136—137页。
② 扬州师范学院历史系:《辛亥革命江苏地区史料》,江苏人民出版社1961年版,第137页。
③ 小田:《苏州史纪(近现代)》,苏州大学出版社1999年版,第66页。

纶纱厂，厂址定在盘门外青旸地附近，工程很快启动。后因经费不敷，在继任两江总督刘坤一支持下，从地方备荒项下息借积谷、水利等公款，计白银23.5万两，逐年抽本还利，两厂的筹建工作遂得以继续进行。

光绪二十二年（1896年）夏，苏经丝厂建成投产，这是苏州最早的近代化民用企业，也是江苏省最早使用机械缫丝的工厂之一。初建时有从意大利进口的缫丝车208台，以蒸汽机为动力，有职工500余人，一年后，缫丝车全部装齐，增至336台，职工增至857人，使用蒸汽锅炉2台、引擎1台为动力，日产厂丝170～200斤，年产厂丝500～620担。产品由上海洋行转销英、法、美等国。其原料蚕茧免纳一切捐

南洋劝业会褒奖

税，体现了官督商办的性质，并在投产时自设元记、亨记、利记、怡和等茧行，在苏州、无锡、常州一带收茧，烘干后运回工厂，每年约用干茧三四千担。由于设备优良，工艺先进，所出成品质量较好。所产生丝于宣统二年（1910年）参加了在南京举行的南洋劝业会，因品质优良获超等奖。

光绪二十三年（1897年）苏纶纱厂建成投产，使用当时最先进的英国"道勃生"纺织机器，共有1.8万锭全套纺纱机器，配以蒸汽机、磨电机，是我国最早的十多家机器纺纱企业之一。光绪三十一年（1905年），以银5.7万余两，进口纱锭4368枚，纱锭增至2.26万枚。投产时共有工人2200名，日夜两班生产，年产粗纱约1.4万件。苏纶纱厂还是苏州最早使用电能的企业，在1897年即装置3台直流发电机供应厂内电灯照明。苏纶纱厂、南通大生纱厂、无锡业勤纱厂等在中国纱业都居领先地位，而且也是新工业的前导，在中国近代工业史上占有重要地位。

但是，两厂的发展却因种种原因而步履蹒跚，困难重重。光绪二十四年（1898年）春，陆润庠服阙进京，其他地位相当之在籍富绅无人敢应此重任。不得已由纸商捐户部郎中衔祝承桂承租，租期3年。原股东按股收息，不负盈亏，股息改为年息5厘。至光绪二十七年（1901年）3年期满，核查账目时，丝厂略有盈余，而纱厂亏损严重，两厂亏盈相抵，仍亏欠公私本息各款过31万余两。商务局总办朱竹石严令追偿，商定由两厂商董在旧股中设法分期筹款垫付。在清理祝承桂亏款过程中，苏经丝厂曾另行招商承租，由巨昌升公司徐升甫租营1年，光绪二十八年（1902年）春又由祥茂森公司沈联芳租营1年。

光绪二十九年（1903年），由官方出面，以商务局名义收回两厂转租给商人费承荫接办，租期5年，股东年息减为3厘，降低了成本，经营状况有所

好转。其间,苏经丝厂被费氏转租给福康公司、和丰公司各经营了2年,光绪三十三年(1907年),由森记公司承租,经理汪存志在上海招股扩充,从栽桑、养蚕、制种等一抓到底,各地增设茧行,扩大收茧,业务颇有改观。产品商标用人首马身的"森泰",年产生丝620余担。而苏纶纱厂由于日俄战争,日本减少了棉纱对中国的出口,厂纱销路转好,开销之外盈余渐多。费氏于光绪三十一年(1905年)增加资金5.7万两添购机器设备,扩大再生产。至光绪三十四年,费氏5年期满不愿继续承租,两厂由原股东张履谦、周廷弼等收回自办,并陆续招募新股,自此有所谓老股、新股之分,新股立于租户地位,老股立于产主地位,名为股东自办,实际上是租办性质。从此,原来的官督商办便改为完全商办性质。

苏经、苏纶两厂的开办与发展带动了苏州丝织和纺织业的发展,也促进了其他近代企业的创办。光绪二十四年(1898年),黄宗宪、王驾六等集资银5.9万两,于葑门外觅渡桥筹建恒利丝厂(即吴兴丝厂),翌年投产,有意大利产缫丝车104台,光绪三十二年(1906年)由汪存志增资银4万两,缫车增为200台。光绪二十六年(1900年),由华商杨奎侯与意大利商人康度西合作,华商集资银10万两,在葑门外灯草桥开办延昌永丝厂,康度西任经理,用意商名义经营,有缫车200台,后增至300台。光绪三十一年(1906年),太仓富绅蒋伯言在沙溪镇创建济泰纱厂(后改称利泰纱厂),是当时江苏三大新式棉纺企业之一,有纱锭1.3万枚,所产太狮、醒狮牌棉纱,誉满华南。光绪三十三年(1908年),怡和洋行的买办贲梅贤投资7万元,以其族人贲敏伯为经理,于苏州南浩街创设生生电灯公司,宣统元年(1909年),无锡民族资本家祝大椿及苏州银钱业庄主洪少圃等加入合资经营,改名为振兴电灯公司。光绪三十三年(1907年),苏商董楷生招股1万元创办苏州颐和罐食有限公司,生产开发听装食品。同年,洞庭西山商人罗焕章在东村地方设立机器织布厂1所,等等。

总体来看,苏州近代工业呈现出创办较早、规模较大、企业较多等特点。新式工业生产的出现带来了新的冲击与变化。首先,企业的性质逐步由官督商办向商办转化,产权关系逐步明晰,有利于苏州民族资本主义的发展。其次,生产方式上,手工生产向机器生产转变。机器生产是一种全新的生产方式,生产效率高,为苏州经济的发展提供了方向。第三,管理方式上也开始向近代化转变,近代企业多数为招股经营,具有了股份制企业的某些特征,体现了一定程度上的民主管理。更为重要的是,由此产生了一批民族资本家和产业工人,成为新生的社会阶级力量。

这种新兴社会阶级力量的出现,使得此后苏州历次的革命运动有了自己的主心骨和领导者。这首先表现在清末新政时期的地方自治中。

20世纪初,清政府为维护其统治,连续颁布了筹饷练兵、振兴工商、发展教育等一系列"新政"措施。在这种形势下,苏州地方士绅和上层资产阶级开始建立商会,开展以参与政务、兴办新式教育、推进城厢自治等为主要内容的地方自治运动。

光绪三十年(1904年)初,清政府谕令各省设立商会,上海首先在商业会议公所的基础上创设。苏州绅商经过短暂观望之后,也行动起来,他们认为:"自设会以来,小而驳斥词讼违章,大而抵制美国之约,皆得收众志成城之效"①,迫切需要应联合各业设立商会,以使商人齐心协力振兴地方经济。次年5月,由在籍翰林院编修、原湖北学政王同愈起草创设苏州商务总会的呈文,经商部批准后,1905年10月6日苏州商务总会正式成立,共有会员76人,尤先甲为经理,倪思九、潘祖谦、彭福荪等16人为协理。苏州所辖各县镇,先后建立了平望、江震、昆新、常昭、梅里、盛泽、东塘、青浦等8个分会以及若干商务分所。据粗略统计,清末苏州地区商务总会、分会会员约300人(不包括会友在内)。苏州商务总会以"联商情、开商智、扩商权"为宗旨,是晚清苏州成立时间最长、活动涉及面较广、影响较深远的重要组织。

苏州商会成立后,即采取积极措施,扶持创办近代企业,促进苏州工商业的发展。据档案记载,从光绪三十一年(1905年)到宣统三年(1911年)苏州光复,经由苏州商会代呈立案的企业(公司)有生生电灯公司、瑞丰轮船公司、裕泰纺纱有限公司、公兴张金有限公司、农业肥料有限公司、颐和罐食有限公司、华通有限公司、三友垦牧公司等。实际上,这7年里苏州创设的企业远不止这些,据1912年统计,吴县工厂总数是76家,工人10720,产品价值总数3178020元。这说明在商会的扶持下,苏州民族资本主义工商业得到了进一步的发展。商会还积极参与有关国家安危与苏州地方安定的事件。苏州商务总会成立时,即领导了抵制美货运动和保路运动。苏州商务总会为维护商民利益,或出面向当局交涉,据理力争;或由商会直接领导,并联合各地总商会、分会进行抗争,领导商民进行抗捐抗税斗争。光绪三十二年(1906年)秋,苏州商务总会还创设苏商体育会,实行武装训练,辅助地方治安。特别是辛亥革命前夕,商会还积极为体育会代领或代购枪支,以加强地方治安,使体育会成为商会的一支武装力量,在苏州和平光复活动中起了很大的作用。此外,苏州商务总会在光绪三十三年(1907年)设理案处,由16名议董为理案员,负责调处商事纠纷。为推进国际商务交流,苏州商务

---

① 《苏州商会档案》第69卷,第8页,苏州档案馆藏。

总会于宣统二年(1910年)元月,征集长洲、元和、吴县17种卫生用品和食品,参加在德国举行的卫生博览会。当时,苏州商会总会在苏州以至全国都有重要的地位和影响。

除建立商会外,资产阶级还积极参与苏州的地方自治运动。光绪三十一年(1905年)9月,苏州地方上层人士在王同愈领导下,成立苏州长洲、元和、吴县学务公所,由彭福孙任总理,吴本善任协理。学务公所选定原督练公所旧址为议事场所,统筹规划地方教育事宜,顺应了地方自治的需要。

苏州地方自治活动起始于成立自治筹办处与城厢自治公所。光绪三十三年(1907年)8月,苏州成立了苏省地方自治调查研究会,后与官方合作,于光绪三十四年(1908年)扩充并改名为苏省自治局,内附设自治研究所。同年年初,苏州官绅为成立江苏省谘议局,在沧浪亭设立谘议局筹办处。宣统元年(1909年),苏属所设谘议局筹办处归并江宁。苏州官绅将原谘议局筹办处之一部合于自治局,统称为江苏省苏属地方自治筹办处,主要事务是筹办下属城、镇、乡的自治公所。在筹办处的督导下,长洲、元和、吴县于宣统元年五月二十八日在苏城玄妙观成立城厢自治公所。地方自治公所的权限和职责是"决议处理地方之政",主要负责的事项有:限期呈报户口总数、规划筹备镇乡自治区域、任命镇乡自治公所所长、分编选民、分配议员名额、组织选举事宜等等。在此前后,苏州城郊及属县也纷纷成立自治机构。

市民公社是清末地方自治运动中产生的仅见于苏州的一种社会组织。宣统元年(1909年)五月,苏州商会会董、自治研究会成员、怡和祥洋行经理施莹提出:"观前大街,分观东、观西二名称,地居冲要,店铺林立,从前办理各事,虽有施行之效验,尚无联合机关。商等目击情形,急思振作,爰拟组织公社,自醋坊桥起,察院场口止,如关于卫生、保安等类,集思广益,实力试办,取名苏城观前大街市民公社。"①观前街是苏州城内最为繁华的地区,观前市民公社的创立起到了示范作用。以后陆续建立的有渡僧桥四隅市民公社、金阊下塘东段市民公社、道养市民公社等。市民公社成立的宗旨是:联合团体,互相保卫,专办本街公益之事。道养市民公社在其成立时宣称:"地方公益,在市民义不容辞;社会安宁,虽界责无旁贷","职商等实为地方公益、社会安宁起见,是以义务所在,责任必承。"②观前市民公社宣布其宗旨为"合无数小团体成一大团体,振兴市面,扩张权利,不惟增无量之幸福,更

---

① 《苏州市民公社档案选辑》,载《辛亥革命史丛刊》第4辑,中华书局1982年版,第88页。
② 《苏州市民公社档案选辑》,载《辛亥革命史丛刊》第4辑,中华书局1982年版,第92—93页。

且助宪政之进行"①。其他各市民公社也都声称把办理本区域自治范围以内的一切公益事务作为自己的目标。苏州市民公社均订有完备的章程。根据章程,每个市民公社基本上都设有正副总干事两三人。其下设有评议会,有评议员若干人,职责是评议公社一切事宜,相当于公社的立法议事机构,凡关于市政兴革诸事以及公社内经济之预算、决算,经评议会过半数决议者方能施行。不论是正副总干事还是评议员,都由全体社员选举产生。在正副总干事和评议会之下,又建立会计部、庶务部、书记部、消防部等分任具体事务。苏州市民公社活动范围极广,最初注重于修道路、补桥梁、砌平石级、疏通沟渠等城市市政建设,以后逐步扩大到消防、卫生、社会救济等群众福利方面以及参加冬防等。苏州市民公社是在清末预备自治名义下提出并组织起来的,成为苏州地方自治运动的一个重要组成部分。

从上文的叙述可以看出,清末苏州的新政和地方自治运动虽然在不少地方仍留有旧社会的印痕,但它毕竟在民权基本建设方面迈出了关键的第一步,因而在中国地方政治史上具有划时代的意义:它用自己的实际行动传播了资产阶级民主自治思想,开启了后来民国地方自治活动的先河;而也正是因为有了这样的社会基础的支撑,苏省的光复和独立才得以顺利进行。

三、程德全宣布反正,苏州光复

1911年11月3日上海发动反清起义,当日午后便宣布光复。之后,派出50多人组成的民军乘专列,于1911年11月4日赶到苏州,会同枫桥新军营代表直接前往巡抚衙门,争取程德全反正。5日下午,在上海的苏、松、常、镇、太5属绅民代表集中到江苏省教育总会举行会

江苏巡抚衙门旧址

议,公推代表去苏州劝程德全起义,因为这时他们还没有得到江苏已经光复的消息。等他们到达苏州时,苏州已经易帜,满街到处都挂上了象征革命的

---

① 《苏州市民公社档案选辑》,载《辛亥革命史丛刊》第4辑,中华书局1982年版,第59页。

白旗。

原来,苏城绅商在得知上海光复的消息后,以人民生命财产和全城商业关系重大为由,推民团绅董潘祖谦、商会总理尤先甲、自治所董江衡、教育会代表孔昭晋、钱业代表庞天笙等,先后拜见程德全,请他采取措施以保全苏城的安全。江苏督练公所总办张伯纯也对程德全说:目前土崩之势已成,要想持危扶倾,恐怕难以做到,如果一旦有变,只有顺乎人心以保全地方安全,才是上策。程德全见势难阻遏,当场表示赞成,但他又要求务必须秋毫无犯,并不得滋扰百姓。随后,他让孔昭晋起草了保护条例。当天夜里,程召集布政使以下及协统、督练处总会办会议于抚署大堂,要宣布苏省独立,时任提法使兼布政使的左宗棠之子左孝同以为不可。督练公所科长章驾时拔刀相向,怒目视左,气氛一时变得十分紧张。提学使樊恭煦见状,当即起身打圆场,会议于是做出决定,于天明后公开宣布独立,并推程德全为都督。当天夜间,程德全便命衙役准备了一根长竹竿,到大堂屋檐下举竿挑落几块檐瓦,同时在巡抚衙门前挂起"民国军政府江苏都督府"的招牌,正式宣布苏省独立,程德全本人也由江苏巡抚一变而为江苏都督。至此,苏省省会苏州不费一枪一弹,革命成功。

5日,新军马队、步队、工程队、辎重队偕民军先后进城,一律臂缠白布,各城门均由新军把守,来往行人只准徒手出入。新军进城之后,排队前往抚署,面见程德全,向他进呈"江苏都督之印"。该印为著名篆刻家张通典选用其女昭汉收藏的一方石砚预先刻好。

这就是苏州光复的大致过程。但睽诸整个历史事实以及从当事人的回忆来看,似乎并非如此简单和顺利。

苏州光复前,驻有新军第9镇第23混成协45、46两标,第45标归督练公所指挥,督办由程德全兼任,日常管理和操练由总参议吴茂节负责。吴茂节虽和程德全相处融洽,但内心却倾向革命,其下属章驾时更是热心革命。他利用担任46标教练官和陆军速成学堂监督的身份,积极向士兵宣传革命思想,准备在条件成熟时,立即发动起义。但革命毕竟不是儿戏,因此起初彼此都提防着对方。

光复前,驻扎苏州的军队除了新军以外,还有张勋属下的江防营4个营。江防营虽纪律涣散,但装备较好,且好勇斗狠。对此,必须作好充分准备。

在革命形势日益成熟的情况下,吴、章感到彼此都应挑破天窗说亮话。一次,吴茂节主动找到章驾时,劈口问道:"我知道你在外运动革命,为什么不和我谈谈呢?未免不够交情吧。"

章回答说:"事诚有之,本想和总参议商量,惟恐不以为然,反遭杀身之祸,不得不暂守秘密。"

吴说:"章科长!你错看我了。清廷自知满员缺乏人才,不得已起用袁世凯,袁的性情行为,我所深悉,决不愿尽忠清室的。大势所趋,推翻满清,光复汉族河山,在此一举。我所以不动声色,缘张勋、铁良据宁负固,实力重组,如果苏州首先反正,南京一定发兵攻苏,地方遭受兵灾,元气不免损伤。你与革命党人很接近,究竟运动已到何种程度?愿详细见告。"

章说:"总参议既有明白表示,自当以实情相告。本城的军警商学各界,都已运动成熟。只有南京张勋部下的江防营4营官兵,顽固难驯。虽现归总参议调遣,如果苏州宣告独立,怕要反抗,所以已约定新军进城,劫夺军械库,攻占抚署,围剿江防营军械。只需布置周密,突然发动,定告成功。现在总参议既然赞同革命,更有把握当即推戴出江苏都督,积极进行,还请主裁,一切听候调遣。"

吴说:"我的上级还有一个督办,当去试探意旨,可是你们如果按照预定的行动计划贸然发动,必至开火,祸害地方。如果能避免冲突,兵不血刃,同样达到目的,岂不更为妥善?所以劫库攻署等,姑且暂缓。待我与程抚商议后,再来相告,如何?"

章表示同意。

督练公所与抚署毗连,吴在与章驾时谈话后即赴抚署与程德全会商。吴对程说:"日来各省纷纷独立,大势所趋,风声日紧,吴苏与其被动,不如自动。现今只有两条路:一条是效忠清廷,上海派革命党人正散匿在阊门一带,可以围攻拘捕;另一条是俯顺舆情,自动宣布独立,可免地方扰乱,安定人心,时机紧迫,稍纵即逝,请考虑决定。"

程经过长时间的反复思索,决定选择第二条路。他对吴说:"上海已几次来人接洽苏州光复的事,在原则上我已答应了。为审慎起见,暂待时机,如果你们布置周密,并无遗策,自可发动。"吴说:"一切布置大致完备,今请担任江苏都督,以便发号施令。此外,自有茂节妥为调排处理。"程表示同意,只是嘱咐其要郑重行事。①

吴返回将程德全的意见转告给章驾时。章说:"现在上下打通,事不宜迟,迅速发动。"②两人经过商议后,决定以防御外来军队进攻为由,将江防营调驻郊外。同时,托词防备革命党攻城占领抚署、劫夺藩库为由,派部分新军入城保护署库,使之一部分驻守城内外重要地区,另一部分前往郊外,

---

① 吴士和:《辛亥革命苏州光复小记》,载《苏州文史资料》第1—5合辑,第71页。
② 吴士和:《辛亥革命苏州光复小记》,载《苏州文史资料》第1—5合辑,第71页。

名义上是为了便于与江防营联系,实际则是暗中监视其行动,以防有变,还派员赴南京、镇江等地,探听消息。在城内又遍布侦缉人员,暗查反抗分子。

章驾时还提醒吴茂节:"苏藩左孝同、知府何刚德(宵雅)、巡警道吴肇邦俱系顽固分子,向来仇视新军,应否拘禁?以免掣肘,发生枝节。"吴表示:"现在可以和平光复,不必操之过急,况此辈唯知保禄位,保身家,不敢有所举动,无能为力,不如暂且放松一步,再行相机处理。"①

与此同时,武昌起义后,散居各地的革命党人也纷纷行动起来,想方设法在各地策动新军尽早响应,以免武昌起义像此前的数十次起义一样,陷于孤立无援、最终失败的悲剧结局。9月10日(10月31日),有一位自称在陆军第9镇步队36标供职的同盟会会员徐文斌,由上海来苏州动员当时在苏州第23混成协步队45标2营任军官的孙筹成逼迫标统举行起义,他说:如能赞成,请即照办;如不赞成,可将他拘获以邀功,表示情愿为革命而牺牲性命。孙筹成回答说:

> 自武汉起义,各省响应,凡有血气之人,莫不欢欣鼓舞,你说不赞成而将你拘获以邀功,太看轻我了。苏州之按兵不动者,不是想效忠清廷,反对革命,是因环境恶劣,正在待时而动。因苏州新军只有二十三混成协,且尚少步兵四十六标二三两营,绿营则有毅军数营。西接宁镇,南连浙江,距沪甚近,水陆交通,都很便利,兵力既甚薄弱,地势又非险要,倘布置未妥,贸然从事,则南京、镇江、杭州皆驻有旗兵,张人骏、铁良、张勋皆秉性顽固,效忠清廷,苏州一有动作,若联合旗兵而来夹攻,则腹背受敌,必致糜烂地方,为害不堪设想。苏抚程德全自保应德宏署藩司未成,反受降三级留任之处分,认为奇耻,对清廷表示不满。观其电请清廷先将现任亲贵内阁解职,主将酿乱首祸之人予以处分,揭穿政治革命、种族革命,是向来疆吏所不敢言,他敢毅然直说者,已拟援照庚子例,创自保之策,拒绝张人骏之借饷,即表示不合作之意。所以程连日与其左右应德宏、罗良鉴等联络士绅,审慎待时,已非一日,予敢担保程之反正,系时间问题,断非效忠清廷,不必威逼标统,如昧然而动,反致偾事,请转告各党员,不是我不肯革命,因事已纯熟,勿须再用此激烈手段,希稍待以听好消息。②

---

① 吴士和:《辛亥革命苏州光复小记》,载《苏州文史资料》第1—5合辑,第72页。
② 孙筹成:《辛亥革命回忆》,载《苏州文史资料》第1—5合辑,第87页。

徐文斌认为有道理，便回上海复命。

《时报》对苏州光复过程的报道虽较简略，但与当事人的回忆却大致不差：

自武汉起事，清廷方宣布罪己之诏，伪称真立宪，而北军炮击汉口观战居民，东南各省人民益行愤激，苏属士绅亦屡次协议，决定宣告独立，正在推举代表谒见抚院。14夜，有民军50余人，由沪专车赴苏，先赴枫桥新军标营，宣告一切，共表同情。时至三下钟，新军各兵群向队官请领子弹，当时队官初未之允，嗣见各兵要求不散，随即一律发给。至天明时，马队、步队、工程、辎重等队，先后进城，类皆袖缀白布。阊门及各处城关，一律派兵驻守。一面巡防营，一面民军，行人往来只准空身出入。民军进城之后，径往抚辕请见，群相推戴，当经程中丞宣言，当此无可如何之际，此举未始不赞成，务必秋毫无犯，勿扰百姓云云。于是民军将江苏都督印呈进，中丞至此不得已而受之，遂连放九炮。一面旗杆上即将新旗高悬，文曰："中华民国军政府江苏都督府兴汉安民"。至是时，则各门城墙均已高悬白旗。迨十下余钟，如观前街、阊门街以及道前街一带商店，类皆白旗招展，有书新汉、大汉字样，或书光复。至午后，则住户人家，比比皆是。此以见清国人心已去，兵不血刃而自解也。①

《中国革命记》

总而言之，在苏州光复过程中，程德全虽不是主动筹划，积极响应，但也没有盲目图谋效忠清廷，而是顺势而为，在大势所趋之际，顺应了形势发展的需要，最终选择了倾向革命一边，从而不仅使地方免遭军事行动所可能造成的混乱，也使得东南的政治天平顷刻间彻底倒向了革命阵营一边。这对

---

① 《时报》1911年9月16日。

于清政府的最终退出历史舞台,是起到重要作用的。

一开始,革命党人并不信任这个从清廷高官阵营反正过来的都督。程刚宣布反正时,还未剪去象征效忠清廷的长辫子,革命党人欲接收新军,却又被程德全拒绝,这引起同盟会江苏支部负责人章梓的极大不满。章梓曾很气愤地对袁希洛说:"你主张举程德全做江苏都督,现在程的发辫未剪,我方派去的军事司令,程不接受,我们在苏州的同志薪饷不发,看光景,我们非派军队前去与他武力解决不可。"①袁表示,此事由他前去调解。6日一早,袁赶到程的办公处,经过做工作,程当即唤理发师将发辫剪掉,且要求有关方面将薪饷发给在苏同盟会负责同志,命令新军接受革命党人顾忠琛的指挥,并收集院司各种印信,销毁于都督府大堂,表示与旧体制彻底断绝联系。程德全与革命党人的隔阂暂时得到缓解,各种关于程德全的谣言遂得以平息。

从时间上看,与革命党人的武装起义相比,程德全宣布光复在全国不算早,这既与苏南地区行事向来不张扬、不为人先、不追求形式轰动的地域文化传统有关,也与程德全心存疑虑、骑墙观望的旧官僚心态有一定关系。程毕竟是朝廷命官,他对清政府虽然失望、不满乃至有怨言,但毕竟不同于必欲立即置之于死地的革命党人。他的现有地位是朝廷给的,在主观上,他仍寄希望于清政府能就此立即振作起来,挽狂澜于将倒。武昌起义爆发后,他领衔上奏清廷,要求其下诏罪己、惩办首祸之人,并立即召开国会、实行宪政等主张,就是将清政府这匹濒死之马当作活马医治的心态表露。程宣布反正是在没有其他更好办法情况下的迫不得已的选择。在前途未卜的情况下,过早反正不仅有可能丧失已有的一切,而且还会落下乱臣贼子的骂名,这对于受过传统教育、秉持封建政治伦理的程德全来说,是不够理性的选择。暂时按兵不动,冷静观察时局的变化,不仅符合程一贯做事稳重的个性,而且也能在混乱的局势中采取主动的应对措施,在时机成熟时,顺势而为,以收取事半功倍之效。

程德全最终选择倾向革命一边,主动宣布反正,仍然值得充分肯定。在武昌首义,各地先是蠢蠢欲动,继而纷纷响应的情况下,程德全可以有4种选择:顺应革命形势的发展,自动反正;态度中立,放弃反抗,携眷属和财物潜逃,置身于革命之外;主动自杀,成为清王朝的殉葬品;逆历史潮流而动,如赵尔丰、端方之流,坚决镇压革命起义,从而为历史洪流所吞没。不管程

---

① 袁希洛:《我在辛亥革命时的一些经历和见闻》,载《辛亥革命回忆录》第6集,中华书局1963年版,第285页。

做出哪一种选择,无论是对他以及以他为首的统治集团中的一帮人来说,还是对当地的平民百姓来说,其结果都是不一样的。如果程选择抵抗到底,最终的胜负也许早就注定了,但其过程却会曲折得多。程之最终选择顺应时代发展潮流,主动宣布反正,不仅使得苏省得以和平光复,人民的生命财产没有受到侵害,而且对仍留在清政府统治营垒的各地督抚也产生了很大的影响,促使他们尽快认清形势发展的方向,或者像他一样,尽早反正,或者主动输诚,不再作无谓的反抗。

与其他许多地方在革命前后纷纷出现混乱、滥杀无辜,甚至革命阵营很快发生分裂、出现流血事件相比,苏州宣布光复后,在总体上显得井然有序,民众照常生产生活、商人照常买卖营业、官府照常升堂办公,只不过辫子被剪了、女人裹起的小脚放了、黄龙旗被白旗和(后换成象征五族共和的)五色旗所取代、老爷大人的称呼被同志所取代:

> 共和政体成,专制政体灭;中华民国成,清朝灭;总统成,皇帝灭;新内阁成,旧内阁灭;新官制成,旧官制灭;新教育兴,旧教育灭;枪炮兴,弓矢灭;新礼服兴,翎顶补服灭;剪发兴,辫子灭;盘云髻兴,堕马髻灭;爱国帽兴,瓜皮帽灭;爱华兜兴,女兜灭;天足兴,纤足灭;放足鞋兴,菱鞋灭;阳历兴,阴历灭;鞠躬礼兴,拜跪礼灭;卡片兴,大名刺灭;马路兴,城垣卷栅灭;律师兴,讼师灭;枪毙兴,斩绞灭;舞台名词兴,茶园名词灭;旅馆名词兴,客栈名词灭。①

总之,有一些地区在革命后呈现出静悄悄的和平景象。这在一些不赞成革命的旧官僚看来,显得十分不可理解。曾任甘肃提学使、当时赋闲在苏的叶昌炽写道:

> 革命军何日而来,官军何以一无抵抗,耕市者弗止,芸者弗变,汤武所不能有者,何功德而至此,真不可思议。

这是率先革命的上海那边的情形,苏州的情况也大致差不多:

> (程)中丞将宣告独立,……谓欲免生灵涂炭,不得不出此权宜之策,敬闻命矣!旬日之间,即有人言:某某(云按:指德全)腹有鳞甲,深沉难测,里巷无知,亦有颂言不讳,恃以无恐者。鼓钟于宫,声闻于外,今始知人言之非虚也。
>
> 15日,重云黯黮,气象愁惨,大街小巷,遍插白旗,密如栉比。

---

① 《时报》1912年3月5日。

我生之辰,即为我死之日,而不即死,愧对祖宗,愤火上煎,忧心如沸。哉安晨来告,中丞昨集属吏而告之,警道吴观察(肇邦)抗议,摭他事撤罢之,以郡绅河南粮道蒋焕庭(楙熙)代其任。今日抚辕接新印,大旗高挂,一曰中华民国,一曰都督帅府。商会、自治局集议于元都方文,签字赞成。①

对于程德全在苏州光复中的表现,历来有不同的评价。曾有同时代的人评论说:

程德全巡抚江苏,多疾,足跐于履,口咕于言,政事悉委决于左右,左右亦能善相之。武汉起义,报呈,德全处之夷然,人谓其镇定也。……军中闻鄂报,约城绅密谋响应,要于德全。德全知不可争,随被推为江苏都督……德全既宣布独立,檄苏、松、常、太各州县使从民军,更始牧令,因令出自上,莫可为抗,相率置印绶而去。流民乘间啸聚为闾里害,自治会虑有暴动,乃各举邑之有声望者使治县事,尽发丁粮厘税等款,练自卫团,设防务局,以维秩序,德全亦听之。苏民故文弱畏兵祸,德全不杀一士,不发一弹,卒告光复之功,舆论多之,盖非偶然也。②

由此看来,程德全在苏州光复中的确是很被动的,因此在高唱阶级斗争的年代,程的形象就基本是负面的了。他的和平光复举动被看成是一场骗局。而保守派人士却攻击程"臣节有亏",清史馆甚至有人准备将他归入"叛臣传"。

辛亥革命本是一场各地自发的运动,革命之初各地乱象丛生,比如由于受"种族革命"口号的影响,不少地方都发生过滥杀无辜满人的情况,有些地方则发生过劫掠行为。相比较而言,以江苏省为代表的、由地方督抚宣布反正、实现政权更迭的省份,大多秩序安宁,人们的生命财产都能得到有效保护。这也是在高唱"革命不是请客吃饭"的年代,这些地区的督抚反正屡屡被指责为投机、革命不彻底的原因所在。

仔细研究后不难发现,以江苏地区为代表的一些省份之所以会出现由督抚宣布反正进而实现政权更迭、完成革命的结果,绝不是偶然的现象。就程德全而言,他之所以最终决定主动宣布反正、光复苏省,不是偶然的,而是

---

① 叶昌炽:《缘督庐日记》,《张季直传记资料》(五),(台)天一出版社1985年版,第65、66页。

② 扬州师范学院历史系:《辛亥革命江苏地区史料》,江苏人民出版社1961年版,第395页。

在多种因素共同作用下的结果。

首先,他久在官场混迹,自然将清廷的腐朽不堪洞悉无遗,因此与其和清廷一起陆沉,不如趁早跳出这艘行将沉没的大船。况且,上海已经光复,按照武昌起义先例,谁先举义,谁就会被推为一省都督,陈其美虽偏居上海一隅,但毕竟他举义在先,且蓄雄心壮志已久,如苏州反应过迟,待陈其美站稳脚跟,则会以全省革命领袖自居,到那时程即使已经反正,那也很被动了。事实上,就在上海宣布光复的当天夜里,陈就已派出民军前往苏州进行策动工作,苏州本地的新军也早已是暗流涌动,异志早蓄。程如不尽快当机立断,以他所能掌握的军事力量,将无法控制局势的变化,南京张人骏、铁良、张勋之流十分保守反动,顽固异常,一贯主张革新、与张謇等立宪派人士过从甚密的程德全与他们素有矛盾,不可能将南京方面引为奥援。苏省与上海近在咫尺,进可影响南京,退有上海可为依凭,且苏城为省垣所在,向为江苏省的政治、经济、文化中心,如果及时宣布独立,自然会影响全省,局势进而为之改观,从而争得主动。

其次,万一形势逆转,他也可以辩称是为了效法庚子事变期间东南互保故事。据当时在江苏巡抚幕府担任文案的夏敬观回忆:

> 湖北起事后,苏州所得警报,日渐紧急,程(德全)素以革新自命,与江督张人骏背道而驰,江苏之明达士绅,皆附于程。某次宁库缺饷,电借于苏,兼布政使左孝同将拨解30万,程怒勒令截留,方龃龉间,适清廷起用袁世凯,袁、程素不协,至是乃有革命决心,因动议援庚子例创自保之策,其左右此议者,应德宏、罗良鉴也。程抚自奉天调苏,与泽公(载泽)有关,故由京南下,过武昌,谒瑞督接洽,并因瑞由苏抚升鄂督也。应、罗向在瑞幕,瑞力荐此二人。程到苏任,仍延其任幕职。……程好联络苏之知名士,应、罗在苏久,于士绅素有往来,故得左右此议。在武昌起义之初,程抚曾电邀张謇至苏,商拟电奏请速办立宪之诏,即隐言自保之策,由自保之说,渐变为独立,由独立之说,遂直言革命,其间不过十数日。苏绅杨廷栋,奉密命召集党人,觅得同盟会员章梓,约九月十六日举事,章梓又久不至,而上海已独立,苏即不能再待章梓矣。程既为都督,而宁仍未动,张勋坚守,浙亦未动,苏孤立自危,乃使人促宁军及浙军镇军攻南京云。①

---

① 张国淦:《辛亥革命史料》,龙门联合书局1958年版,第229页。

再次，程之最终宣布反正，还与他在就任江苏巡抚后和清政府已频生嫌隙有关。程对清廷的不满由来已久。从宏观背景上说，程德全早已对清王朝病入膏肓、势将沉疴不起有了清醒的认识，更对清政府的冥顽不化、不思进取和变革徒唤奈何，感到回天乏术，又不甘心与这个行将告别历史舞台的腐朽政权一同沉沦。因此，他对这个政权表现出来的是一种既哀其不幸又怒其不争、空有救国之志却又报国无门的复杂心态。

从微观方面来说，最令程不满的是，在调任苏抚后不久，他曾多次向清政府力荐由补用知府应德宏继任江苏布政使。应德宏曾多年随刚刚卸任的朱之桢办理财政，对江苏省的财政情况十分熟悉，刚到苏省履新的程德全急需这样的行家里手掌控财政大权。然此举却不符合清代的官场礼制，因应虽已捐得补用知府，但尚未正式担任过这一实职。御史陈善同就此上奏严词参劾，程被清廷斥责，且受降级留任的严厉处分。程德全因此对清政府心生不满。时人回忆说："应德宏为程所赏识，其时应仅江苏补用知府，虽捐升道员，尚未过班，藩司出缺，当即赶过道班，奉委署理藩司，御史陈善同奏参去任，程得降二级留任处分，此案为程所最不满，应在幕，佐程运动革命甚力"①。

张人骏

程德全对两江总督张人骏也很有意见。因有过在黑龙江、奉天等地任职并与有虎狼之心的沙俄和日本侵略者打交道的政治经历，其对晚清统治危机的认识要远比一般的封疆大吏深刻得多，因此，他在就任江苏巡抚后，政治上较为开明，对立宪派的政治活动总体上持默许和支持的态度，并与张謇等国内知名的立宪派代表人物过从甚密。而张人骏年老体衰，不思进取，被其视为左膀右臂的铁良、张勋等则思想极其顽固，盲目效忠清王朝，不仅大肆镇压革命党人和进步人士的爱国活动，而且对立宪派人士也一向不予支持，因而对程德全与立宪派过从甚密的举动很是不满和反感。

在立宪派第二次请愿失败后，张人骏公然表示反对立宪派人士关于请开国会的要求。他认为，中国"民间久无政治思想"，硬要人民与闻国政，势

---

① 张国淦：《辛亥革命史料》，龙门联合书局1958年版，第229页。但据当时在苏州第23混成协步队45标2营任职的孙筹成说，程在被参革后，被降三级。见孙筹成：《回忆江苏光复》，载《江苏文史资料》第41辑，第29页。

必激成"举国骚然"的大动乱。如果外国借口平乱,大举进犯,后果将不堪设想。因此,不仅国会不能召开,而且责任内阁也不能成立,当务之急是整顿吏治,兴办实业。

张人骏的陈词滥调遭到两广总督袁树勋、黑龙江巡抚周树谟、安徽巡抚孙宝琦、浙江巡抚增韫、江西巡抚冯汝骙等人的反驳。程德全更是当面与之进行争论。张人骏虽理屈词穷,但仍表示自己虽无言可对,但心中终究是不服。张人骏、程德全之间的关系由此恶化。这也是后来程不仅严拒张人骏在武昌起义后让苏州提供30万元财政支持的要求,而且最终与张人骏决裂,并在苏州光复后亲自督师围攻南京的重要原因。

不仅如此,张人骏与立宪派人士的关系也不融洽。武昌起义爆发后,他既不接受张謇要其派兵前往镇压的请求,表示武汉方面不需要救援;也不接受张謇关于主动采取措施预作防范的建议,而是故作镇静地声称他自有兵力能守,并无担忧。因此,张謇在其日记中骂其为"无心肝人"。张人骏之所以坚决拒绝接受张謇的建议,固然是因为其政治眼光的狭隘和短视,不知道一损俱损、唇亡齿寒的简单道理,但在很大程度上也是因为以张謇为议长的江苏咨议局在限制苏省财政预算案中,与张人骏产生了矛盾,一度闹到资政院中去讨论,清政府最后虽命令张人骏公布了预算案,但张人骏却由此对张謇十分反感。

不过,张人骏的消极不作为,在客观上却有利于苏省革命形势的尽快成熟。苏州独立后不久,曾组织江浙联军会攻南京,除张勋自恃武力雄厚,且自认得到清廷的倚重,主张积极抵抗外,张人骏、铁良均持消极态度。张人骏竟说:"我作总督,糊涂而来,本无主见,今更一筹莫展,听诸君为之,但求将我送至下关耳。"①但这一请求为张勋所拒。张勋还将张人骏、铁良集中到北极阁居住,并派卫兵加以监视。因此,程德全在苏州宣布独立,张人骏无意派军干预。这在客观上是有利于苏州乃至江苏全省的次第光复的。

再次,这是由程德全这一类地方官员所担负的重要使命决定的。一方面,以程德全的老练沉稳、城府持重和敢于负责、较为开明的个性和风格,他不可能选择消极逃避,更不可能公开站在历史潮流的对立面,当然他也不可能像革命派那样,在处理与清政府、旧官僚等的关系上,显得彻底和超脱,对于他所熟悉的行事规则和社会秩序会力所能及地予以维持和保护,他对于他所代表的群体利益也会尽力去捍卫和争取,这不足为怪,有哪一个阶级、党派以及置身其中的个人又不是如此呢?另一方面,对于一向欲有所作为、

---

① 《张謇全集》第六卷,江苏古籍出版社1994年版,第876页。

只恨生不逢时因而无力回天的程德全来说,保境安民这一起码的为官员之理仍在他们身上起作用,他不愿看到在他治下的地方出现因革命而发生惯常见到的人员伤亡、流血满地和财物损失、秩序失常的情形。因此,他在宣布反正前后,一再强调要维持地方安宁和社会秩序,避免生灵涂炭,尤其是强调不要杀害无辜满人。事实证明,在江苏光复全省的过程中,确实没有出现过其他省份以及历史上王朝鼎革过程中的大规模屠戮现象,而是呈现出静悄悄的转变面相,似乎是在一个早上就实现了政权的更迭。乍一看,这样的革命既不彻底,也缺乏起码的轰轰烈烈的基本形式,因而显得不怎么痛快。然而,且不说革命本身是不是就一定要追求表面的轰轰烈烈,仅就整个辛亥革命来说,本来就是极不彻底的。从根本上说,辛亥革命的不彻底,是由这场革命自身所具有的历史特点所决定的,它的发生缺乏深厚的群众基础,没有真正地唤起民众。而其具有这种以往理论界和学术界几乎是众口一词的所谓缺点,乃是因为资产阶级的软弱性决定的:他们不愿也不敢真正发动群众,然而睽诸历史,这同样是经不起历史检验的、似是而非的论断,辛亥革命确实未能唤起民众,但这主要是因为这场革命从酝酿到发生,其主要领导人都是一些华侨知识分子和留学生,他们天然地与国内的广大民众缺乏足够畅通的联系渠道,再加上清政府的严密防范和坚决镇压,革命力量很难在内地立足和发展,不用说根本不可能到农村去开辟革命根据地,即便是从事起码的革命宣传,也会像章太炎、邹容等那样锒铛入狱,甚至被迫害致死。在这样的特殊历史条件下,让他们如何去发动群众以求形式上的壮丽和结果上的彻底呢? 结果就出现了这样的情况:革命党人虽然充当了埋葬清王朝的先锋队,但在大多数地方毕竟缺乏必要的社会和群众基础,也没有驾驭复杂人际关系和从事行政管理的基本经验,而辛亥革命本来就是一场不彻底的资产阶级民主革命,这就为众多立宪派人士发挥作用提供了舞台和空间。立宪派和旧官僚的参与革命,与其说是投机革命,毋宁说是在大势所趋之下抓住革命这一历史性的机遇,主动顺应历史潮流的变动,以稳定社会秩序为前提,而后在政权建设中能够争取到主动。这是一种应该给予充分肯定的理性选择,阶级史观视角下的所谓投机革命之说,完全是以人画线的僵化观点,经不住认真的推敲和严谨的考量。

也有当事人根据回忆认为,程德全之所以最终决定宣布反正,还与他信仰佛教有关。程德全与佛教素有因缘,他的母亲笃信佛教,程德全受其影响,也是虔诚的佛教信徒。据说,当初《牙牌神教》在占卜清王朝的命运时,曾有"大概要'一败涂地'了"等语,这对于深信小乘佛教的程德全来说,可能也起到了极大的心理暗示作用。

事实上,在东南地区,督抚宣布反正,并非只有程德全一人。督抚宣布反正,虽然这种做法在传统观点看来有变节投机的嫌疑,但就历史发展来说,终究比那些阻碍、摧残和镇压革命的刽子手要好得多。不仅如此,立宪派和旧官僚纷纷转向革命,在江浙地区似乎成了一种普遍的现象。这些握有实权的旧式官僚肯定不是革命党,为什么却选择了和革命党同走一途呢?

行文到这里,又回到了这个令人纠结的问题上:立宪派和旧官僚为什么会纷纷转向支持革命?

就拿张謇来说,辛亥革命爆发前,张謇是铁杆的立宪派代表,而且在得知清廷宣布提前 3 年实行君主

端 方

立宪的消息后,还燃放鞭炮以示庆贺,即使在武昌起义发生的当时他也还是一个立宪派鼓吹者,但是在不到 1 个月的时间内张謇就转向了拥护和鼓吹共和了。他不仅坚决地拒绝了袁世凯内阁任命的江苏宣慰使和农工商大臣职务,还通电历数清政府的腐败弊政,明确表示根据人心向背,与其让生灵惨遭涂炭,不如实行共和。

应该说,程德全的思想变化轨迹也可以从张謇这里找到相似点。他之能转向革命一边,"并不是同情革命,更不是把革命党看做了新起来的安定力量"①,而是通过与革命党人的合作,或者说借助于革命党人的反清成果来催促袁世凯尽快转向共和,并实现全国在共和政体下的尽快统一。

第二节 全省相继光复

一、全省相继光复

省城苏州的率先光复,推动了苏省其他地区的相继光复。关于苏省各

---

① 张朋园:《立宪派与辛亥革命》,吉林出版集团有限责任公司 2007 年版,第 173—174 页。

地区独立的大致情形,《时报》曾作过如下报道:

> 在沪资政院江苏议员雷奋、方还,谘议局苏属议员龚杰、狄葆贤、黄炎培等发起在江苏教育总会开会集议苏松常镇太自保方法。15日下午4时,到会者共计百余人,推定姚子让君为临时主席。由黄任之君报告,谓今日开会宗旨,本谋自保方法,惟顷闻苏州已经独立,苏抚已允为民军政府江苏都督,则今日只须公举代表赴苏,请苏都督赶即宣布,一面并传檄常镇松太遵饬办理,维持地方秩序。众皆赞成。当推定苏府杨廷栋、沈恩孚,松府黄炎培、雷奋,常府钱以振、徐隽,镇府狄葆贤、钟志英,太属王熙元、许朝贵等十人,即于昨晚6点钟火车赴苏,16日谒见程都督,述15日在沪开会之意,众情推戴。程都督接见甚为和蔼,谓现既担此重大责任,处有进无退之势,且与全省士民共负保卫治安之责,誓与江苏共同生死云云。各代表亦以首先赞成独立之议,使地方人民无丝毫之损失,愿同心一德,共济艰难,并互商保卫乡土之策,乃兴辞而退。①

这里所叙述的只是各地独立前的高层酝酿情形,实际情况远较此复杂得多。

上海、苏州相继光复后,程德全曾致电所属各府、州、县,要求宣布光复。当时,江苏辖有8府3州1厅,即江宁府、镇江府、扬州府、常州府、苏州府、松江府、淮安府、徐州府、太仓州、通州、海州,以及海门厅。各府州县最高长官响应者虽不是很多,但苏、沪光复在客观上对这些地区的先后光复却起到了积极的推动作用,其中大多数地方的光复都较为顺利,军事上的攻伐并不太多。

根据周新国先生的研究,江苏全省的光复大致可分为和平光复、武装光复和革命军所至宣布光复3种形式,具体情况如下表:

江苏各地光复情形②

光复类型	地点	时间（公历）	光复简况（除徐州外,时间均为1911年）	首领姓名
和平光复	苏州府	1911年11月5日	苏绅劝说巡抚程德全,沪军代表亦赴苏,程宣布独立	程德全为都督
	清江浦	1911年11月12日	11月4日,赵云鹏等率新军兵变,未成;6日,新军再次攻城,抢掠典当铺等;12日,绅商各界共推蒋雁行为都督	蒋雁行为都督

---

① 《时报》1911年9月18日。
② 资料来源:《辛亥江苏光复》,见《江苏文史资料》第41辑,第2—4页。

续表

光复类型	地点	时间（公历）	光复简况（除徐州外,时间均为1911年）	首领姓名
武装光复	松江府	1911年11月4日	11月3日,同盟会、光复会起义,攻打江南制造局;4日,成立军政府,吴淞巡官黄汉湘约炮台驻兵易帜,成立军政分府	陈其美为都督,李燮和为总司令
武装光复	无锡	1911年11月6日	11月4日,建立钱业商团光复队,党人秦毓鎏与之密谋起义;6日,先后派兵去锡署、金署武装光复	秦毓鎏为司令
武装光复	镇江府	1911年11月8日	林述庆、李竟成运动新军与其他部队,11月7日下令各军向京岘山集结;8日,照会镇江副都统载穆,载降	林述庆为都督
武装光复	扬州府	1911年11月10日	11月7日,孙天生运动军队和贫民冲人盐运署宣布光复;10日,徐宝山率军杀孙天生,重新宣布光复	徐宝山为民政长
武装光复	江宁府	1911年12月2日	11月7日,苏良斌等率巡防营等兵变未成;9日,新军第9镇攻城亦失败;11日,第9镇统领徐绍桢再次率江浙联军攻城,12月2日攻人城内	林述庆为都督
革命军到达后宣布光复	通州	1911年11月8日	11月8日,沪光复军乘"钧和"兵舰和广艇到达通州,士绅孙宝书等前往迎接,宣布独立	张詧为总司令
革命军到达后宣布光复	太仓州	1911年11月9日	11月6日,知县胡位周"奉宪独立";8日,吴淞革命军到达;9日宣布光复	洪锡范为民政长
革命军到达后宣布光复	常州府	1911年11月9日	11月5日,官绅恽祖祁令知县长明交出官印;6日通知各户悬白旗,7日围攻党人于常中,未克;9日,成立军政分府	何健为司令
革命军到达后宣布光复	海门厅	1911年11月12日	11月4日,茅汇如等自沪返海门与议员沈臧寿商议伪装革命军;10日,入厅索印;12日,通州狼山营至,宣布光复	梁孝熊为民政长
革命军到达后宣布光复	淮安府	1911年11月14日	11月2日,党人周实赴沪;9日组织学生队;14日,山阳光复;17日,周实、阮式为县知事姚荣泽诱杀;18日,镇军臧在新率一营至淮	卢根鏊为民政长
革命军到达后宣布光复	海州	1911年11月24日	11月22日,士兵哗变,烧州署;24日,江北新军何锋钰率一营至	何锋钰为民政长
革命军到达后宣布光复	徐州府	1912年2月11日	1911年11月底,清江兵变影响徐州,士绅策划假独立,徐海道林树谟为民政长;12月5日,张勋逃至;1912年2月11日,北伐军至徐,徐州正式光复	韩志正为民政长

由上可知,各地光复的具体情况和过程差异很大,其中镇江、南京等地的光复颇费周折,影响也很大。下面对各地的光复情形作简单介绍:

镇江光复 镇江在地理位置上是拱卫南京的重要门户,号称七省咽喉,镇江若失,南京就无险可守,因此历来为兵家所重视。清军入关后在镇江设旗兵驻防,称"京口驻防",与南京联为一体。设将军府于南京,副都统于镇江。城内高桥、斜桥以南,大市口以东,都被旗兵占为营地。驻防镇江的骑兵多为蒙古人,实行世袭制。成年男子一律披铠带甲,练习骑射;女子老幼,皆有给养;婚姻死葬,官给费用。禁止从事农工商贾,但可以读书,只是一旦获取功名便要取消旗籍,不再享受有关优待。初期的旗兵战斗力颇强,但随着天下承平日久,加上优裕的物质生活,旗兵逐渐丧失了战斗力,成了清政

林述庆

府的一大负担。

辛亥年春,为人敦厚的载穆由太原城守尉升任副都统,赴镇江履新,共辖有步、骑、炮兵数千人,但这些兵士游堕已久,毫无战斗力可言。驻镇江的新军则为第9镇第18协之第35、36两标(其中36标缺一营)。

上海、苏州先后光复后,早有准备、伺机而动的林述庆在从上海将大批枪弹运到镇江后,与17协协统孙铭等商量,决定于11月7日正式宣布起义,并商定义军统由林指挥。11月7日一早,林述庆下达命令,要求各部陆续向京岘山前进。下午,各部集中到达预定地点,林宣布镇江军政府成立,并发表演说,宣布响应武昌起义"改建共和政府",同时宣布了如下纪律和规定:

(一)既为民军,当谨守军纪,丝毫不可扰民。(二)诸事均应听从长官命令。(三)如违军律,必按律惩办。(四)自宣布独立日起,每兵皆发双饷,战时给养由公家给,平时自给。(五)各兵存饷,俟到期后由军政府发。①

为防旗兵孤注一掷,垂死挣扎,军政府做了周密安排。首先,将镇江的35、36两标改为镇军第1协,以刘成为协统,以端木横生为第1标统带,明羽林为第2标统带,变相免去了孙铭的第17协协统职务,大有自成系统,脱离第9镇统一指挥的考虑。其次,规定了各部所担任的作战任务:象山、焦山各炮台轰击旗人,城内做内应;刘协统率第1标一二两营,在东门附近进攻,入城后前往道府县署一带;端木统带率第2标一二两营,在南门附近进攻,入城后前往都统署、旗营一带;第1标第3营在京岘山附近做总预备队。

军事布置完毕后,为避免军事冲突所带来的人员和财产损失,8日黎明,林述庆以军政府都督身份致函载穆副都统,说道:

---

① 扬州师范学院历史系:《辛亥革命江苏地区史料》,江苏人民出版社1961年版,第255页。

我大汉民族受满洲人种专制之毒,将三百载于兹矣!近者武汉起义,旬日以来,我同胞闻风响应,天与人归,师行无阻,举动文明,为全球各国所共知。今镇江民军共集城下,本当立时攻城,惟念我民军宗旨素存仁义,不欲不告而诛,以动干戈,致旁及无辜。且访闻贵副都统深明大义,自知小不可以敌大,野蛮民族尤不可以临文明民族之上,情甘屈伏。故特照会贵副都统,如实愿投降,限于接照会后一句钟时,将旗人器械马匹全数缴出,则我民军断不忍加害,且许以平民相待;倘抗顽不服,我民军当即刻进攻,大兵一动,玉石俱焚,幸细思之,勿贻后悔。①

函照虽义正词严,但也不无威胁恫吓,有些用语或许还存在明显的错误,载穆接到后,内心肯定不是滋味。

与此同时,镇江的知名士绅也多方力劝载穆副都统放弃抵抗,以免生灵涂炭,地方大乱。载穆经过再三考虑,决定放弃抵抗,但提出三条要求:(1) 保全旗人生命;(2) 保护旗人财产;(3) 护送眷属行囊出境。新军方面同意了这些条件。镇江遂于 17 日宣布光复,载穆自杀殉清,旗兵则全部缴械被收编。林述庆被推举为都督。至此,镇江完全光复。

扬州光复 清末扬州辖有二州六县,即高邮州、泰州,以及甘泉县、江都县、兴化县、宝应县、仪征县(后改为扬子县)、东台县。镇江光复的当天,曾是无业游民的孙天生在扬州成功策动驻城南静慧寺的清军"定字营"士兵起义。扬州知府嵩峋闻知消息后,躲入天宁寺,后又把官印扔进瘦西湖,逃往高邮。盐运使增厚也越墙他走。起义军因此很快占领扬州城。孙天生宣布扬州光复,成立军政府,自任都督。

但是,无业游民出身的孙天生并不懂得如何运用政权的力量来维持社会秩序,保持地方的稳定和民众生活的安宁,他下令打开江都、甘泉两县的监狱,放出所有犯人,此举进一步助长了扬州地区的混乱。他还命令打开盐运司署的银库,将银两分给参加起义的士兵和贫苦百姓,且任人到署内搬走财物。

徐宝山

---

① 扬州师范学院历史系:《辛亥革命江苏地区史料》,江苏人民出版社 1961 年版,第 256—257 页。

孙天生还以扬州军政府都督的名义宣布3年免征税粮,严令限定物价,规定大米每担不得超过3元,猪肉每斤不得超过200文。这种天真而简单化的政令给扬州光复后的稳定埋下了隐患,也给孙天生自己带来了灭顶之灾。

扬州士绅表面服从孙天生的命令,暗地里却在极谋倒孙之策。经过周密协商,由方尔咸等派人到镇江请林述庆派兵到扬州平定孙天生的义军。林述庆从其所请,派李竟成、徐宝山等率兵前往扬州。徐宝山本为盐枭出身,行事果敢,为人狠毒,诨名徐老虎,后为清政府招抚,当上了缉私营管带。辛亥革命前夕,两江总督张人骏拨款10万元,扩编巡防营,以徐为统领,徐的势力逐渐坐大。镇江光复前夕,革命党人李竟成利用和徐宝山的亲戚关系,争取徐响应革命。徐虽一介武夫,但尚能识得大体,认为清王朝的统治大势已去,便答应参加起义,同时提出条件:革命胜利后,自己不当官,但要求在盐务方面能够获得一些利益。其胸无大志、嗜财如命的盐枭本性暴露无遗。李竟成答应了这一条件。

李竟成和徐宝山带领军队到达扬州后,受到方尔咸等人的迎接。孙天生也想争取得到李竟成、徐宝山的支持,但徐宝山却下令向孙所率部众开枪,孙乘乱逃走,躲到一家姓唐的妓院里,后因人告密,被徐宝山捕获。徐本想利用孙天生收缴泰州一带"定字营"散兵的武器,为孙拒绝,徐乃将孙杀死。

徐宝山在扬州士绅的支持下,于11月10日宣布成立新的扬州军政分府,自任军政长,局势逐渐趋向稳定。25日,徐率部到泰州,宣布泰州光复。29日,兴化宣布光复。30日,盐城、东台、阜宁等地宣布光复。徐的势力迅速扩大,成为各方瞩目的实力派,黄兴曾出面邀请徐参加同盟会,但徐未予理睬,却死心塌地追随袁世凯,竭力阻止革命党北上讨袁。眼看徐宝山执迷不悟,革命党人陈其美、黄复生遂利用徐宝山酷爱古董的机会,设计花瓶炸弹,将徐宝山炸死在扬州引市街上将府内。

攻克南京 程德全在苏州宣布反正后不久,加大了对军队的掌控,和上海、浙江、镇江等地的军政府一起组建了江浙联军,开赴南京前线,发起了围攻南京的军事行动,并以苏军总司令的身份,亲率军队前往南京城外督战。此举是接受了张謇等人的建议后采取的,目的在于趁此合并宁苏为一体。为此,张謇还计划所有现在苏垣办事人一同前去,选添宁属人协同办事。

长期以来,南京一直是虎踞龙盘之地,清军入关后,十分重视南京的军事防备建设,在南京设有江宁将军和江南提督。晚清末年,驻南京的军事力量有江南提督张勋统领的江防营、江宁将军铁良统帅的巡防营,还有少量的绿营兵以及未被裁撤的湘军。其中,张勋统领的江防营数量最多、战斗力也最强。但因其骄横野蛮,不守纪律,遭到南京市民的忌恨。在八旗兵和绿营兵相继失去战斗力后,晚清政府开始重视新军的编练。驻扎南京的有新军第9镇第17协、马队第9标、工程队第9营、辎重队第9营、军乐队1队,第18协第36标的第3营因营房未造好,也暂住宁城。

在沪、苏、浙、镇等地先后宣布光复后,南京已成为下一个革命军必欲夺取的城市。为争取主动,驻南京的清军不断接到清政府要求其派军前往镇压的命令。南京清军守军也认识到,如不服从命令,断难作长久困守;如服从命令,却又力不从心。因此,只是不时派些小股军队到镇江等地进行侦探和骚扰。此举给刚宣布光复的镇江带来不小的压力,加上南京新军攻城失败后又不断向镇江撤退,镇江真是一日数惊,深恐清军乘机东下追击,危及自身安全。镇江都督林述庆乃于11月9日、10日连电苏、沪、浙等地,请求早派军队前来支援。其9日的电报说:

> 十八日(即公历1月8日)雨花台战败,据报张勋率众将有东下之势,敝处已极力筹备抵御,终虑兵力单薄。镇江为苏浙门户,万一失利,岂堪设想!敢恳速拨大兵,迅来会剿。大局幸甚,述庆幸甚。

在获得苏、浙、沪等地复电表示同意派兵后,10日林又分电苏、沪,请其尽快派军队前来,其中接连给苏州发了两封电报,可见其恐急程度。在致程德全的电报中说:

> 顷据密探,张寇将率兵出扰苏常。请速派一混支队到句容一带截堵,以免乱窜。敝处已派重兵在高资等处迎击。

另一封电报则说:

> 蒙派步队两营、炮队一队并浙江步队两营陆续来镇,会筹方略,尽筹感极。今日下午六时,宁新军均退却到镇,归敝处筹械备粮,以图再举。惟时机甚急,贵军暨浙军务恳迅速降临。早一日来,即可早救宁垣无数生灵,且免张寇四窜扰骚,无任企盼之至!又宁军归敝处,给养浩大,如贵处能筹到镇,尤感公谊。

在致上海的电报中说:

> 宁垣无主,张勋率兵放火奸掠,胜于土匪。请速向沪宁铁道洋总管等交涉,不认张勋为交战团体。所有各车站允许各军政府运兵送械到宁平乱,以期迅速扑灭,而保治安,无任企盼之至。①

---

① 林述庆致苏、浙、沪及苏、沪的电报,均见扬州师范学院历史系:《辛亥革命江苏地区史料》,江苏人民出版社1961年版,第260—261页。

辫帅张勋

这也可看作是随后组织江浙联军的最初倡议。

武昌起义爆发后,驻南京的新军亦有异志,有100多位中下级军官先后赶赴武昌地区支援义军,并积极筹谋在南京举事。张人骏、张勋为防止新军起事,将张勋所辖江防营20个营、王有宏所辖缉私队10个营都调入城内。复调赵会鹏所部巡防兵5个营、督辕卫队1个营,江宁将军铁良新练之驻防步兵1个标、炮兵1个营,狮子山、富贵山炮台及尚未裁撤的绿营兵一部分,共同防范新军。张勋还在南京城内大肆搜捕疑似革命党人,凡衣丧服、系素绞者,多被捕杀,制造恐怖气氛。张人骏等还拒绝给新军增发枪械子弹,张勋的江防兵和铁良的巡防兵则不时对第9镇新军进行骚扰、挑衅。他们常于日落后秘密包围新军驻地,并于半夜在街市上逡巡监视,有时进行射击示威,有时无故吹响冲锋号,有时燃起大火,目的都是以此来滋扰新军,动摇其军心,使其无法正常操练、宿营,激其主动生变,或将其挤出城内。

不堪其扰的新军被迫主动移驻到离南京城65里的秣陵关驻防。这里兼具理想的攻守条件:东行90里为句容县,通镇江;东南70里为溧水县,西南越陶吴、朱门等镇,接安徽当涂界,通芜湖;西北出板桥,为大胜关。新军移驻秣陵关后,仍受到张勋巡防营的监视,张勋江防营在距秣陵关20多里的新塘蔡村布设了山炮五六门,在雨花台东高地排列机关枪,用以震慑新军。

在新军官兵的一再要求下,徐绍桢宣布召开团队代表会议,决定以第9镇主力,经马家桥袭取雨花台炮台,第18协协统孙铭占领镇江,分遣第35标经龙潭夹攻朝阳门;粮秣由下蜀、句容河水运补充;弹药从上海制造局经宁沪铁路运输。

会后,新军遣使进入南京城内,与各处守军进行联络,结果如下:狮子山、富贵山炮台守军表示愿保持中立;汉西门的巡防营驻军要求提供2万元酬饷,便可在攻城时打开城门;督辕卫队表示在新军进攻时,先行占领督署;守卫饷械局的机关枪部队表示将以炸弹队轰辟通济门、聚宝门。

新军定于11月8日夜间实施攻击。军力部署为:第36标第3营(缺一队)、马队第9标第1营(缺1队)为右路纵队,经曹家桥向通济门进击,进城后占领督署；步兵第33标第3营、马队第9标第3营为左路纵队，经铁心桥、安德门向汉西门进击，进城后驱逐清凉山守兵，占领饷械局；中央纵队经姑娘桥、花神庙进击雨花台，进城后分兵由下关渡江，占领浦口；并约第18协统领孙铭派步兵第35标进攻朝阳门，进城后占领将军署。各部队要在8日正午以前到达无名纬河南方高地，9日凌晨3时发起攻击。

但到8日上午11时，中央纵队的先遣骑兵在花神庙北端碰到被击溃前来请降的督辕卫队士兵，误以为内应已提前动作并已得手，遂提前向雨花台前进，遭到守军反击，乃知判断失误，但第33、34两标仍继续前进，一时很是混乱。9日凌晨1时30分，33、34两标复开始行动，到2时30分，到达距雨花台200米远处，遭到守军火力的猛烈射击。34标虽有部分士兵登上雨花台，并夺得机关枪2门，但终因火力悬殊只得在天将明时撤出战斗，并向镇江方向退却。第一次进攻南京的军事行动遂告失败。

江、浙、沪相继宣布独立后，南京仍处在效忠清政府的两江总督张人骏、江宁将军铁良和提督张勋等人的控制之下，对苏州、上海等地构成了严重威胁。三都督商量后，决定组建江浙联军，推原第9镇统制徐绍桢为联军总司令，会同浙军朱瑞部、镇军林述庆部、苏军刘之洁部、沪军洪承点部、光复军李燮和部、淞军（又称济军、辅军、广军或桂军）黎天才部等，再次发起会攻南京的军事行动。这次行动吸取了前次行动失败的教训，作了更加周密的部署。

战前，联军的各部兵力和部署情况如下：镇军2协，第1协为前卫，驻高资、下蜀一带，第2协为总预备队，分驻镇江城内外；苏军步兵4营、炮马各1队，步兵2个营驻句容，1营驻白兔，1营驻丹阳、常州间，炮6门、马1队驻句容；浙军步兵1标（缺二队）、马队2营、炮2队、工程、辎重各1队，驻高资。淞军步兵600人，驻镇江金山河。另有镜清、保民、楚观、江元、江亨、建威、通济、楚同、楚泰、飞鹰、楚谦、虎威、江平及张字号鱼雷艇，共14艘，表示愿服从革命军调遣，参加围攻南京的战斗。

攻打南京的战斗正式打响前，林述庆因与徐绍桢素有矛盾，曾迟迟不与其他各军协调行动。林述庆原为第9镇所属第18协第36标管带，总司令部顾问陶逊发表通电做劝和工作，电文说：

> 九节度之于相州，十八路诸侯之于虎牢，其弊何在？殷鉴不远，可为寒心。今日攻宁一役关系东南半壁，即为共和全局成败所视，中外人民睊睊眈眈，莫不注目。诸明公各抱血诚，联袂起义，共此目的，即同此精神。主持者示公坦之心；赞襄者竭团结之力，群

徐绍桢

疑尽释,伟烈立成。若如道路所传言,鄙人狂悖,惟有蹈东海耳!敢为同胞衔哀以请。①

这同时,也有了以程德全取代徐绍桢担任海陆军总司令的建议,程以自己"无军事学识"为由,通电力辞此议,但表示愿赴前线慰抚各军,并于11月22日与联军参谋长顾忠琛、苏军统领刘之洁等一起,乘专车达到丹阳,慰劳当地驻军。接着又赶到镇江,到龙潭尧化门一带慰劳驻军,随后回到高资,与徐绍桢、林述庆、朱瑞、黎天才等商议军情。上海各界以军情紧急为由,通电请求徐绍桢勉为其难,继续担负起统一指挥联军的重任。

程德全在出发劳军前,还发表誓师宣言:

盖闻托体国民,以拯救国亡为天职;抗颜人类,以主持人道为良能。本都督始以国民天职而举义旗,继以人类良能而诛残贼,事非得已,心实无他。盖本都督服国民公役有年矣。甫闻政事之日,已丁板荡之年,每鉴列强,略知政要。其日夜所希望,惟求改专制为立宪,使吾中华大国,得一位置于列国之间,万语千言,众闻共见。乃自缩短筹备清单,而好恶之拂民愈甚;组织责任内阁,而亲贵之私利尤多;凡诸立宪之要求,适增专制之罪恶。急而知悔,言岂由衷?观听徒淆,国家何赖?本都督,蜀人也。不敢衔蜀人之一隅之愤,而不能不恤全国胥溺之忧。自武汉首倡大义,凡有血气,云合影从。盖无不知欲求政体之廓清,端赖国体之变革。无汉无满,一视同仁。惟国惟民,各求在我。将泯亲疏贵贱为一大平等,即合行省藩属为一大共和。但有切实改革之诚,并无力征经营之意。从国民多数之心理,奠华夏后此之邦基。其所以从武汉之后而黾勉以救国亡者,如此而已。夫人即昧于大同之公理,拘于草昧之陈言,谓君主为天舆之淫威,谓臣民为一姓之奴隶,虽有愧国民之常识,亦何至为人道之深仇?乃近则张勋荼毒于江宁,远则铁忠

---

① 扬州师范学院历史系:《辛亥革命江苏地区史料》,江苏人民出版社1961年版,第407—408页。

冯国璋焚杀于汉口,生命财产,踩躏天赋之人权;子女玉帛,餍饫凶人之涎吻。此岂目所忍睹,耳所愿闻?无论兄弟急难,父老颠危,凡属含声负气之伦,敢忘匍匐就丧之义?此则为人道所驱,不得已而诉之于武力者也。是用甘舍微躯,亲临前敌。我将士仗义而来,不惜赴汤蹈火;本都督捫膺而叹,何心饱食安居?共和为治理之最高,本无进退待商之余地,性命为有生所同具,止有安危与共之血诚。其可皦然号于有众者,舍死忘生之举,不过为胜残去杀之谋。非仇故君,非敌百姓,枕戈以待,鼓行而前,一举而歼张寇。肃清江南;再战而覆清都,长驱冀北;仗诸君热方,再造河山。是民国义师,咸遵纪律。肤功立奏,今为发轫之初。血气皆亲,是用掬心以示。①

誓文为都督府幕僚、著名立宪派人士孟森所草拟,反映了程德全与清廷决裂的心声,此举对于自感深受皇恩沐浴的程德全来说是实属不易的。

随后,联军制定了作战计划。第一期:驱逐城外敌兵,其中苏军步兵两营、炮兵1队、骑兵1队,自句容进兵土桥镇;苏军巡防队2营、马队半排、炮2门,进至汤水镇;镇军步兵3营、浙军步兵1标(缺2队)、巡防队2营600人、骑兵2中队、炮12门、工程辎重各1队、淞军全部自高资、下蜀分别向东阳镇附近前进。第二期:各军前进至淳化镇、东流市、乌龙山、幕府山一带,主力进驻麒麟门,占领马群高地,另遣支队分别到达仙鹤门、上方门之间。具体部署如下:苏军至淳化镇附近,其中的巡防队与浙军、镇军会师于东流市附近,淞军进至乌龙山、幕府山一带。

在江浙联军积极筹备进攻南京并且逐渐形成对南京的包围之势时,张勋也在紧锣密鼓地筹划应对之策,他以自统之江防军分别防守城内外各战略要地,赵会鹏所率的巡防营以及王有宏率领的淮上军协助。11月13日,调江防军5个营到城外,24日调巡防队4个营出城,分驻雨花台(江防军2个营)、富贵山(1个营)、狮子山(2个营)和清凉山(1个营)。各城门除布设大炮外,还派江防军一同把守。另派土桥口屯兵3个营,派巡逻队到麒麟门、尧化门一带巡逻,派工程队1营到上方门防守,并有步兵千余名、半队骑兵在上方镇一带游击。后续有调整,到11月24日,各军全部部署到位,情形如下:

紫金山有野炮17门,归旗兵第一镇炮标管带福下六指挥,在雨花台安

---

① 《申报》辛亥十月初二日第1张,第5版。

置了1门最大重炮;屯兵的重点放在尧化门外约3个营、朝阳门外约2个营、雨花台约2个营;皇城内有旗兵约500人、右路统领杨馨山所率3个营兵力、右路统领米占元所率1个营兵力;在六合东沟镇等处驻有2哨,浦口、六合之间驻有新兵约1000余人,在浦口张勋老巢驻有2个营;南京城外各处都埋有地雷,太平、神策门等处都已用土填塞。

11月25日,进攻南京的战斗正式打响。联军由幕府山用大炮向城内北极阁、将军署等处轰击。北极阁是张人骏、铁良等被张勋变相软禁的地方,将军署则为张勋办公处。兵家道:擒贼先擒王。联军首先向这两处进行炮击,可谓目标明确,指挥得当。同日,浙军在麒麟门一带与张勋短兵相接,苏军从上方镇、镇军从下蜀方向向南京城逼近,联军司令部亦于中午12时到达汤水镇,当晚复进至麒麟门。

28日,联军发起第一次总攻击。兵力部署如下:

金川门方面:淞军600人,浙军、镇军共1个营;朝阳门方面:浙军步兵5个营、炮12门、骑兵1个中队、工兵1队、镇军3个营、炮8门;南门方面:苏军4个营、炮6门、骑兵2队;预备队:淞军3个营、江阴军步兵2个营、工程兵2队;并且预先议定:于当夜发起攻击,务期达到预定目的,攻入城内;如果进攻不顺利,各部退回原处,改日再举。

由于枪弹不足,特别是用于攻城的炸药不足,第一次攻击未能达到预期目的。30日,镇军在浙军和沪军的配合下,率先攻破天堡城,从而为向南京城内进击创造了有利条件。

当日,联军发起第二次总攻击。各军任务为:

苏军担负占领雨花台到通济门及洪武门左右各要地,并攻入通济门的作战任务;浙军担负占领自紫金山南麓至洪武门各要点及攻入朝阳门的作战任务;镇军担负占领紫金山及自太平门至神策门,并攻入该城门的任务;淞军担负掩护乌龙山、幕府山,攻击仪凤门的作战任务;沪军担负辅助镇、浙两军,相机攻入神策门、仪凤门的作战任务;江阴军担负辅助苏军攻击雨花台、通济门的任务。

为力求进攻奏效,联军总司令还会同有关各方,详细制定了各兵种的作战方案。其中,炸药队:镇、浙两军各组炸药队1队,分为3组,第一组实施爆破作业,第二、三组预备,如第一组不顺利,第二、三组继续作业,直至成功;地雷队:各军组织地雷队1队,无工兵之军,由浙军拨用;梯缘队:各军组织由百人组成的梯1队,在攻城作业时,协力攀登;敢死队:在实行攻城时,各军均要组织抱有生入无生还之决心的敢死队。其中,炸药队和地雷队在作业之前必须做好如下准备:侦察道路、选定破坏地点、预定作业场所、制定好具体破坏方法。应该说,这些计划既十分周详,又切实可行,表明联军领导人办事的缜密和思考问题的周到。这也是平时素无联系的几个方面的军队(其领导人还存在不同程度的矛盾)临时结合后,却很快就能密切配合、协同作战、最终取胜的重要保证。

就在正式发起第二次总攻击的前夕,张勋派统领胡令宣偕同先前被张勋部俘获的联军总司令部顾问史久光一起,到苏军司令部谒见刘之洁,请求和议,并提出如下具体条件:(1)不伤人民生命财产;(2)不杀城内驻防旗人;(3)张人骏、铁良二人准其北上;(4)张勋所部营队,准其带领他去。

会攻江宁的光复军

刘之洁表示,第一条本来就是民军所秉持的作战宗旨,二、三两条也可权宜办理,只有第四条万难接受。史久光、胡令宣复到总司令部再行商议。与此同时,张勋还通过美国驻南京领事官跟林述庆联系,要求和议。林述庆表示现在胜负已见分晓,不可议和,只可接受其投降。随行翻译表示:"实系请降,倾间误译和字。"议及投降条款 4 项,林述庆不仅没有同意,而且另提 3 条要求:(1)张勋所部并旗人一律缴械。(2)张勋在宁所掠公款 80 余万需全部缴出;(3)来降后,准张勋认住一宅,由民军派兵监护。美领事答允转告张勋。

林述庆同时将上述经过转报总司令部,得到徐绍桢的赞同,因而向胡令宣提出 4 条新的和议条件:(1)张勋暂拘,俟临时政府成立再议;(2)张勋所部兵士徒手出城;(3)枪械武装置小营操场,民军派员点收;(4)张勋搜括库款 80 万两缴出充饷。如果到 12 月 2 日 12 时仍不予答复接受,就视为拒绝接受这一条件,联军将发起总攻。这一带有最后通牒性质的城下之盟未被张勋接受。

12月1日深夜,张勋率部从南门潜出,经大胜关一带渡江赴浦口。张人骏、铁良也于同时出城赴日本军舰避难。2日,苏军由雨花台攻入南门,镇军攻入太平门,淞、沪军攻入仪凤门,总司令部也由马群进驻城内。南京城遂告光复。

南京的攻克,对于东南地区的政治力量对比乃至对于整个革命形势的转变都产生了决定性的影响。这是因为南京是在辛亥革命遭到严重挫折的情况下攻取的,对于提振革命党人的信心至关重要。正如孙中山所说:"汉阳一失,吾党又得南京以抵之,革命之大局因以益振。"

为避免伤及无辜、发生抢劫行为,或引发外交冲突,联军总司令部做出如下规定:

设法弄清楚敌军安设地雷处,以免误伤;不准擅杀无辜并抢夺人民财物;对城内的张部散兵,严加识别;对外人严行保护。

入城部队分驻如下各地:仪凤门2队,汉西门1队,水西门水关1棚,聚宝门2队,通济门1排,洪武门1排,朝阳门1队,太平门1队,神策门1排,丰润门1排,金川门1排,督署步兵1营,藩署1棚,粮道署半棚,巡道署半棚,长江水师库半棚,造币厂半棚,城外制造局1队,军械局1棚,龙蟠里火药库半棚,南门外火药局1排,北极阁后火药库局2棚,草场岗火药局半棚、咨议局半棚,巡警局1排,北极阁炮1队,德律风(即电话)总局1棚,电报局2棚,狮子山步兵1队,富贵山步兵、炮兵各1队,清凉山步兵1排,钟鼓楼日本领事署半排,四牌楼英领事署半排,三排楼美领事署半排,三排楼德领事署半排。从上述驻军来看,同样可见联军总司令部虑事之妥帖,安排之得当。南京城被占领后,之所以能很快恢复秩序,商民日常生活很快走上正轨,与联军总司令部的周密部署是分不开的。

进攻南京的军队在总司令部的统一指挥下,纪律严明,对违法乱纪严惩不贷,但对降兵和溃兵,只要不再为非作恶,就既往不咎。淞军参谋长由犹龙曾公开表示,决不能擅杀降兵,并详细阐述了这样做的理由:"诸兵虽尝敌我,然各为其主,不足为咎,况今既降我,尤当不追其既往,其不可杀者一;今浦口犹未下,使我杀降,则未降者必出死力以抗之,且汉阳已陷,南京甚危,奈何坚清军致死之心,使我四面受敌乎!其不可杀者二;清军既不能敌我,而又不能降,无路可归,必流而为盗,以残吾民,其不可杀者三;彼之降我,视乎我之能受与否,今吾释已降之兵以宣言德意,则降者必踵至,如是则清军瓦解矣!其不可杀者四。"①这与以往杀降杀俘已几成惯例的莽夫行为相

---

① 扬州师范学院历史系:《辛亥革命江苏地区史料》,江苏人民出版社1961年版,第504页。

比,不啻有天壤之别。

对待普通旗人,联军同样不加杀害。由犹龙说:"吾人所以复满洲皇室者,为其亲贵把持朝政,招权纳贿,以毒吾民也。诸亲贵无一不当诛,彼平民则何辜,吾乌能枉杀一人。"① 与其他光复地区或多或少都曾出现过杀害无辜满人相比,苏浙地区的满人实在要幸运得多。

民军参谋察看紫金山形势

考虑到南京是著名古都,为了避免军事进攻所造成的人员、财产和建筑等的重大损失,进攻南京的战斗之初,江浙联军总司令原本就不打算强攻,只是希望尽快将张勋赶出南京城了事。当时在南京城内,真正有军事实力也善于打仗的是张勋统领的江防营。张人骏原本能控制的新军在武昌起义后已军心不稳,为张勋所猜忌,被调往城外秣陵关驻扎。江宁将军铁良控制的巡防营为旗人组成,不过是为安置旗人、解决其生计问题的摆设,对付手无寸铁的平民百姓尚能派上用场,放到战场上去,却早已被实践所一再证明为废物一堆。但张勋自恃实力雄厚,并认为前来进攻南京的民军不过是一群乌合之众,而欲作困兽之斗。

徐指挥军队进攻南京正酣时,忽接到汉口失守的消息,为保持士气,徐未将消息公布出来,但内心确实颇为紧张,急火攻心,于不知不觉之中竟吐血数碗。后来徐回忆说:

> 十月初八日(公历11月28日),余方屯兵南京坚城之下,忽得黎宋卿武昌密电,言汉阳(云按:原文为汉口,疑误)已为清军夺回,武昌不能守,已移屯于洪山。余译得之下(凡军中最要之电,皆亲自翻译,惟办机要者一人茅春台得见之),靠于地上茅草睡铺之上,筹思所以急攻南京以援武昌之策,约历一小时,马弁周星桥走至睡铺前,捡茅草一条视之曰:"此有血迹,岂总司令所吐者乎?"余令取瓦碗一来,吐痰数口,则尽作殷红之色,未数分时,已盈碗,易之又满,于是者三。然余心并不觉其有病,随传参谋各官皆到,相

---

① 扬州师范学院历史系:《辛亥革命江苏地区史料》,江苏人民出版社1961年版,第505页。

与计议此事,定清晨分三路急攻紫金山之天堡城,传发命令,而军中尚不知余得电有武汉失守之事也。既得天堡城,即以所获山上之炮,轰毁太平门城上富贵山炮垒,余遂于十二日进南京城,令黎天才添募所带兵为一镇,泝流而上,以救武汉。当时所处,亦诚有金革之象,饮水曲肱之情,尽在吾心之中,固不敢言自得,而骤闻事变,乃至吐血,其不自得之状,亦有证验,徒以余在军中,时时皆存必死之心,尚不至张皇失措耳!①

在进攻南京的过程中,曾长期在黑龙江与沙俄军队相周旋的程德全亲自到前线督师攻城,并在龙潭召集各军官指示方略,且每每能说到点子上,前线士兵按其所提示各点实施攻击,收效明显。

为了尽快实现全省的统一,程在宣布苏省独立后不久,于11月4日致函张謇,请他速来苏州一起应付时局,语气极为诚恳和迫切:"弟勉力支撑,现已告竭;公迟迟其行,如有破裂,不敢任咎,祈速命驾前来,即日交代,得公镇抚,不唯各方面疑团解决,且须速商各都督推举临时大统领,方于时局有裨。弟忍死以待,迟恐无及,不忍多言。"张謇乃于11月20日从上海赶往苏州,召集临时省议会,再次当选为议长。② 张謇到苏州后仅一天,程德全就于11月22日前往南京督战,张謇代程在苏州主持一切。可见张程交谊的深厚,也可见程对张謇的信任程度。

张謇之子张孝若曾说:程德全"处处推重我父,有封信写着:'……昔子产治郑,虎帅以行。全之视公,后先同轨……'的话。所以我父那时候将见得到的地方和应付措置的计划,尽量地向程公陈说,程公都容纳了立时照办。"③

此前,长江水师提督程允和于11月20日向民军投降,接受程德全指挥。11月21日,上海方面派出小火轮拖驳船4艘,满载枪支炮弹及各种军用品开到苏州,交给程德全转运镇江前线。11月25日,程到南京前线高资、龙潭犒军。26日,他致电浙江都督汤寿潜、上海都督陈其美:"全昨到镇,会林接洽,外间误会大可解释。"并且,转告前线战事进展情况:"昨日沪浙两军已进领乌龙、幕府两山。今日苏、浙军前敌愈近。"④所谓误会,大概是指镇

---

① 徐绍桢:《学寿堂日记》,载沈云龙:《张謇、程德全对辛亥开国前后之影响》,《张季直传记资料》(五),(台)天一出版社1985年版,第272页。
② 沈云龙:《辛亥革命苏州独立与张謇》,载《张季直传记资料》(二),(台)天一出版社1985年版,第310页。
③ 张孝若:《南通张季直先生传记》,中华书局1931年版,第163页。
④ 扬州师范学院历史系:《辛亥革命江苏地区史料》,江苏人民出版社1961年版,第530页。

江都督林述庆对有关战事安排的疑虑或镇江都督府的地位问题。

程德全不仅及时派出在江浙联军中数量最多的苏军前往围攻南京城,而且亲赴前线慰问劳师,对于友军也是有求必应,尽量予以满足,为他们提供力所能及的

江宁民军所获机关炮

军饷支援。11月16日,他应镇江军政府都督林述庆之请,复电表示愿提供银洋2万元,作为镇军开赴南京前线的费用。电报中说:"军事紧急,饷糈极关重要,无论镇、沪、苏、浙,自应合力通筹,支持全局。苏财虽窘,现于给本军外,拟勉筹银洋二万元,暂时接济,容再随时筹助。"①

在程德全的带动下,南通复电表示愿提供5000元银洋,于11月21日专派大安轮船送达前线。常州表示:即日会同绅商各界,力筹补助。无锡表示:先行提供500元予以支援。

苏、锡、常、南通等地的表现,相较于其他地方要慷慨得多。比如上海在屡次接到林述庆的求援电报后,复电虽表示:"款项一层,目下万不能分畛域(域)。"同时又说:"敝处筹有把握,自当竭力援助;惟目下此间亦甚支绌,歉难尊(遵)命"。②

对于林述庆进行军事援助的要求,程德全也尽量予以满足,积极动员江阴方面派出军队参加围攻南京的军事行动,并及时将有关情况告诉林述庆:"江阴军队敝处昨已调防兵四队、工程一队,拨付句容,为镇苏各军后援。"同时表示自己将"料理后路,拟不时赴镇巡视",免除林的后顾之忧。这也是对林"述庆行后,镇江未免恐慌,我公威望素隆,借重不时前临巡视为感"的答复。③

收复浦口 在进攻南京的同时,以镇、扬两地为主的军事力量在扬州都督徐宝山、镇军都督府参谋长李竟成的指挥下,对张勋的老巢浦口发起攻

---

① 扬州师范学院历史系:《辛亥革命江苏地区史料》,江苏人民出版社1961年版,第432页。
② 扬州师范学院历史系:《辛亥革命江苏地区史料》,江苏人民出版社1961年版,第433页。
③ 林述庆的来电及程德全的复电,均见扬州师范学院历史系编:《辛亥革命江苏地区史料》,江苏人民出版社1961年版,第435页。

击,以配合进攻南京的军事行动。南京攻克前夕,张之所以无心恋战,不敢拼死一搏,固然是其军阀本性使然,不愿将其赖以横行的军事资本完全输光,同时也是担心万一浦口被占,失去退路,必致全军覆没。

参加进攻浦口的军队有镇江张振发统领的巡防营步兵1500人,扬州徐宝山部步兵800人,由舢板17艘运送的200名水兵;新军1标、炮4门,瓜州统领赵春霆所部步兵1队;12圩管带詹丙炎所部步兵2队,扬州敢死队队长董开基所部步兵1队,约100人、炮1门,镇江江北支队炮兵1队、炮5门。

11月28日晨,各部到六合南门外龙津桥东端集中,设司令部于南门外曹家油坊。张勋在浦口驻有军队4000人,炮12门,分布在各高地及城头,并不时派出侦探四处搜索。两军相距20多里。29日,李竟成决定进攻浦口,以巡防营步兵第2营为前卫,经葛塘集向浦口前进;扬州新军步兵第2营及赵春霆步兵500人,加上敢死队1队、山炮2门为左侧卫,经水家湾、谢家甸向梅贵营前进;巡防步兵第四营及徐宝山部步兵500人、山炮4门为本队,距前卫500米续进。当日下午5时,前锋进抵高家洼,左侧进至姜家桥、梅贵山,司令部进驻王家油坊。30日上午9时,由参谋华彦云率领巡防营第五营前锋经盘城集、高垣墙、陆家洼到达攻击范围;徐宝山率领的步兵500人、山炮4门由高家洼经姑嫂塘、高垣塘、冯家墙根进入攻击范围;赵春霆率左前卫与徐宝山联络,分进合击浦口。下午1时,前锋进至高垣墙、陆家洼附近,左侧进至高埂头。李竟成与郭叔完、华彦云登上龙山庙山顶进行侦察。

为求缓兵之计,张勋派人前来议和。但就在和谈期间,张勋部右翼宝塔山、泰山庙一带炮兵突然发炮攻击民军。李竟成当即命令龙王山、高埂头炮兵发炮还击,并命前锋占领龙王山,巡防4营由龙王山向陆家洼、冯家窑进击,与左侧部队联络;命徐宝山部500步兵进攻浦口;右翼自赵家山嘴起,左翼至泰山庙止,集中火力于中间部分。双方战至夜半时分方稍停息。

经1天休整后,12月2日拂晓李竟成率部再次攻击张勋驻军。张勋部拼死反击,加上有火力优势,革命军暂时受挫。不久,柏文蔚率步兵1营、机关炮2门前来参战,形

民军占领仪凤门

势逆转,战至傍晚6时,张勋部退却,命周李二等断后。这时,由于在南京城内张勋所提要求被革命军方面拒绝,战场形势又明显处于不利境地,张勋已决定弃城逃跑。在浦口,他一方面和当地绅士郭瑜、陆莹、夏季凡、金琴夫商谈,以拖延时间,并迷惑革命军,一面布置撤退事宜,行金蝉脱壳之计。

当晚,李竞成等趁张勋部乘火车北逃混乱之际,和柏文蔚、徐宝山决定发起突袭,截获白银33箱和数十箱衣物。至此,浦口完全被革命军所掌握,南京外围的威胁被解除。

常州府的光复 苏州独立后,时任江苏省咨议局议员、武进县人朱稚竹于11月6日在常州府中学大会堂楼上召集武进县8个乡农会开会,决定成立军政府。后在县教育会集会,由县商会、县教育会、县农会等选举屠敬山为民政长、朱稚竹为总务课长、瞿萼馨为生计课长、伍博纯为学务课长、刘苕石为警务课长,其后又在苏州推何健为军政府司令,上述人员的任命得到程德全的批准。但在7日夜,江防营统领恽祖祁率兵作乱,围攻常州府中学,至8日晨始散。恽祖祁为争取主动,先后两次致电江苏都督程德全,诬称朱稚竹等为土匪,请示如何处置?并问可否由江防营将其驱逐?程德全一时不辨真相,但联想到往日有关常州独立之事都是由朱稚竹联络的,现在江防营为何会插足其间,因此没有立即给以答复。

不久,江防营在农会武装的反击下败退,何健致电程德全:"江防营退,统领恽某逃,中学无恙,地方安全,乞速派兵来常镇压。"11月9日,苏州派兵到常州,秩序得到稳定,常州军政府正式成立,何健就任总司令,屠元博为参谋长。

无锡县的光复 上海光复后,无锡革命志士秦效鲁返回无锡,和无锡商会许嘉澍、蔡容等秘密集会,成立光复队,许为司令。11月6日,省城苏州光复后,程德全曾致电包括无锡在内的所属各府、州、县,要求宣布光复,但无锡县令孙友萼却没有遵命。光复队在许嘉澍带领下,未遇像样的抵抗,即先后占领无锡县衙和锡金县衙,无锡宣告光复。

太仓州的光复 太仓州知州、湖南人赵谨琪在苏州光复前不久才赴任,镇洋县知县、安徽人胡位周为人纯厚。他在接到程德全要求反正的电报后,与地方士绅进行商议,决定臂缠白布,巡行街市一周。四周城门皆高悬白旗,表示接受上司的命令,实现光复,但对如何保持地方治安、维持社会秩序,却没有相应的布置。胡县令甚至挂出了"奉宪独立"的白旗。后经人提醒,才扯下了旗子。

11月8、9日,吴淞军和沪军相继开到太仓,因赵谨琪、胡位周两位已赞同脱离清政府控制,因而避免了军事征伐而带来的人员和财产损失。随后,

在淞沪军主持下,推举洪锡范为临时民政长,赵、胡交出印信和案卷。至此,太仓实现光复。

通州的光复 通州即现在的南通,于11月8日宣布独立,但南通的独立也是经过了一段较长时间的酝酿和准备过程的。清朝末年,江河失修,南通一带的沿江堤岸时常出现坍塌。张人骏就任两江总督后,对南通一带沿江的坍塌堤岸保修采取消极态度,不仅拒绝拨付官款进行补助,而且也不许介绍银行借款,通州人民愤怒异常,认为官厅不恤民众疾苦,对政府的离心倾向越来越加剧。革命形势日益成熟,可谓万事俱备,只欠东风。

上海光复后,特派曾任南通狼山右营游击的许宏恩前往南通与张謇等地方代表人物接洽,策划南通独立事宜。11月8日,上海复派钧和兵舰等来到南通,许宏恩等登舰后由西门入城,来到狼山镇署大堂,宣布光复。许宏恩随员萧正安将督署大堂的旧公案推到,举起指挥刀劈去其一角,表示新旧不能并列。狼山镇总兵张士翰在地方人士的劝说下,认识到大势已去,接受了800元廉饷银和300元路费后,悄然他去。

南通光复后,组织军政分府,推举张謇之兄张詧为总司令,许宏恩为军政长,原南通中学堂学监孙宝书为民政长,张有埰为司法长,刘桂馨为财政长。

南通为清末状元、大实业家、著名立宪派人士张謇的故乡,在他的多年经营下,南通的社会经济发展水平已处于东南地区的翘楚地位,张謇本人不仅在南通拥有至高无上的实际权力和崇高威望,即在东南地区乃至全国也早已是声震朝野,尽管他在南通没有担任具体的实际职务,但却是名副其实的无冕之王。因此,南通的光复深深地打上了张謇等立宪派和旧官僚的烙印,即政权转移显得较为和平与有序,社会震荡较小。

不仅如此,光复后南通地区的实际权力几乎一直掌握在张謇兄弟手中。光复初期,出面张贴安民告示、维持地方治安都是以总司令张詧的名义进行的。其中的告父老文说:

自与邑中父老昆弟以苏都督之指挥,宣布共和。鄙人德薄能鲜,辱荷推举,暂膺司令。受任以来,早夜惶惧,深虑无以慰我邑中父老昆弟之付托,而坐获大戾,显倍群情。用敢团集地方同志,相与辅佐进行,共同担任,要以竭尽心力,保卫全体为唯一之义务。唯是时事艰危,责任重大,利害所系,经纬万端。伏愿邦人君子,共存振扶同病之心,以表休戚相关之谊。凡在今日亟应进行之事,我同胞皆有参议之权,幸各竭诚相告,合力图成。……免思良图,愿闻谠议,此则鄙人所对于地方付托之重,而具有无穷之祷望者也。唯冀我邑中父老昆弟鉴怜而教许之。

另外,他还发布了告军士和职员的文告。告军士文说:

粤自我苏省宣布共和,凡在同胞,罔不景附,此千载一时之盛举也。鄙人德薄智浅,谬膺司令之职,对于我全体军士,愧不能身先起义,共尝艰辛,早夜彷徨,徒以滋愧。唯冀我全体军士,共念地方安危之重,益敦兄弟手足之情,戮力同心,以尽同胞之义务,而图大局之和平,此故爱国男儿之责任,文明华胄之光荣也。披肝沥胆,愿与我同胞全体军士共勉之。

告职员文说:

地方宣布共和,同志皆负责任,进行之事,毋虑万端,安危之机,乃在今日。鄙人无状,谬膺司令,受乡党付托之重,赖同胞辅助之功,敢不竭尽心力,勉为其难。唯自惭材智薄弱,惧自疏懈,仍愿诸君子不惮繁重,合力维持,相与协商前进,共图治安。毋存私见,而陷旧社会之网罗;幸参群谋,而造新共和之世界。合众志以成城,救同胞于沸鼎。此则鄙人之所日夕祷望者也。①

海州的光复 海州是直隶州,下辖2县54镇。淮阴光复后,蒋雁行曾发来电报,说他已经宣布独立,并担任江北都督。与此同时,山东孙宝琦也发来电报,虽未明言独立,但在电文尾末未署官衔,寓意不再承认清政府。州官陈宗雍接电后,召集士绅开会,商量应对办法。因兹事体大,与会者又不明白陈宗雍的态度,因此很少有发言的。此时,连年灾荒,海州境内土匪蜂起,与会者表示如果革命军能帮助肃清匪患,就脱离清政府,宣布独立。

11月22日,驻城南的盐防营突然发生兵变,大肆烧杀抢掠。海州自治会曾致电上海都督陈其美,要求由他出面请江北都督蒋雁行派军队前来维持秩序。电文说:

汉族恢复,宇宙重光,欢声雷动。惟海州土匪蜂起,啸聚数千人,纵火抢劫,屠戮同胞,惨无人理。东南数十村镇业已糜烂,极望兴救。清海电线十三日不通,无门呼诉,泣叩速发义师,拯同胞于水火,不胜迫切待命之至。②

---

① 张謇的3篇告文,均见扬州师范学院历史系:《辛亥革命江苏地区史料》,江苏人民出版社1961年版,第220—221页。

② 《申报》辛亥三年十月初二日,第2张,第1版。

24日，驻江北的新军13协派何锋钰管带前往安定秩序，受到地方民众的欢迎，何锋钰被推为民政长，地方始得安宁。

淮阴的光复 淮阴原称清江，为清朝漕粮北运的重要集散地，清政府在此驻有重兵，设漕运总督。1905年，裁总督后改设江北提督。辛亥时，段祺瑞任江北提督，辖有第7镇第13混成协。另有巡防营、绿营兵驻防。武昌起义爆发后不久，清政府任命袁世凯为内阁总理、全权大臣，率北洋子弟兵赴武汉镇压革命军，急调段祺瑞到武昌前线。在继任署理江北提督、原常熟福山镇总兵杨慕时赴任前，由淮扬道奭良暂时掌护提督印。奭良时年逾60岁，且平日喜逢迎，矜持骄横，在革命大潮风起云涌的情况下，军队及部属多不听命。

11月4日夜，第13协中的炮队、辎重2营在管带赵云龙、龚振鹏（也有人说赵云龙为队官而非管带）的带领下，围攻道署，奭良闻声潜逃，但当天起义部队未能攻入城内。6日，再次攻城，到第二天终于攻入城内。但义军思想落后，纪律极差，竟在城内大肆抢劫，裕宁、裕苏两个官钱局以及北门履祥、小水

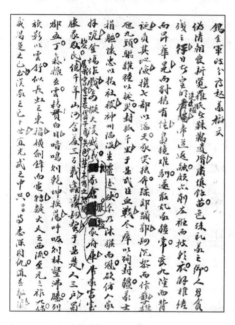

锡金军政分府文书

门公济、艺永等典当行均遭抢掠，公济典当行则被焚毁。

9日，当地士绅公举13协陆军参议蒋雁行为江北都督，闻漱泉为临时民政长，杨慕时到达后被推为江北民政长，邵承灏为清河民政长。淮阴实现光复，秩序开始安定。

蒋雁行就任都督后，传檄山阳（即淮安）及附近淮、扬、徐、海各县官绅，到清江浦（即淮阴）开会，商量光复事宜。时淮安知府刘名誉已携款逃走，山阳县令姚荣泽拒不赴会，山阳士绅乃派革命党人周实等人前往议事，并于第二天宣布山阳光复。姚荣泽一面大肆造谣周实擅杀官绅，制造社会恐慌气氛，一面勾结顽劣士绅，将周实等残杀。不久，江苏都督程德全任命山阳县原军捕厅通判卢根鳌为民政长。

到1911年底，江苏全省基本都实现了光复。

二、程德全赴南京就任江苏都督

程德全在苏州宣布反正后,曾致电所属各府、州、县,要求其尽快脱离清政府控制,许多地方为之鼓舞,纷纷宣布独立,但也有些地方对此不屑一顾。镇江林述庆在接到程的电报后曾十分轻侮地说道:"德全衰朽无能,因人成事。余岂下人者?乃藐视余耶!"①不久之后发生的林述庆与程德全争当江苏都督的因由也可从这句话中见到端倪。

对于程德全能够在反正后当上苏省都督一事,有回忆录记载是马相伯以超凡的口才和勇气,在江苏省都督府大堂以太平天国将领攻陷南京后发生内讧,导致太平军力量大大削弱终至覆灭的教训做比喻,才使得参与争夺的几位将领放弃竞争,归都督之位于程德全。而实际上,事情远非历史故事这么简单。

程德全以前清高官的身份反正,因此并没有获得革命党人的十分信任,加上实力有限,在控制苏省政局上也就有点力不从心。1911年11月4日,他即致信张謇,要求他尽快前来施以援手。但他并没有得到张謇的全力支持,张仅将前清时的咨议局改组为民国省议会就算了事。这时的革命阵营内部也有矛盾纷争,为了尽快缓解革命阵营内部的矛盾,程德全想到了孙中山。11月14日,程致电各省都督:"大局粗定,军政民政亟须统一,拟联东南各军政府公电恳请孙中山迅速回国,组织临时政府,以一事权。"程德全希望江苏统一的呼声得到张謇的大力支持。为了防止江苏陷入分裂和混战,与张謇同属立宪派系的唐文治领衔上书陈其美说:"文治等又有言者:'值兹大局尚未全定,军事计划自必特别注重,因以上海为重镇。若夫其他行政事宜,尽可统全省为一致。今苏垣恢复后,各军队及各属士民公推程都督主持一切,诚足以副全省之望。文治等深知程都督热心国事,锐意改革,旧日各督抚无可与之并立者。上海亦苏省之一部分,若行政亦经分立,殊与全省统一有碍,拟请从长计议。'"陈其美复函表示:"苏省敉平后,民政各事,自以由程都督统辖为宜。惟应今日之情势,驻沪各军,不能不有所统摄,故敝处专注重于进取事宜。"陈其美的承诺使得程在苏省的地位得以巩固。11月21日,张謇到苏州主持省议会开幕式,程德全即请张謇代理都督,自己则于22日抱病前往高资(位于今江苏镇江市丹徒区,建制于宋代,系江南名镇)前线视师,发表誓师词,并抵达前沿慰劳将士。张謇一心希望程德全此行能

---

① 扬州师范学院历史系:《辛亥革命江苏地区史料》,江苏人民出版社1961年版,第396页。

够取得战功,以增加其出任江苏都督的资本。但是,程德全的军事实力并不足以驾驭有多年革命资历而又派系林立的联军将领们。

徐绍桢委任状

南京攻克后,镇江都督林述庆、江浙联军司令徐绍桢都有意担任江苏都督一职,又恐不能服众,只得先作试探。先是林述庆于12月2日致电各报馆,告知他已"暂居(总)督署",自任江宁都督,正调留镇人员赴宁办理善后事宜,而将联军司令赶到省咨议局办公处去居住,明确地表达了想担任江苏都督的意图,并似乎已在积极筹划组建江苏都督府的准备工作。江浙联军司令徐绍桢也不甘示弱,他借商讨如何应对张勋的乞和请求之机,俨然以一省之主的口气要求陈其美、程德全、汤寿潜等提供参考意见,"乞示教以便答复"。徐、林原本不和,主要是林述庆盛气凌人,看不起徐绍桢的老成持重、优柔寡断,对由徐来担任进攻南京联军总司令深表"不以为然",只是顾及上海方面推重徐,他不便公开反对而已。因此,林、徐互不相容,发生权力之争也就不难理解。

林、徐对江苏都督的垂涎使程德全处于十分尴尬的境地:以武力相争,不符合他的一贯作风和个性,且实力上也不一定能完全占据上风;况且,在革命还未成功之时就发生权力之争,也不符合当初宣布反正、保境安民的初衷;但甘心认输亦非其所愿。因此,程德全的心情一度颇为悲愤。

然林、徐若以攻占南京的战功为资本来争江苏都督,名既不正、言亦不顺。江苏本为一省,但由于经济发达,地位特殊,清政府设两江总督府于南京,又秉督抚不同城的规定,复在苏州设立江苏巡抚,且两地都设有布政使,这在清朝地方官职的设置中绝无仅有。在两江总督张人骏、江宁将军铁良、江南提督张勋均已逃离南京的情况下,已经宣布反正并且亲率军队参加攻克南京战斗的原江苏巡抚程德全显然是最为合适的江苏都督人选。

事实上,南京被攻克的当天,在上海的江苏立宪派人士和旧官僚就已要求程德全尽快进驻南京担任江苏都督。陈其美在致徐绍桢的贺电中,即率先指出:"此间已公推程雪老(程德全)移驻江宁,为江苏都督,并推林公(述庆)为出征临淮总司令,东南要人,本党英俊,共表同情。雪老今日赴宁……"①陈并希望徐打消功成身退的想法,积极为北伐和西征做好准备。

淞军也积极赞成由程德全来担任江苏都督。黎天才说:"选举权非军人所宜有,固也。但南京以军人取之,则临时都督之选,军人似可与闻。以余观之,可胜斯任者,则程雪楼先生其人也。"②参与围攻南京的浙军也对林述庆的跋扈嚣张十分不满,公开提出要早迎程德全等到南京主持大计。

由张謇担任议长的江苏省议会也不失时机地发出了通电,表示支持程德全担任江苏都督:"江苏本为一省,宁苏分治,原属满廷弊政,今既改为共和,一省之中应只设一行政总机关,俾民政有所统一。而宁苏相较,自以驻宁为宜。程公雪楼平昔行政,注重民事。现在金陵光复,拟即请程公移驻宁垣,扶绥保定以慰全省民望。事关人民公意,敬恳同为劝驾……"③一个"宁苏分治,满廷弊政",又一个全省"民政统一",再一个"程公注重民事",三条理由足以将其他所有欲垂涎江苏都督的人拒之门外。程德全在辛亥前后得益于立宪派和旧官僚的实在是太多了,而今,实力并不占绝对优势的他再一次从立宪派和旧官僚那里获得了决定性的支持,在张謇等的力推下,江苏都督一职非程德全莫属。他接下来要做的就是顺应"民意",从民所请,到南京走马上任了。

对于程德全的走马上任,林述庆起初还心有不甘。李燮和亦从旁进言:"雪楼年老厌繁剧,外间所云各军不以君为然,实无此事,君再勉为其难为是。"林述庆不免心动,认为若为一人计,卸却责任殊乐,且窃退让虚名;若以大局论,不退让亦有益处。但他一时拿不定主意,便和李燮和一起去找同盟会领袖宋教仁商量,宋教仁回答说:"计已定,更变反费事。"李燮和问:"若将来有碍进行奈何?"宋教仁表示:"我一人担其责。"④林无法再事犹豫、拖延,只好放弃了争当江苏都督的念头。

林之最终决定退出江苏都督之争,还与他对自身威望不足和意气用事个性的清醒认识有一定关系。他曾坦率承认:雪楼以督抚威望,一旦宣告独立,东南局势为之一变,有功于民国多矣;并且说过:程为仁厚长者,言辞敦恻,余深敬之。而反观他自己,则平日意气用事,开罪于人。两者相较,谁更

---

① 扬州师范学院历史系:《辛亥革命江苏地区史料》,江苏人民出版社1961年版,第428页。
② 扬州师范学院历史系:《辛亥革命江苏地区史料》,江苏人民出版社1961年版,第505页。
③ 扬州师范学院历史系:《辛亥革命江苏地区史料》,江苏人民出版社1961年版,第560页。
④ 扬州师范学院历史系:《辛亥革命江苏地区史料》,江苏人民出版社1961年版,第472页。

适合当一省都督,犹如黑白并列,差别立判。

程德全已知自己得到了以宋教仁为代表的革命党人的支持,遂于12月5日晚上10点在各方"拥戴"下,由上海乘火车前往南京,到车站送行的绅商"拥挤异常,颇极一时之盛"。次日,程德全就任江苏都督,并着手组织都督府,任命宋教仁为政务厅长。程德全文武兼治,政治手腕也已炉火纯青,为了安抚林述庆,同时也是为了促使他尽快离开南京,以免夜长梦多,防止这些对攻占南京有战功的军人借机生事,程一再催促他们或北伐,或西征,他并亲自到林的住处进行拜见,表示:"君若出军,无论如何困难,后方总极力担任,不使君有后顾之忧。"同时说道:"军事偬倥,俗礼可不必讲,君准备大忙,不必言回谒礼。"①从中可见其盼望林早日离开南京的心情是多么迫切!但在林整军待发期间,曾多次向程索求军饷,程起先也曾答应将南京所有收入供林军使用,但一直没有兑现。林不免心生不满,曾致函程德全:"款久无着,待用孔殷,如此述庆诚难一日留,拟不日赴沪,诸公幸好为之。"②不满之情溢于言表。就程而言,之所以迟迟不兑现承诺,恐不无为难之处,但也不排除既已坐稳都督位置,便不再担心林述庆能形成致命威胁的考虑。事实上,还在围攻南京期间,程就对林述庆的一再索求有所不满,在提供了2万元之后,便不愿意再提供新的费用,而是委婉表示:"饷糈支绌,同此焦忧,此间早经设法苦筹。京口绅商,尚称殷富,际此艰危,谅能踊跃输将,共扶大义,望就近妥商捐集。"③对于另一攻城名将黎天才,程也是先表恭维:"金陵之克,公之功也。"在黎天才表示谦谢后,程马上提出要黎尽快做好北伐准备,并对其"增置饷械"的要求爽快表示要设法筹处。

为了安定社会秩序,程德全在动身前往南京之际,即拟定了两份简明告示,各印了万余张,在南京广为张贴。其中一份内容为:

南京现已光复,从此共享太平;张勋溃散兵卒,速即缴械投诚;四民各安生业,汉满一视同仁。

另一份说:

本督现已莅宁,首在安民保商;设法维持市面,开设江苏银行;钞票流通行使,金融自无恐惶;典当钱业铺户,务即开市如常;如有

---

① 扬州师范学院历史系:《辛亥革命江苏地区史料》,江苏人民出版社1961年版,第472页。

② 扬州师范学院历史系:《辛亥革命江苏地区史料》,江苏人民出版社1961年版,第472—473页。

③ 扬州师范学院历史系:《辛亥革命江苏地区史料》,江苏人民出版社1961年版,第433页。

造谣生事，查获惩罚照章。①

应该说，这两份告示所涉及的内容确实都是当时亟须解决的大问题。南京原为两江总督所在地，为江南地区的政治、文化中心，又是著名古都，相当繁华壮丽，但在张勋等盘踞期间，多次发生针对商民的抢掠行为，因此民众心中异常恐慌。有过长期为政经历且一贯"注重民事"的程德全，深知民众厌乱望治的心理，及时张贴这两份告示，起到了安定民众情绪的作用。到南京走马上任后，程德全经过与各方面紧急磋商，于12月9日分别任命了各机构的主要负责人：程以都督身份自兼参谋长，次长为顾忠琛、钮永建、陶骏保；政务司长为宋教仁；外务司长为马良，次长为杨廷栋；内务司长为张一麐，次长为沈恩孚；财务司长为熊希龄，次长为姚文枏；通阜司长为沈懋昭，次长为陶逊；军务司长为陈懋修，次长为张一爵；参事会长为范光启，副会长为郑芳孙。从这份名单中可以看出，除少数人因现有资料的限制而身份难以确定外，主要负责人仍然以立宪派和旧官僚为主体。

但是，这次程德全的江苏都督任期非常短暂，与之争夺过都督之位的林述庆由于饷源缺乏，迟迟不能撤出南京，他对南京的控制权还在延续，程德全的江苏都督有名无实，12月9日，程德全不得不离开南京回到上海。12月15日夜间，程德全又和汤寿潜、陈其美到南京，试图整顿南京秩序，组织政府。17日，张謇也到达南京。但是，他们都只能眼睁睁看着一片混乱的南京城而束手无策。程德全于万般无奈之中再次回到上海，称病不出。张謇想借助程德全的力量统一江苏的计划只得暂时搁置一边。到1912年元旦，程德全卸去江苏都督一职。这一次程德全的江苏都督任期，前后虚虚实实总共只有15天。

第三节　建章立制，重建社会秩序

程德全宣布反正后，当即颁布简明告示及临时军律，要求部属和人民同心协力，共同维持地方稳定，并在原抚署大门前，悬挂一面红字白旗，上书"中华民国江苏都督府"，旁书"兴汉安民"四字。左孝同、原驻苏州城外枫桥的新军第23混成协协统艾忠琦、巡警道吴肇邦、织造文荫、督练公所总办吴茂杰先后潜逃。程德全于是任命蒋懋熙为巡警道、刘之洁为新军协统及苏军统领、张一麐为民政司长（未到任前，暂由沈恩孚代理），应德宏为财政司长，江绍烈为司法司长。他规定：

---

① 《申报》辛亥三年十月十六日，第1张，第5版。

职不分文武，阶无问大小，上自都督，下至走卒，一律日支钱250文，以供饭食，同甘共苦，以底于成功，而后酌量经帑，制定薪津，亦先忧后乐之义也。①

程德全就任江苏都督后发布的第一个命令就是要各地尽力维持社会秩序：

照得苏省宣布独立，各属闻风归顺，兵不血刃，秩序安宁，业经通电在案。现值改革伊始，百端待理，各该府、州、县有抚民之责，关系重要，应仍照常办事，毋庸稍涉疑虑。嗣后一切文牍，均暂行经送都督府核办，仍借原印，俟刊刻后另再颁发。所有年号名称，应即反正，以归一律。一面迅速会同绅商各界，筹议组织民团，俾与军队联络声势，保卫治安。如有大帮匪徒乘机骚扰，妨害安宁，立即报告本都督府，当随时派拨兵队前往剿办。合行通饬，札到该县，立即遵照办理毋违。②

上海军用钞票

上海通用银圆

为表示与清廷决裂，程德全改用黄帝纪元。随后，他发布了都督府告示以安定社会秩序：

照得私藏军火，军法应干斩决；苏省独立告成，防范尤宜严密；谕尔城厢居民，各自互相查察；现已悬有重赏，以待出首告发；倘敢扶同徇隐，查出同干重律。③

江苏全省实现统一后，为尽快确立新的统治秩序，改变过去各自为政的

---

① 钱基博：《辛亥江南光复实录》，载《张季直传记资料》（二），（台）天一出版社1985年版，第305页。
② 扬州师范学院历史系：《辛亥革命江苏地区史料》，江苏人民出版社1961年版，第62页。
③ 扬州师范学院历史系：《辛亥革命江苏地区史料》，江苏人民出版社1961年版，第63页。

涣散局面,开始了频繁而又高效的立法工作。

首先,根据《中华民国临时约法》的规定,制定了江苏省的根本大法:《江苏约法》。其主要内容有:

(1) 阐明了制定《江苏约法》的目的,即推翻清政府,建立民国。江苏军政府统辖江苏全省政务,"将来取得之土地,在他省境内者,亦暂受江苏军政府之统治,俟中华民国成立时,另定区划"。

(2) 规定了军政府、都督的产生办法及各自职权。《江苏约法》规定:军政府由全省人民公举都督一人、都督任命的政务委员、省议会构成。都督代表军政府总揽政务;裁可省议会所议定的法律并公布之;为增进公益、维持公安或遇非常灾荒紧急必要时,都督得发布与法律相同的制令,但该制令不得与现有法律相抵触,且在发布后须经省议会裁定;都督可随时召集省议会,并得出席或委员出席发言。政务委员负责执行法律、处理政务、发布命令,但编制会计预算、募集公债、征收赋税、缔结国库负担的契约,除紧急情况外,须提经省议会讨论决定;遇紧急情况的预算外支出,必须在事后提经省议会承认。政务委员须在自己主管的事务上,副署都督公布的有关法律及其他有关政务的制令。

(3) 规定了省议会的产生办法及职权。省议会由全省人民选举议员组织之;议定法律案、预算案、条约,并募集公债,征收租税及国库负担的契约,但基于法律的支付不得减除;审理决算;可质问政务委员,令其答辩;集会须得总数的四分之三出席,并需三分之二多数同意方可通过议案;可弹劾政务委员的失职及违法行为;可制定并执行自定法规;省议员除犯有内乱外患罪行,在会期间,非得议长许诺,不得逮捕;在会内的发言、表决、提议,在会外不负责任。

(4) 规定了人民的基本权利和应尽义务。军政府除有认为增进公益、维持治安及非常紧急必要时外,须依法保护人民身体财产之安全以及言论、著作、刊行、集会、结社、通信、营业、居住之自由;人民有纳税当兵的义务。

咨议局改为省议会,履行立法机关的职能,是江苏省议会制度的一大特色,反映了由旧官僚和立宪派主导的江苏独立的实质和历史局限。

其次,颁布《中华民国江苏军政府临时约法各司官职令通则》(简称《通则》),规定了军政府下属各司职人员的设置和主要职责。《通则》规定:在军政府下设军务司长、财务司长、外务司长、内务司长、通运司长和提法司长。其中军务司长管理军事、经理军事教育、卫生、警察、司法,兼编制军队事务,监督所辖军人军伍;财务司长管理会计、库帑、赋税、公债、钱币、银行、官产事务,监督所辖各官署及府县与公共联会之财产,并统辖军政府财政事

务；外务司长管理外国交涉及外人事务，并在外侨民事务，监督外交官；内务司长管理警察、卫生、教育、宗教、礼俗、户口、田土、水利工程、善举公益及地方行政事务，监督所辖各官署及地方官；通运司长管理农、工、矿、鱼、林、牧、猎、度量衡及道路、铁路、航路、邮信、电报、船舶各种事业，监督所辖各官署及船舶，并运输造船事务，统辖船员；提法司长处理民事刑事诉讼案件、户籍监狱及保护出狱人事务，并其他一切司法行政事务，监督法官。

各司长可就主管的重大事务提交总务厅会议讨论；向地方官发布指示训令，必要时可停止地方官的命令；统辖所属职员；发布命令，负其责任。司长下设科室，分掌事务。

各司下设承政处，参与机务、收发文书、典守印信、调制统计、编纂图书、管理会计及官产官务。

各司简任副司长（次长）一人，荐举秘书官、书记官、科长、咨补主事、录用掾史等职员，并视情形简任工监、荐举工正、咨补工师、录用工手、咨补事务官、编修官、经理官、视察官、审察官、翻译官、录用通事官等。

副司长协助司长整理部务，监督各科职员；在司长因故不能视事时，得同署制令，代理司长出席会议，参与总务厅会议，发布命令。秘书官承司长之命，分掌机要文书，总理承政处事务。书记官承上官之命，分掌承政处事务。科长承司长之命，分掌事务，指挥主事以下各职员。主事承上官之命，分掌科务。掾史承上官之命，从事庶务。工监、工正、工师、工手皆承上官之命，掌管艺术事务；事务官承上官之命，掌管事务；编修官承上官之命，掌管编修纂记事务；视察官承上官之命，掌视察调查事务；审查官承上官之命，掌管学艺审查事务；翻译官承上官之命，掌翻译外国语文事务；通事官承上官之命，从事事务。

再次，颁布《江苏军政府暂行官制总纲》，规定了都督府及其下属机构的编制、职责。其中都督统辖军政地方一切事宜，都督以下，除立法机关属于议会、司法机关属于审判厅外，分设二厅五司。具体为：

参谋厅，参议海陆各军筹防计划，备都督军事上之咨询，设参谋总次长、一二三等参谋官、秘书官、录事等员额；总务厅，秉承都督，总理一切政务和都督府庶务，设厅长一人，参事、助理员、秘书官、执事官、录事等若干员额；军政司，设司长一人，秉承都督办理军政一切事宜，分设军备、军需、军械、军法四科；民政司，设司长一人，秉承都督办理所有隶属军政府范围的一切财政事宜；外交司，秉承都督办理对于外界一切交涉事宜；提法司，秉承都督办理司法上一切行政事宜。

第四，关于地方官制，都督府制订了《江苏暂行地方官制》，主要内容有：

（1）裁撤、合并原有的行政层级和机构。原先称州的仍称州，称县的仍称县，原称厅的改称县。所有民政事宜，统于州县民政长。将原先的道、府、直隶厅全部裁撤，知州、知县一律改变名称，州、县同城的均裁并合一。州、县民政长直隶于都督府，受都督的监督和指挥，处理各该州县的民政事宜。

（2）规定了地方政府的办事机构。州、县民政长下设：总务课，掌理该州、县的文牍、印信、庶务、会计及不属其他各课的所有事宜；警务课，掌理该州、县的巡警、户籍、营缮、卫生、消防等事宜，都督府所在地设警务总监，不设警务课；学务课，掌理

上海救火联合会警钟楼

该州、县的教育事宜；劝业课，掌理该州、县的农、工、商务及交通事宜；主计课，掌理该州、县的各项税捐及一切财政事宜；典狱课，掌理该州、县的监狱事宜，都督府所在地由提法司管理监狱事宜，不设典狱课。各州、县是否设立佐治职，因地而异，如设立则与民政长同署办公，原先的教职及佐贰杂职一并裁撤。

（3）规定了地方官员的任期以及产生办法。州、县民政长及佐治职均为三年一任。州、县民政长由州、县议会公举，报请都督府核准委任，如有违法及不称职时，除经议会罢免外，都督可以将其免职，由议会另行选举。各、州县佐治职，由该州、县民政长量才授职，由都督府核准委任。

（4）规定了地方立法和司法制度。各州、县设立议会、参事会，并依照原先的法院编制办法设立审判厅、检察厅；各州、县的市制和乡制，暂时依照原先城镇乡地方自治章程办理。

以太仓县为例，一是变更地方机构的名称，撤并有关机构。1911年10月，江苏省临时议会决定，撤并州、县，裁撤道、府、直隶州、厅等机构，各县民政长直属都督。民国元年正月，由都督府公布议案，重颁印信。此举大大减少了官僚机构的层级和官员的数量，因而也减少了百姓的负担。二是划分

了官员的职司。光复之初，地方一般设民政、财政、司法3职，民政下设秘书、总务、警务、学务、交涉5课。不久即规定，除司法独立外，一切统于民政，取消财政，并裁秘书、交涉，增设劝业、主计、典狱3课。后又将劝业改为实业，另成立审、检2厅，典狱改隶司法。这样县署的办事机构分为总务、警务、学务、实业、主计等5个部门。三是规定了佐治职员的人数和职责。四是裁撤旧时胥吏。清朝时，官员一般都有任期，且经常调换，但衙役胥吏却多为保留，他们常年混迹在官场，深知其中的积弊，又自恃熟悉业务，因而得以上下其手，蒙骗长官，欺压百姓，从中捞取好处，晚清官场之黑暗，固然原因众多，但胥吏的推波助澜确实起到了很恶劣的作用。各地光复之初，有些胥吏曾相约一律不入民署办公。革命政府为摆脱胥吏的挟制，向社会公开征召会书写者从事缮写工作，竟遭到原来胥吏的刁难，但革命政府不为所动，对原有胥吏坚持通过考试选用其中的合格者，对不合格者则令其自谋生路。

　　为了照顾全省各地光复情形不一的客观情况，也为了更好地对各地实行有效管理，根据《江苏军政分府》的有关规定，在都督府下，于重要地方设立军政分府，全省共设苏州、镇江、上海、江北、徐州5个军政分府。其中苏州军政分府管辖苏州、常州，镇江军政分府管辖镇江、扬州，上海军政分府管辖松江、太仓，江北军政分府管辖淮安、海州、通州、海门，徐州军政分府管辖徐州。

　　各军政分府由都督任命军政使一人，军政使对都督负责，管理所辖地方及防守事宜，统辖地方军队，执行法律和上级命令，督率地方官员。军政使有发布军令和任命地方官的权力。

　　军政府下设秘书、中书、书记、部长、科长、科员、录事等职员。其中，秘书、中书、书记、部长由举荐产生，科长、科员由咨补产生，录事则由录用产生。秘书掌管机要文书，整理事务；中书掌理军政分府中的一切事务；书记掌理文案；部长总理一部事务；科长掌理一科事务；科员分掌事务，录事从事庶务。

　　第五，制订《江苏临时议会章程》，规范立法机构。

　　《江苏临时议会章程》规定：临时议会作为临时立法机关，设于都督所住之地；由咨议局议员组成，议会开会之日就是咨议局解散之时；设议长、副议长各一人，由议员用单记投票法，分次互选，以得票过半者为当选；议长维持议会秩序，整理议事，对外代表议会。

　　议会的责任权限如下：议决本省根本法及其他法律，管制官规、预算、税法及公债，一省权利的存废，一省义务的担任或增加，与外国缔结条约，依中华民国宪法、法律或本省根本法，属于议会权限的事件。

议员对行政事件如有疑问，可提出质问书，由议长转交都督府；都督府接到后，应由主管各司具书答复；如无答复，须于开会时到会说明理由。

省内人民陈请有关本省利害事件，可具陈请书，由议员递交议会。所陈请事项，应先由议长交付审查会，如多数审查员认为可行者，可由审查会提出意见，提交议会作为议案；有关行政事宜，则转送都督府核办。

关于议会的集会制度，《江苏临时议会章程》规定：临时议会由都督定期召集，会期以40日为止，如有必要可延长15日；非有议员半数以上到会，不得开议；会议时，以到会议员过半数之决定为准，若可否同数，由议长裁决；如事涉本省根本法，非有议员三分之二以上到会，不得开议；非有到会议员三分之二以上之同意，不得决议。会议时，都督及各司得到会，或派员到会，陈述意见，但不列议决之数；议员除现行犯罪外，非经议会同意，不得逮捕；议员在会内所发言论，对会外不负责任，但将所发言论自行刊布者，不在此限。会议时不禁旁听，但都督府请求禁止以及议长或议员10人以上提议禁止者，不在此限。

议会议决案，除都督府与议会同意，认为应行秘密者外，一律由都督公布。

第六，颁布《县民政长选举章程》，完善地方长官的产生办法。

《县民政长选举章程》规定：县民政长由本县公民用复选举法选举，先选出候选人，再从候选人中选出民政长。

关于候选人的被选举资格及限制条件：民政长不以本县人为限，但须具备下列资格：有本国国籍，年龄在30岁以上，有政治上学识才能素孚时望。但有下列情形者，虽具被选举资格，仍不得当选：吸食鸦片，有心疾，不正当营业，曾被判处徒刑，无财产信用被人控告尚未清结者。

关于民政长任期：每届任期3年，每届选举从4月1日开始初选，4月20日为复选日，补缺选举时间另行规定。

关于选务：民政长的初选与复选，均应设投票管理员、监察员、开票管理员若干人，由执行选举事务者委任之；初选由市董会或乡董执行选务，未实行地方自治的城镇乡，由地方公正董事执行选务；复选由县参事会执行选务，未成立县参事会的地方，由原县自治筹备处或公正董事执行选务。

关于初选：初选以各县所属的市乡固有区域为选区。每一选区的当选人数为：市4人、乡4或2人。各县所有公民均为选举人，其中除现任本地官吏委员以及县制所定的议员、参事员外，均可被选为候选人。选举人名册、选举告示、投票方法、检票方法、投票所、开票所，均由市乡规定。候选人

的当选票数必须达到实到投票人数的半数以上,凡因不足法定票数而致无人当选或当选人不足额定,应就得票较多者,按应出或不足之当选人额数,加倍开列姓名张榜公布,由原投票人就所列姓名内再行投票,以足额为止。当选人名次,以得票多寡为序,同票者抽签决定。当选人确定后,应张榜公布,并分别知会各当选人,给予执照,并将当选人姓名、票数,报明民政长及县参事会查核。

关于复选:复选由全县所有当选人齐集县参事会所在地举行,未成立县参事会的地方,在民政署或其他指定地方举行。复选用记名单记法投票,以得初选当选人总额半数以上为当选。因得票不足而致无人当选或获选额数不足,照初选办法再次进行选举。复选开票后,应将当选人姓名张榜公布,并知会当选人,劝其就职;当选人接到知会后,应在10日内作出答复,过期未复者,视同其承认当选。当选人承认当选后,应由主持选务者知会现任民政长,申报都督,给以委任状,定期就职。

关于选举结果的变更:复选当选人如被选举资格不符,或当选票数不实,经人指实者,为当选无效,应即另举。复选当选人有下列情形不愿当选的,可另行选举:确有疾病不能任事,另有职业不能改就,年龄在60以上。民政长在任期内因事出缺,由第一课佐治职代理,并在15日内召集原初选当选人进行补选;补选出的民政长,其任期以补足前任未满时间为限。

关于选举法律纠纷的解决以及选举制度的修改:选举诉讼及罚则,照通行法律办理。本章程如有增删修改,应由省议会议决,以都督府命令公布。

第七,在经济方面,先后颁布了《裁厘抵补方法案》、《两淮盐政总局暂行简章》、《江苏银行章程》、《江苏都督府参谋厅募饷处简章》、《江苏省程都督新定助饷奖励简章》等一系列地方法规和行政命令。

《裁厘抵补方法案》规定,裁撤所有旧常关和水陆各卡局,停止征收所有通过税,改征统一的货物税。货物税向进货商征收,也可由各殷实商家转请民政长呈报都督核准后,自行认捐。但在本县范围内转行批售的,不在此列;在租界附近若干里以内,也不征收此项税种。

关于税率:以前已经认捐的各种货物,除烟、酒、茶、糖仍照旧征收外,均减为八成;以前未认捐的货物,照旧有统捐章程征收;凡旧章货物估本抽收各货,均照成本值百抽二。

关于征税机关:各县设征收货物税总公所一处,其繁盛市镇,酌设分公所若干处,均由民政长妥选专员进行管理。各县商会及各业公所会馆董事,于征收货物税事宜,辅助民政长稽查指导,并随时劝谕商民输纳。

对偷逃税行为的处罚:所有本外省货物,在销售时如有隐匿漏税以及以多报少者,一经查实,除将货物扣留、照章缴纳税额外,再加4倍予以处罚。

《裁厘抵补方法案》的制定,反映了工商经济发达的江苏民族资产阶级要求快速发展资本主义的强烈愿望。

江苏银行是江苏光复后没收盛宣怀的私产而组建的江苏省属公有银行。《江苏银行章程》的主要内容有:设总行于苏州,在上海、镇江、松江、无锡、常州设分行,在各县城等处设分行。银行的总资本为100万元,由余利项下设立准备金,用于保护营业之无损、支付利息。所剩余利首先由政府借用,如政府不用,则放于市面流通,所获余利作为营业收入。

关于营业范围和内容:发行公债票;发行钞票;经理库务;普通商业。第一次发行25万元,其中三分之

中国通商银行旧貌

一留在行内,其余三分之二应有实物或活动抵项,以保持信用。所发钞票用于:(1)汇存准备金,交各庄号作为兑换的资本;(2)各代理机关领借后作为自备准备金。如所发钞票不敷流通,可增加到资本金总额的50%。银行的年总收入,按官六、银四比例分配。银行四成中,二成付现,二成存积作为恤养金。

关于银行的组织机构和组成人员:设监督、总稽核、总簿记、副簿记、书记各1人。所有职员分库务和营业两科。

从章程内容来看,江苏银行已兼具国库和现代商业银行的基本特征,但主要是起着政策银行的功能和作用。

《两淮盐政总局暂行简章》规定:经江苏都督、沪军都督、江北都督同意,在南京设立江苏两淮盐政总局,设盐政总理1人,管理两淮、松江盐务。总局办事机构分设总务、淮盐(即盐务部总长)、松盐(盐政总厅)、会计、文牍、调查、庶务7科,每科设科长1人,由盐政总理委任,各科的会计、文牍、调查

等办事员,由科长按照事情的简繁程度,酌委人数。淮南扬子盐栈、淮北西坝盐栈各设栈长和副栈长1人;湘、鄂、皖、赣各设运销局,每局设局长、副局长1人;通州、泰州各设转运司,每所设所长1人。栈长、副栈长、局长、副局长、所长都由盐政总理委任,其余会计、文牍等职员则由栈长、局长、所长按需委任。各栈、局、所如需设分处,须呈请总局核办。原有两淮盐运司、分司、掣验等官一律裁撤,盐场的场大使改为场长,由盐政总理委任。所属科员,由场长按事之简繁,酌委人数;旧有书吏,一律裁撤。

《程都督新定助饷奖励简章》规定:

(1)凡助饷,不论银数多寡,统由都督府注册存记掣给收取证书,即于证书内致辞褒奖,并刊登各报,以彰义举。

(2)凡助饷银百元以上者,大都督手书褒答之。

(3)凡助饷银500元以上者,大都督手书褒答之,并赠以镌有嘉奖字样之银章。

(4)凡助饷银1000元以上者,大都督手书褒答之,并赠以镌有嘉奖字样之大银章。

(5)凡助饷银5000元以上者,大都督手书褒答之,并赠以镌有嘉奖字样之金章。

(6)凡助饷银10000元以上者,大都督手书褒答之,并赠以镌有嘉奖字样之大金章。

(7)凡助饷银20000元以上者,奖励法,临时定之。

(8)俟共和政府成立,大都督声请颁订奖励章程,造送助饷人姓氏册,照章分别等差颁给,以资奖励。

《程都督新定助饷奖励简章》的颁布,一方面表明光复后的江苏新政府希望通过奖励助饷的做法,来鼓励公民关心公共事务,另一方面也表明光复之初的江苏新政府面临的财政压力较大,想通过鼓励助饷等办法来解决财政紧张的燃眉之急。

同样,《江苏都督府参谋厅募饷处简章》的颁布也是为了解决财政难题。这一章程颁布的同时,参谋厅还发布了"募饷文":

> 鄂军起义,四方响应,不旋踵而湘、淮定、山、陕平、江、浙、皖、赣、闽、粤、滇、黔各省,先后相继独立,名正言顺,天与人归,诚千古以来未有之盛事也。惟是血染征袍,烽烟未息,金陵虽下,尚须进取幽燕。国非兵,固不足以堪大乱而保治安;兵非饷,更不能新其心而收效用。丁此千钧一发之秋,则先筹军饷,尤为唯一无二之主

义。我都督深明大义,垂念时艰,特设募饷处一所,为捐助饷项之总机关,委本厅总司其事,另举绅董为经理。凡吾同胞,谁无胆肝,谁无血诚,明知伪朝库款之无多,而厚敛苛征,又非我军所忍为,若不趁此时机,慨诺千金,功成一篑,则象有齿而焚其身,皮不存而毛安附,行见瓜分立召,噍类无存其惨酷情形,有不忍言者。况我都督率师,亲赴前敌,以身作则,不避艰辛,欲复不共戴天之仇,驰驱于雨弹枪林之下,凡我同胞,又何忍坐拥厚赀,作袖手旁观之计,而不顾乎?更何忍守此厚赀,而为贼兵掳掠之窟乎?扬州、嘉定之屠城,殷鉴不远,汉口、南京之焚掠,现象已昭,此何时乎,各宜猛省,须知集腋成裘,众擎易举,此日仁浆义粟,捐廉固属无多,他时平等自由,幸福岂能限量。①

另外,为规范捐助行为,新政府还制定了《募饷处简章》。主要内容有:募饷处奉都督命令成立,由参谋厅具体负责办理,蒯绅祖为总经理,各界领袖为总董。此前所设女子劝捐会所受捐款,并归募饷处经管,所捐款项汇交总经理处,或由总董迳交参谋厅,存于殷实庄号,一律用于组织北伐队,并犒赏军士之需,不得移作他用。捐款后,给以凭证,捐款人姓名,随时登报,以昭信实。

第八,在教育方面,先后发布了一系列行政命令。

首先是发布了有关教育改革的章程布告,指出:学校教育,无论高等、中等、初等程度,其举办毕业,均应以生徒修毕各该处所定之课程为准,而成绩之优劣,各校校长应负完全责任。自1912年起,凡修业期满之生徒,即由校长举行毕业试验,其及格者,即由校长授予毕业证书,报由该校所在地方民政长,编造统计表,转报本都督府查核。从前各项学堂,均改称学校。监督堂长,应一律改称校长。此后所发毕业证书,中学以上,应盖用该校钤记,其向用关防者,应即改刊。小学应盖用该校图记,如向用关防者,应即改刊,均按照颁发式样大小,自行刊用。其以省经费设立者,一律刊明省立字样,以本县或市乡公款设立者,一律刊明县立或市立、乡立字样;以私人或私法人经费设立者,一律刊明私立字样。所造统计表,亦应一律注明。

接着颁布了《改定学期学年令》、《各学校学年学期令》、《废除简易学塾令》、《推广初等教育方法令》、《计发推广初等教育方法令》、《取消各地劝学所令》等行政命令。其中《改定学期学年令》、《各学校学年学期令》规定,从

---

① 《江苏都督府参谋厅募饷文》,载《江苏文史资料》第40辑,第280页。

1912年开始,各学校一律采用公历纪年,一学年分为三个学期,4月1日为新学年开始,至7月13日,为第一学期,共15周(周日至周一分别称为日曜日、月曜日、火曜日、水曜日、木曜日、金曜日、土曜日);7月14日至8月31日为夏季休业;9月1日至12月15日,为第二学期,共15周;12月16日至1月12日,为冬季休业;1月13日至3月23日,为第三学期,共10周;3月24日至31日为春季休业。

《废除简易学塾令》指出:前清所定简易识字学塾办法,以年长失学与贫寒子弟两相并提,用同等之学程,使年长之人与年幼儿童受同等之教课,微特就学者两无实益,且令办学者避难就易,借此简易学塾以塞责,转妨碍其筹设初等小学之本务,流弊何可胜言,时论交相诟病,本都督为实行义务教育起见,合亟废止简易识字学塾,酌改为初等小学,或补习科。其原有学塾,收年长失学者,即改为补习科。收年幼儿童者,即改为初等小学校。庶名实相符,教育乃有实益。

《推广初等教育方法令》指出:立国之本,首在教育,而施行教育,以普设小学为至要。兹值中华光复,改建民国,所有各小学校,亟应按照初等教育宗旨,留意儿童身体之发育,授以共和国民道德之基础,并其生活所必须之智识技能,方能使国民之程度日高,而国本予以巩固。查前江苏咨议局议决推广初等教育方法案,限期进行,至为切实。现谋教育普及,合将前案,略加修改,著为推广初等教育方法令,暂不规定限期,惟望各地方按照方法,迅速进行,冀收成效。

《计发推广初等教育方法令》规定,市乡公所应负设置初等小学的义务,具体来说应做好以下几项工作:调查本区域内学龄儿童数量;根据儿童人数的多寡与就学的利便,规定应设初等小学的数量与位置;根据财力情况,确定逐年推广的次序;将办学与推广情形绘制成图标,呈报民政长,并将逐年调查、规划情形,呈送市乡,以确定编制预算。

在事务较简单的市乡,教育费用不少于市乡经常费用的十分之八;在事务较繁复的市乡,教育费用不得少于经常费用的十分之二。

这些硬性规定,从体制和机制上保证了教育工作的顺利开展。

为实现教育管理体制的统一,避免政出多门,相互推诿扯皮,程德全还发布了《取消各地劝学所令》,决定将各州、县旧时所有劝学所一律取消,其所遗事务由学务课办理。

从上述相关法令、法规的颁布可以看出,苏省光复后,程德全对立法工作是相当重视的,工作的频度和效率也极高,与其他省份相比,明显处于先进行列,因而其示范效应相当明显,表明以程德全为都督的苏省政府急谋尽快确立区域社会秩序和治理合法性的用心相当良苦。事实上,由于程德全等十分重视法律法规等的制度建设,江苏省的治理很快就走上了正轨,很少出现其他地方反复出现的政局不稳乃至相互杀戮、社会动荡的严重混乱现象。难怪苏州地区有民谣曰:"苏省光复苏人福,全靠程都督",语中虽有夸张的成分,但在某种程度上也反映了程德全通过法制维稳给百姓带来的实惠。

第四节 积极参与全国政权的筹建

武昌起义成功后,孙中山赶回国内。回国途中他于11月11日致电同盟会机关刊物《民立报》,就成立统一的中华民国政府发表如下意见:

> 文已循途东归,自美徂欧,皆密晤其要人,中立之约甚固。惟彼邦人士,半未深悉内情,各省次第独立,略致疑怪。今闻已有上海会议之组织,欣悉总统自当选定黎君,闻黎有推袁之说,合宜亦善。总之,随宜推定,但求早固国基,满清时代权势利禄之争,我人必久厌薄,此后社会当以工商实业为竞点,为新中国开一新局面;至于政权,皆以服务视之为要领。①

从孙中山的通电可以看出,他此时尚无由自己来组建中华民国临时政府并担任临时政府总统的想法,并认为不管是推举黎元洪还是由袁世凯当大总统,都是可以的,但要尽早确定,以免西方列强的疑忌,横生枝节。他还认为,民国应有新气象,今后国家的工作重点应是发展工商实业。

1911年12月21日,孙中山到达香港,广东军政府都督胡汉民以及廖仲恺等人乘兵舰前往迎接。胡汉民竭力劝孙中山暂留广东,整顿军队,然后举兵北伐,完成统一大业。他对孙中山说,无兵可用,号令难行,即使当了大总统,也是无所作为。但孙中山认为:"以形势论,沪宁在前方,不以身当其冲,而退就粤中以修战备,此为避难就易……我若不至沪宁,则此一切对内对外大计主持,决非他人所能任。"②又说:"现在各国政府士夫,均望文速归,组织中央政府,此事一成,财政、外交皆有头绪,此外问题亦因之迎刃而解。当今政策,莫大乎此。"③

与此同时,随着独立省份的增加,组建统一的中央政府越来越成为各方

---

① 中国国民党中央党史史料编纂委员会:《革命文献》第1—3合辑,(台)中央文物供应社1978年版,总第1页。
② 《孙中山全集》第一卷,中华书局1981年版,第569页。
③ 《孙中山全集》第一卷,中华书局1981年版,第570页。

黎元洪

都普遍关注的事情。为争取在组织全国统一革命政府方面的主动,黎元洪率先于11月7日致电各省,征询对组织统一政府的意见,他说道:"现在义军四应,大局略定,惟未建设政府,各国不能承认交战团体。敝处再四筹度,如已起义各省共同组织政府,势近于偏安,且尚多阻滞之处。若各省分建政府,外国断不能于一国之内,承认无数之交战团,兹事关系全局甚大,如何之处?乞贵军政府会议赐教,立盼电复。"①黎元洪所说虽为实情,但他明显想以首义之区取得组织统一的革命政府的主动权。两天后,黎元洪再次发出通电,正式邀请独立各省选派代表赴武昌筹建临时中央政府,但因芜湖至九江的电缆发生故障,上海方面未能及时收到武昌发来的电报。

程德全与江浙立宪派人士也在积极筹备成立全国统一的临时革命政府,以掌握主动。江浙联军攻占南京前夕,程德全即致电张謇,预为后事打算和安排,以争取主动:"前敌战况极佳,南京旦夕可下,此后进行,亟待规正,其大要盖有三端:一派兵援鄂;一出师北伐;一联合会组织实行。昨章太炎先生到尧化门面谈,意见相同。全因公赴马群与林(述庆)徐(绍曾)商议,均表同情。全今日赴沪,与公等晤商一切,并会同各省代表集思熟筹,以期克日进行。"②不能不说辛亥革命前后程在政治上表现出了相当的老练和沉稳,因此每每能在重要政治决断的当口掌握主动,由此也可看出,凡是在立宪派或旧官僚掌握政权的地区,社会秩序一般都较为稳定。而在革命党人掌握政权的地方由于革命党人缺乏政治经验,凭一腔革命热情来治理地方,每临大事多仓促决断,政治和社会秩序往往也就很难尽快稳定下来,有

---

① 中国国民党党史史料编纂委员会:《革命文献》第1—3合辑,(台)中央文物供应社1978年影印版,总第1页。
② 扬州师范学院历史系:《辛亥革命江苏地区史料》,江苏人民出版社1961年版,第552—553页。

的地方甚至发生了政局动荡、革命党人被杀害的情况。

江浙立宪派以东南为全国财富的聚集地,统一的革命政府组成后,亦必成为重要的财政输出地,他们当然不甘心在组织革命政府一事上完全处于被动地位。他们拟定了一个临时国会的成立计划,打算越过各地军政府,趁革命党人将注意力主要集中于和战问题而无暇顾及建设政权的时机,抢先在上海成立一个具有临时国会性质的"全国会议团",以便掌握筹建临时政府的主动权。他们先是以各省代表的名义草拟了一个《组织全国会议团通告》,为了壮大声势,程德全以四川代表的名义参与该通告的拟定。但是,他们也考虑到,如果单独以立宪派的名义通电全国,其合法性必遭各地革命党人的质疑。经再三考虑,又将《组织全国会议团通告》改由江浙两省都督程德全、汤寿潜向上海都督陈其美通电建议的形式于11月11日在报上正式发表,提议在上海组织临时议事机关。程、汤的电报说:

> 自武汉起义,各省响应,共和政治已为全国舆论所公认。然事必有所取,则功乃易于观成。美利坚合众国之制度,当为吾国他日之模范。美之建国,起初各部颇起争端,外揭合众之帜,内伏涣散之机,其所以苦战八年,辛收最后之成功者,赖十三州会议总机关有统一进行维持秩序之力也。考其第一次第二次会议,均仅以襄助各州议会为宗旨。至第三次会议,始能确定国会,长治久安,是亦历史上必经之阶段,吾国上海一埠,为中外耳目所寄,又为交通便利,不受兵祸之地,极宜仿照美国第一次会议方法,于上海设立临时会议机关,磋商对内对外妥善之方法,以期保疆土之统一,复人道之和平,务请各省举派代表,迅即莅沪集议,其集议方法及提议大纲,并列于下。计集议方法四条:一、各省旧时谘议局,各界代表一人。一、各省现时都督府各派代表一人均常驻上海。一、以江苏教育总会为招待所。一、有两省以上代表到会,即行开议,续到者随到随与议。又提议大纲三条:一、公认外交代表。一、对于军事进行之联络方法。一、对清皇室之处置。右举各节,乞速核夺电复为幸。①

12日,江苏都督代表雷奋、沈恩孚和浙江都督代表姚桐豫、高尔登联名致电各省派两名代表到上海,商组临时政府,并请各省公认伍廷芳、温宗尧

---

① 中国国民党党史史料编纂委员会:《革命文献》第1—3合辑,(台)中央文物供应社1978年影印版,总第2页。

为临时外交代表。11月15日,各省代表陆续到沪,举行集会,是为"各省都督府代表联合会"。20日,议决承认武昌为中央军政府,黎元洪为执行中央军政府任务之大都督,并请以中央军政府名义委任伍廷芳、温宗尧为外交和谈代表。

权力欲望极强的陈其美当然乐意接受,在他看来,这份电报实具有试探的意味,如果程、汤的建议真的能被各方所接受,至少在客观上有利于提高上海在全国的影响和地位,如获各省响应,则功归于己;即或得不到响应,也没有什么损失,程、汤也并不是真的想给陈其美什么好处。

与此同时,镇江都督林述庆也通电各省,提议派代表到上海召开特别大会,公议建设政府地点,并推举临时大总统,总持一切。

11月13日,陈其美向各省都督发出通电:"今接湖北黎都督及镇江林都督两处专电,意为上海交通较便,组织机关,用为开会之地。闻命之下,距跃三百,亟当遵照办理,用特通电贵省,商情会举代表,定期迅赴上海,公开大会,议建临时政府,总持一切,以立国基,而定大局。"

比较陈其美和程德全、汤寿潜的电文,其区别是显而易见的。关于会议代表的组成,陈其美主张由独立各省都督"公举代表",其范围包括已经宣布独立的14个省;而程、汤则主张各省旧咨议局和独立后的都督府派遣代表,组成混合代表会议。据代表沪军都督府出席会议的代表袁希洛回忆:"陈其美任沪军都督后,发起组织各省代表团,商议组织中华民国临时政府。陈主张由各省都督指派,江苏人士则主张由各省临时省议会或咨议局推出代表,因此两者之间发生了摩擦,进行了明争暗斗。"关于设立临时政府,还是设立议会,陈其美"议建临时政府",而程、汤等只是提出"于上海设立临时会议机关"。前者的目的是为了掌握筹建临时政府的主动权,后者则是为了分享权力。

经过紧急磋商,江、浙、沪三方达成妥协,同意组织各省都督府代表会议,并决定先由三方派出代表组成。因当时各省有不少名流已相继集中上海,11月15日,已到10省代表在上海的江苏教育总会召开"各省都督府代表联合会"。17日,"联合会"致电武汉方面,声称:"本会各代表以上海交通便利,多主张在沪开会",希望湖北军政府派代表参加,但遭到武汉方面的强硬拒绝。

江、浙、沪的举动显然是为了握住建立全国政权的主动权,然而想法虽好,要实现起来却有很大难度,毕竟首义之功属于武昌,东南地区再怎么重要,也只能算作后知后觉,就起义时间的选择而言明显地处于响应武昌的从属地位。因此,江浙军政府很快同意在武昌成立中央政府。

第四章 辛亥革命中的程德全

在遭到武汉方面的拒绝后,"联合会"只得向武汉方面表示:"认鄂军为民国中央军政府,即以武昌都督府执行中央政务,统筹全局,划一军令。其中央军政府组织,请贵都督府制定。"但其对武汉方面要求派代表赴鄂筹建临时中央政府的建议未置可否。江、浙、沪方面显然有"政府设鄂、议会设沪"的想法,但这一想法显然有致命的弱点,没有可行性。即将成立的民国政府,显然属于资产阶级性质的,政府作为行政机构与作为立法机构的议会异地而立,想法虽玄妙,但实际操作起来却不现实。与此同时,谭人凤等14位革命党人从武汉致电上海,希望在上海的革命党人迅速派代表赴鄂。

11月23日,武汉方面的代表居正、陶凤集抵达上海,与各省代表进行沟通。在这种情况下,江、浙、沪方面决定就驴下坡,进行让步。

在得悉孙中山在组织临时政府问题上的态度后,程德全于11月14日电请孙中山尽快返回国内着手组织。兹录电文如下:

> 大局粗定,军政民政,亟须统一,拟联东南各军政府公电恳请孙中山先生迅速回国,组织临时政府,以一事权。中山先生为首创革命之人,中外人民皆深信仰,组织临时政府,舍伊莫属,我公力顾大局,想亦无不赞成,即祈速复。

程的电报显然有借重孙中山的威望来提升东南地区地位,以便在未来的政权建设中处于主动地位的考虑,但在客观上却也有利于提升以同盟会为主体的革命党人的威望。

当得知江浙资产阶级上层在建立临时革命政府问题上的基本态度后,孙中山对由他出面组建中华民国政府一度表现出很高的自信。他在致美国友人咸马里的电报中说:黎元洪"突然成功可能助长其野心,但他缺乏将才,无法久持。各地组织情况甚好,都希望我加以领导。如得财力支持,我绝对能控制局势。"[①]

但在孙中山没有回到国内的情况下,江浙等省却无法与首义的武汉方面争夺正统地位。于是,江浙代表致电黎元洪和黄兴,表示承认湖北军政府为民国中央军政府,说:浙、苏、镇、闽、鲁、湘、沪等地的代表已到达上海,奉天、吉林、直隶即日派出代表来沪。电文并指出,沪方已议决,由鄂军为民国中央军政府,以武昌都督府执行中央政务,统筹全局,画一军令,中央军政府

---

① 中国国民党党史史料编纂委员会:《革命文献》第1—3合辑,(台)中央文物供应社1978年影印版,总第4页。

孙中山任临时大总统时的住所

组织由湖北都督府制定,但要求湖北军政府正式委派伍廷芳、温宗尧为驻沪办理交涉的代表。

不过,江浙与武汉方面关于临时政府成立地点以及重要组成人选的争论,随着孙中山的回国,很快便有了分晓,那就是孙中山一时成了众望所归的领袖人物,南京也取代武汉,成了临时政府的首都。

经过多方协商,革命各省定五色旗为国旗。武昌起义后,各地所用义旗并不一样。湖北革命党人打出的是红底十八黑星旗,红色代表血,黑色代表铁,十八颗星代表内地的18个省,取意光复全国。其后光复的各省中程德全宣布反正,苏省光复时用的是五色旗,亦称"虹旗",意喻虹现雨霁,虹旗一出,扫尽专制阴霾,可得天下清明。福建用的是青天白日旗。南京临时政府成立时,章太炎主张用五色旗,以红、黄、蓝、白、黑五色代表汉、满、蒙、回、藏五族共和,而孙中山表示赞成用青天白日旗为国旗。他认为,五色旗为清海军官旗,用作国旗"未免失体",而且以色代族,取义不确。但临时代理参议院坚持用五色旗作为国旗,孙中山不便再坚持己见,因此五色旗遂作为中华民国国旗,一直到1929年张学良下令东北军易五色旗为青天白日满地红旗,五色旗的历史使命方告终结。

此时的程德全已站到了要彻底推翻清廷的阵营一边,他积极支持尽早发动北伐,逼清帝退位。12月2日南京攻克后,在各方妥协下就任江苏都督的程德全开始谋划进攻浦口的军事部署。12月5日,北伐联合会在上海成立,程德全被推举为会长。北伐联合会一面在上海招募士兵,一面致电各省都督,要求各省将北伐之师电告,以便划一军制。12月20日,江浙联军在咨议局开军事大会,提议北伐,并用投票互选法推举北伐总司令。到会各军将校一百余人,推举徐绍桢为北伐总司令官,随即电告各省都督。善打硬仗的济军(已改为辅军)统领黎天才,因在攻克南京的战斗中表现突出,被任命为北伐军第三镇统制,先援武汉,再挥师北上。

可惜的是,历史并不是一厢情愿的,在复杂的历史情势下,革命的南方和保守的北方进行了为时不短的角力:在策略上,南方是以北伐配合议和,逼清帝退位;而北方则以议和破坏南方的北伐。结果,南北议和成功,北伐夭折,清帝逊位。

民国奇人程德全

第五章　辛亥革命后的程德全

南京临时政府成立后,为争取广泛的同盟者和支持者,显示资产阶级革命家的气度与胸怀,孙中山经过反复协商、多方征求意见后,提出了政府各部门的总长和次长人选,程德全获任内务总长。程德全虽未到职任事,但也没有完全置身事外,他曾多次向南京临时政府提过意见;宋教仁被刺事件发生后,程德全受命彻查这一案件,找出了幕后黑手;"二次革命"发生时,程德全不赞成以武力对抗袁世凯的倒行逆施;"二次革命"失败后不久,程德全因得不到袁世凯的信任和看透了民初政治的黑暗与险恶,最终选择遁入空门。

第一节　南北议和成功,程德全回任江苏都督

1912年元旦,孙中山就任南京临时政府大总统,任命程德全为内务总长。程虽未到职任事,但曾就自己关心的分内之事,屡屡向南京临时政府建言献策。比如,他曾以南京市为例,就地方官制问题提出了如下意见:

孙中山亲笔签署程德全委任状

南京为临时首都,维持治安自是要图,兹拟将旧有江宁巡警路工总局改为中央巡警厅,专管巡警事务。至原有之都督府及江宁民政厅,均为地方官。令(今)江苏都督已移驻苏州,而机关尚在江宁民政厅办理,亦不合法。拟将原有二机关消灭,另设一南京府知事,专管江宁、上元两县地方行政事务,均著直隶本部,以便监督而期整理。至各省起义之后,地方官制均系自由规定,罔相师袭,故难免歧异。目下中央政

府业已成立,似宜统筹全局,从新厘订,以昭划一。①

不久,他又就地方官员的名称等事呈请孙中山给予指示:

  民国建立,所有全国民政亟应改革办法,以期整齐,不至蹈满清秕政旧辙。惟官制尚未议定,而各属纷纷申请改用关防,既不能缘其旧称,又未便巧立名目,究应用民政长或知事名称之处,非本部所敢擅断。为此备文呈请大总统,伏乞饬令法制院从速筹议。②

  应该说,程德全两次所呈请的都是事关官制改革的重大事务,也是内务部应该关注的事情。此外,他还就福建军政府擅自在《临时政府公报》上公布都督府大纲一事而向孙中山提过不同意见,认为政府公报擅自登载闽都督府大纲"引起政治权不一之失策",由此还会生出"将来一切公布之法令,均不生效力,则内外观听遂自此淆乱而失其依据"的严重后果,他向孙中山明确提出应迅速取消闽都督府大纲,并公开声明登载失误的原因,而且"以后公报凡关于法令之件,必须公布者,始能登录"③。程的意见得到了孙中山的高度重视和完全同意。

  对于程德全的意见和建议,临时政府都是高度重视的,但是同时考虑到他的健康问题,孙中山曾明确提到过程德全有病,因此革命党人虽希望程德全能早日来宁视事,但并没有强求。革命党人的上述态度,一方面是为了照顾程在辛亥革命中主动反正的表现,同时也是为了更好地贯彻总长取名、次长取实的既定宗旨,从而有利于资产阶级政治主张的贯彻实施。

  此外,程德全还于1月3日在上海与章太炎合作,组织过中华民国联合会,其后该会相继改组为统一党、共和党。不过,很快他就发觉章太炎这个人很难合作,彼此政见不合,并且他深感政党组织纷繁复杂,混乱不堪,实在看不惯,就在5月间退出了共和党。接着,他准备与副总统、湖北都督黎元洪组建政见商榷会,但也没有成功。后来,程德全在给黄兴的一封长电中说:"近日实无所谓政党,不过一二沽名之士以党名为符号,而一般无意识之人从而附和,自命政党,居之不疑,叩以政见,毫无所有。德全前之脱除共和党籍实由于此,后之组设政见商榷会亦由于此。"在曾经担任过程德全幕僚的张国淦打算组织民主党时,程告诫道:"智识幼稚,如吾国是,则党派实不应发生太早,由此点思之,吾国至少非有五年或十年之预备,不可言党也。"

---

① 《孙中山全集》第二卷,中华书局1982年版,第51—52页。
② 《孙中山全集》第二卷,中华书局1982年版,第52页。
③ 《孙中山全集》第二卷,中华书局1981年版,第69页。

认识不可谓不深刻。

众所周知,南京临时政府存在的时间并不长,在南北议和后很快就终结了。在南北和议过程中,程德全没有过多介入,态度亦不甚明朗,原因在于,在他的内心深处虽然赞成南北和议,以便早日结束乱局,但他又对袁世凯的为人持保留态度。由于与他过从甚密、自己平时又言听计从的张謇等人明确支持由袁世凯出面收拾残局,城府很深的程德全内心虽或有所保留,也不便公开发表不同意见,况且在当时的具体情况下,舍袁世凯也确实没有更为合适的人选能够担负起逼清帝退位、实现南北统一的重任。

还在袁世凯正式复出前,以张謇等为代表的立宪派和旧官僚就把中国的前途和希望寄托在了袁世凯的身上,连首义后被推为都督的黎元洪在得悉袁即将出山的消息后,也亲自给袁世凯写信,劝其赶紧来一起革命,并以举其为大总统相许,表示如袁反戈,将来民国总统选举时,可以从容地取得第一任中华共和国大总统的位置。

我们认为对于张謇、程德全等立宪派在辛亥革命中的作用,要作辩证分析。一方面要看到,他们对清政府昧于时事的顽固态度日益失望,认识到在革新鼎故之际,故步自封只能被时代所抛弃。在大变革即将来临之际,他们中的绝大多数人出于保境安民、维持自身利益考虑,纷纷转向同情和支持革命。在他们看来,晚清时期由于多年的矛盾积累和列强侵逼,客观上已到了变亦变、不变亦得变的关头,主动顺应变革、转向革命,可以因势利导,将激烈的流血革命变成和平的政权易手,否则上下联动,岂有完卵?事实证明,立宪派在历史关头的抉择是明智的。另一方面也要看到,立宪派的转变似乎仍然不够彻底。对于普通民众来说,固然已经对清政府失望至极,但就多数人而言仍然抱着得过且过的态度,且革命在儒家传统思想中究属"犯上作乱",是玩不起的。在没有广泛地动员民众之前,要让百姓很快投身到革命的洪流中去,为所谓的"主义"而战是不现实的。而旧官僚与立宪派就完全不同了,他们中的绝大多数不仅都是当地的名门望族,家道殷实,令人称羡,有较强的社会号召力,且都接受过系统的教育,相当多的人还接受过西方教育,对世界发展的大势能有起码的了解,因此以旧官僚和立宪派为号召,引领平民跟着他们走,比缺乏社会基础的革命党人去平民中号召发起革命,效果要好得多,至少在平民的眼里跟着有权有势的人去"革命"不大可能会招来杀身之祸。立宪派也正是利用了清政府在一定范围内尚能容忍的有利条件,很早就在从事着宣传自己的政治主张、附带争取群众的工作。这也就是立宪派在辛亥革命爆发前后能够在许多地方登高一呼而应者云集的原因。

立宪派之所以不信任孙中山,主要是对他的执政能力有所怀疑,担心他只知破坏,不懂建设。典型者如张謇就说过:"与中山谈论政治,知其于中国四五千年之疆域民族习俗政教因革损益之递变,因旅外多年,不尽了澈,即各国政治风俗之源流,因日在奔波危难之中,亦未暇加以融会贯通。"①他在日记中则记载说:"与孙中山谈政策,未知涯畔。"②同时,立宪派对孙中山的暴力革命主张感到恐惧,认为不流血的渐进路线最符合自己的心意。张謇说道:革命有圣贤、权奸、盗贼之异。除汤武之外,其他所谓革命,都和权奸盗贼相类似。总之,在以张謇为代表的立宪派眼中,孙中山是一位只知暴力革命、不懂和平建设、没有行政经验的破坏者,而袁世凯就不一样了。而张謇在记述其与袁世凯绝交20多年后首次交谈的感受时觉得袁世凯已今非昔比,比28年前有了很大的长进,能力远在很多重臣之上。在参观了袁世凯所办的实业事业后,更是慨叹袁世凯能力非凡,在天下所有的督抚中已无人能及了。有过义和团运动的惨痛教训,立宪派更担心乱局时间一长,可能给帝国主义国家干涉中国内政提供口实。张謇就曾说过:"夜长梦多,皆由不早统一之过。若再相持,危机愈迫,祸乱不可胜言。"③因此,辛亥革命后,深谙立宪派担心地方动乱的紧张心理,继续掌权的旧官僚无不以恢复地方统治秩序为唯一要务。程德全就任都督后赶忙将恢复秩序维稳作为自己的施政方针,并予以公布,由此,他获得了地方士绅的广泛支持。

孙中山祭奠明太祖陵

张謇更是把复出的袁世凯视为中国的救星。还在袁被罢黜期间,张謇就捐弃前嫌,于赴京途中特意经过袁赋闲静观、伺机复出的洹上,与袁作竟夕密谈。

武昌起义爆发后,张謇、袁世凯之间电报往还,络绎不绝。张謇对袁说道:"甲日满退,乙日拥公⋯⋯愿公奋其英略,旦夕之间勘定大局,为人民无

---

① 《张謇全集》第五卷(上),江苏古籍出版社1994年版,第492页。
② 《张謇全集》第六卷,江苏古籍出版社1994年版,第662页。
③ 《张謇全集》第一卷,江苏古籍出版社1994年版,第217页。

量之休,亦即为公身名俱泰,无穷之利。"袁复电除了表示感激外,也道出了实情:"近日反对极多,情形危险,稍涉孟浪,秩序必乱……非好为延缓,力实不足,请公谅之"①。在政坛跌打滚爬了多年的袁世凯深知出手火候的重要,欲速则不达。况且,南方各省虽早已宣布独立,然内部并不统一,且困难重重。适当拖延,不仅越发显示出自己无与伦比、别人难以取代的重要性,而且也能拖垮南方多数革命政权,或激化其内部原有的矛盾,以从中获利。同样,北方效忠清廷的顽固分子还有很多,有的还伺机欲动,策划并实施一些恐怖暗杀活动,且欺侮孤儿寡妇也会给人留下不够仁义的现象。因此,适当拖延,让清廷在一夕数惊中煎熬,也十分有利于抬高自己的身价,并在对清廷的最后一击中大获全胜。对此,袁世凯的考虑是:

> 辛亥革命时,清廷起用项城,督师武汉,未几,擢为内阁总理,其权势之重,一时无与抗衡者。当时,其左右亲昵之人,即有劝袁利用机会取清廷而代之之乱议。……而项城之所以不出此者:(一)袁氏世受清室恩遇,不肯从孤儿寡妇手中取得天下,为后世所诟病;(二)清廷旧臣尚多,如张人骏、赵尔巽、李经义等,均亦具有相当势力;(三)北洋旧部握有军权者,如姜题桂、冯国璋等尚未灌输此等思想;(四)北洋军力未能达到长江以南,即令帝制自为,亦是北洋半壁,南方尚须用兵;(五)南方人心向背,尚未可知。因此项城最初表面维持清室。②

对于张謇这样的上层立宪派人士来说,身上背负的传统因素实在是太多了。张原本与袁世凯有隙,起因于当初袁世凯叛主求荣,因此张謇对袁的人格极为反感和蔑视。1884年,张曾和其兄张詧、朱铭盘等联名致信袁世凯,公开指责袁忘恩负义,斥责其有三"可笑":"仆等与司马,虽非旧识,要亦贫贱之交,而往春初见,虽栩栩作公孙子阳见马文渊之状,一再规讽,不少愧悔,此一可笑。謇今昔犹是一人耳,而老师、先生、某翁、老兄之称,愈变愈奇,不解其故,此二可笑。謇司筱公支应所,司马既有领款,应具领结;謇因司马问领结格式,遂即开写,辄斥为何物支应所,敢而诞妄。不知所谓诞妄者何在?勿论公事矣,謇与司马平昔交情何如?而出此面孔,此三可笑。"信中并奉劝袁:"愿司马息心静气,一月不出门,将前劝读之呻吟语、近思录、格言联璧诸书字字细看,事事引镜,脚踏实地,痛改前非,以副令叔祖、令堂叔

---

① 张孝若:《南通张季直先生传记》,中华书局1931年版,第150页。
② 张国淦:《洪宪遗闻》,载《文史资料选辑》第1辑,中国文史出版社2000年版,第108页。

及尊公之令名,以副筱公之知遇。""若果复三年前之面目,自当仍率三年前之交情。"①

后来的史实证明,袁并没有向张氏兄弟表示悔过,以袁的桀骜不驯以及自小养成的顽劣个性,也不可能向略显迂腐的张氏兄弟道歉,张、袁因此而断绝往来。但在辛亥革命爆发前后,担心局势大乱因而损及既得利益的张謇,仍然屈尊主动前往拜访被清廷开缺回原籍洹水"养病"的袁世凯,并与之竟夕长谈。袁对张表示:"有朝一日蒙皇上天恩,命世凯出山,我一切当遵从民意而行;也就是说,遵从您的意旨而行。但我要求您,必须在各方面把我的诚意告诉他们,并且要求您同我合作。"袁的诚意究竟如何,历史已作了最好的回答,但他的这些表白在当时确实打动了张謇。在南北和议期间,袁世凯又一再嘱咐南下和谈的唐绍仪到上海后务必尽快拜见张謇,并转告自己的意见:"我必尊重他的意见而行事。"②唐则在和张謇的晤谈中,透露了如下重要信息:若推袁为总统,则清室退位,不成问题。有了这样的底牌在手,张謇在跟革命党人的交谈中,自然就显得很有底气。缘此,张对孙中山任命他为实业总长采取敷衍态度并最终坚决辞去这一职务,也就是情理之中的事了。由此也可以看出,像张謇这样的上层立宪派人士之赞成辛亥革命是有条件的,实在是出于对清廷完全失望后而迫不得已的选择。一旦他们心目中出现了自认为可以维持局面的合适人选后,很快就可以将此前的不快抛诸脑后,革命爆发之初的热情也迅即冷却消散。

为此,张謇积极在江浙立宪派中做工作,他和汤寿潜、狄楚青、赵凤昌、黄炎培、沈恩孚、雷奋、李书城、史量才等频繁在《时报》馆的"息楼"或赵凤昌的私人书斋"惜阴堂"集会,统一对时局的意见。这实际上主导了日后开始的南北议和,而且不断为袁世凯出谋划策。袁世凯也依计而行,事情进展得颇为顺利,但当他得知南方各省宣布于1912年1月1日成立南京临时政府后,不禁恼羞成怒,一度接受唐绍仪辞去北方和谈代表的请求,表现出要与南方决裂的架势。见袁世凯恼怒,张謇马上去电进行解释:

> 南方先后独立,事权不统一,秩序不安宁,暂设临时政府,专为对待独立各省。揆情度势,良非得已。孙中山亦已宣言:大局一定,即当退位。北方军队,因此怀疑,实未深悉苦衷。若不推诚布公,急求融洽之方,恐南北相持,将兆分裂,大非汉族之福,心窃

---

① 公开信中的公孙子阳为东汉公孙述,马文渊为马援,意指袁得意忘形,爱摆架子,对朋友怠慢、倨傲无礼。

② 刘厚生:《张謇与辛亥革命》,载《辛亥革命回忆录》第6集,中华书局1963年版,第265页。

袁世凯

痛之。

张謇还深深理解袁世凯不愿给世人留下欺侮清室"孤儿寡妇"形象的苦衷,于是自告奋勇地向袁世凯建议,可由军队出面通电逼清廷退位。张在致袁密电中说:

> 謇前曾以第三者自任,今危象已露,不容坐视。现以纱厂事,拟亲自赴鄂,借与段芝泉密商。一则表示南方设立政府,绝无拥护权利之思;一则酌拟国民会议办法数条,请其与黎元洪双方结约,作为南北军人之公意,各自电请政府照办。意既出于军人,设南北政府不匀照行,军人即不任战斗之事。如是则南北政府得以军人为借口,可免许多为难。公如以为可行,请一面电复,一面密告芝泉,俾可放胆为之。倘公不以为然,亦请明晰电示,謇亦不便再问。①

张謇到汉口见过段祺瑞后,又致电袁世凯,表示:

> 窃谓非宫廷逊位出居,无以一海内之视听,而绝旧人之希望;非有可使宫廷出居之声势,无以为公之助,去公之障。在鄂及北方军队中,诚甚少通达世界大势之人;然如段芝泉辈,必皆受公指挥。设由前敌各军以同意电请政府云,云军人虽无参预(与——引者)政权之例,而事关全国人民之前途,必不可南北相持自为水火。拟呈办法,请政府采纳执行;否则军人即不任战斗之事。云云。如是,则宫廷必惊;必畀公与庆邸为留守;公即可担任保护,遣禁卫军护送出避热河,而大事可定矣。所拟办法如下,公如以为可行,须请密电段芝泉等。②

袁世凯虽在致张謇的回电中表示此举"极多困难",但对张謇建议的具体办法未置可否。不过,1912年1月25日和26日两天,段祺瑞等公开通电要求实行共和,显然是张謇建议发生作用的结果,否则以北洋父子兵关系的状况,段祺瑞在未经授意的情况下,是很难擅自就如此重大问题表示意

---

① 《张謇全集》第一卷,江苏古籍出版社1994年版,第211页。
② 《张謇全集》第一卷,江苏古籍出版社1994年版,第204页。

见的。

　　张謇的这种为达目的不择手段的建议,固然表明他与清政府决裂的彻底,但不料却由此开启了近代中国军人干政的恶劣先例,这大概是张謇做梦也没有想到的。而袁世凯也正是充分利用了立宪派人士因担心出现乱局而信任于他的弱点,由此实现了自己的政治野心。然而,一旦大权在握,较少近代民主政治知识储备的袁世凯,就很快显示出了与立宪派人士政治诉求的异趣,并最终导致了袁与立宪派人士的分道扬镳。

　　张謇在充分打通了袁世凯的关节后,便加快了与革命党人疏离的步伐。张謇原本就与革命党人较少联系,也不赞成他们的暴力革命立场。他念兹在兹的是要弘扬世界人道主义,要以民命为重;以及如何避免外国插手中国内政的瓜分阴谋,因为庚子之年的惨痛教训留在他们心灵上的创伤实在是太深重了。如果说以前还因袁世凯的态度不够明朗,因而不得不与革命党人相周旋的话,那么在袁世凯已明确表示接受共和,并积极实施逼宫计划,清廷退位已是指日可待的情况下,张謇等立宪派人士就不再需要继续跟革命派人士虚与委蛇了。很快,他就对南京临时政府以汉冶萍公司做抵押向日本借款一事公开发难,坚辞原本就一直没有正式赴任的南京临时政府实业总长一职,虽经孙中山、黄兴等亲自出面多次竭力挽留,孙中山甚至表示可以取消向日本方面借款,也未能使张謇改变态度。

　　认定袁世凯是中国的救星后,脾性倔强的张謇义无反顾地表示了对袁世凯的坚决支持。为此,张謇本人也付出了代价,而且在袁酝酿"帝制自为"倒行逆施之举时,张謇似有所醒悟,但在当初他可是"不惜牺牲一切以徇之"①的。

　　在南北和谈中,以张謇和汤寿潜为首的江浙立宪派的实际影响力,丝毫不亚于任何一位革命党的领袖人物,实际上起到了关键性的作用。据冯耿光回忆,南北议和时,唐绍仪在看到北京来的指示后,往往会去打个电话,旁人总以为是打给南方的和谈代表伍廷芳的,其实是打给惜阴堂主人赵凤昌的。

> 我觉得奇怪,就问他(唐绍仪):"你有要事不找伍秩老,为什么先打电话给他?"他说:"秩老名义上是南方总代表,实际上作不出什么决定,真正能代表南方意见、能当事决断的倒是这个赵老头子。"……"赵曾在张南皮任两广总督的时候,做过他多年的亲信幕

---

① 《张謇全集》第一卷,江苏古籍出版社1994年版,第350页。

府,后来又跟张到湖广总督衙门做幕,可以说是参与机密,言听计从的。他官名凤昌,字竹君,江苏常州人,读书很多,不仅对新学很有研究,由于他随张多年,国内情形、政治军事了如指掌……由于后来张推荐赵到沪举办洋务,接触江浙两省的时人多,尤其为张季老所尊重,张、赵交亦笃厚。现在江浙的程雪楼、汤蛰仙和南方的几个都督同赵都有交情。民党中人对国内情形并不怎样熟悉,张是提倡实业救国的新人物,孙、胡、汪等民党领袖对张不仅慕名,而且很佩服很重视。他们为了熟悉情形,有不少事要请教张,而张往往趋而谋之于赵,张每自南通来沪,必住赵家,这样民党中人自然敬重赵了。因此,南方要人如孙、汪、陈其美、程雪楼等有重要的事也来决策于赵。又因他长年病足,不能下楼,大家为了迁就他,就到他南阳路私邸惜阴堂去会见或开会。在议和过程中每星期当中总有一天或两天,程德全、汤寿潜、汪兆铭、陈其美等曾在赵家聚会。所以他实际是众望所归,洞悉全盘局势的南方策士,通过他反而好办事了。"经他这一席话,我才恍然理解,我在唐处所见,差不多天天唐要与赵通电话,赵在当时和议中的重要性,由此可见了。①

在和谈取得成功后,张謇执笔起草了清帝逊位诏,说道:

前因国民军起事,各省响应,九夏沸腾,生灵涂炭。特命袁世凯遣员与民国代表讨论大局,议开国会,公决政体。两月以来,尚无确定办法。南北暌隔,彼此相持,商辍于途,士露于野,徒以国体一日不决,故民生一日不安。今全国人民心理多倾向共和,南中各省既倡议于前,北方各将亦主张于后,人心所向,天命可知。予亦何忍侈帝位一姓之尊荣,拂亿兆国民之好恶?是用外观大势,内省舆情,特率皇帝将统治权归诸全国,定为共和立宪国体,近慰海内厌乱望治之心,远涉古圣天下为公之意。袁世凯前经资政院选举为总理大臣,当兹新陈代谢之际,宜有南北统一之方,即由袁世凯组织临时政府,与民军协商统一办法,务使人民安堵,海内宁安,听我国民合汉、满、蒙、回、藏五族完全领土,组织民主立宪政治。予与皇帝得以退处优闲,优游岁月,长受国民之优礼,亲见邦治之告

---

① 冯耿光:《荫昌督师南下与南北议和》,载《辛亥革命回忆录》第6集,中华书局1963年版,第362—363页。

成,岂不懿哉。①

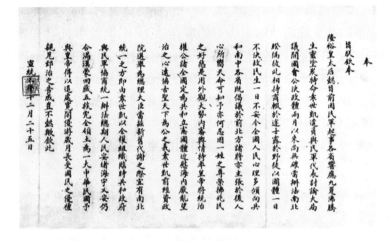

大清退位诏书

　　这份由张謇起草的《清帝逊位诏》经袁世凯的修改,增加了"即由袁世凯组织临时政府"等内容,与整个诏书的语气颇不协调。因为按照上述逻辑,袁世凯组织中华民国临时政府就成了完成清政府的遗命,而不是对南京临时政府的继续,从而也就变相否认了辛亥革命的历史功绩。对此,孙中山等革命党人曾提出过异议,但无奈清廷已经退位,无从修改补救了,这份诏书只能成为历史遗憾。此外,诏书内的其他内容也有可以存疑之处,如将共和与立宪并列,在张謇已经公开赞成共和的情况下,似不致有此失误。同时,通篇内容大肆恭维袁世凯,不啻在为袁世凯大造舆论,这倒极有可能是张謇的原话,至少彼时张謇是接受的。

　　历史证明,立宪派的宝没有押错,袁世凯的表现更没有让立宪派失望,尽管立宪派后来发现自己当初的选择并不英明,陷入了有苦说不出的尴尬境地。

　　当然,袁世凯能为辛亥革命后各种政治势力所看好,也不是偶然的,这在很大程度上要归因于他自身的过人魅力和在多种经历中所留下的突出业绩。

　　晚清政坛长期掌控在西太后和一帮进取不足、败事有余的糊涂老臣手里。在传统的男权社会里,女人掌权本来就名不正、言不顺,但西太后却天生不甘寂寞,嗜权如命。为了把大权牢牢地控制在自己的手里,她大打太

---

① 《张謇全集》第一卷,江苏古籍出版社1994年版,第207页。

极,一心搞平衡,有意任用昏庸官员,纵容派别攻讦。于是,上行下效,在整个官场中,因循畏葸的风气甚浓,敢于负责、能够负责的官员越来越少。

但袁世凯却是晚清政坛上少有的敢作敢为、高调做事且很有成绩的角色,堪称另类。在恪守传统的为人臣子的政治道德底线的前提下,袁世凯作风干练,十分勤政,常常为工作而忙到废寝忘食的地步。据说,他每天清晨5点钟起床工作,一直干到晚上9点钟才休息,期间只有短暂的用餐和休息时间,除非偶尔有别的任务打断他的日常工作。

袁世凯给人以精力过人、精明圆滑的印象。美国驻华公使芮恩施笔下是这样描写袁世凯的:

> 他身材矮胖,但脸部表情丰富,举止敏捷,粗脖子,圆脑袋,看来精力非常充沛。他的两只眼睛长得优雅而明亮,敏锐而灵活,经常带有机警的神情。他锐利地盯着来访的客人,但并不显露敌意,而老是那样充满强烈的兴趣。他的两只眼睛显示他多么敏捷地领悟(或者通常是料到)谈话的趋向。①

另一位外国人笔下的袁世凯则是:"他目光炯炯,敏锐的眼神显示出了他身体的健康和心情的安定","简直就是健康和精壮的化身"。② 总之,袁世凯是那种极易给人留下深刻印象、具有独特而又鲜明个性的领袖型人物。

袁世凯记忆力超群,知识面较宽,懂得谈话的技巧,善于揣摩谈话人的心理。黄炎培说:"他记性绝好,从不忘记任何人或者事。因此,当一个地方官员受他接见,谈及地方事务和私事时,袁常常以其广博的学识和记忆力使来访者大吃一惊。他的部属亦因此而害怕他。"阎锡山回忆他初次见到袁世凯的情形时说:"他一见面就把我想要对他说的话全说了,然后问我还有什么话,使人再无可言。"③就此而言,袁世凯身上似乎具有一种与生俱来的领袖素质,具有一种令人凛然难犯的威势和气度。

袁世凯知人善任,身处乱世的他信奉唯才是举的信条。在他手下,聚集着一大批出能领兵打仗的军事将领,如段祺瑞、冯国璋、张勋等,或在谈判桌上折冲樽俎的外交家,如曹汝霖、章宗祥等;入能处理政务、参与谋划、善于理财的行政官员,如徐世昌、唐绍仪、赵秉钧、梁士诒、熊希龄等。有这样的文臣武将,无怪在清末政坛上,袁世凯能获得各方面的一致看好。由此也可

---

① [美]保罗·S.芮恩施著,李抱宏等译:《一个美国外交官使华记》,商务印书馆1982年版,第9页。
② 廖大伟:《1912:初试共和》,学林出版社2004年版,第157页。
③ 廖大伟:《1912:初试共和》,学林出版社2004年版,第157—158页。

想见,清政府倚重他,立宪派垂青他,革命派寄希望于他,最后在他的领导下,实现了国家的统一,不是没有理由的。

袁世凯引人注目的主要还不在于他的个性特征,而在于事功上的突出成就。与老一辈洋务派相比,他身上所背负的传统包袱要更少一些,再加上他没有获取过功名,因此封建文人常见的八股酸气和优柔寡断在他身上也少有表现。在他的言语中,没有理想主义者的华丽言辞和教条主义者的烦人说教,他更信奉和崇尚实用主义,功利主义的色彩在他身上表现得更为明显。为了目的,他可以不择手段。

无论是编练新军还是兴办学堂,无论是奏废科举还是提倡立宪,袁世凯都身体力行,而且办得有声有色,绝非其他各地的虚应故事和装装门面。袁世凯本人虽然没有取得过任何科举功名,但却懂得教育的重要,尤其重视教育的实用性,开办了大量军事学堂和实业学堂,培养了许多人才。到1906年6月,他治下的直隶地区仅高等院校就有北洋大学、北洋医学堂、高等工业学堂、高等农业学堂和高等综合学堂等5所,另有数百所专科学校,合计4000多所初级学堂。此外,还有电报学堂、图算学堂、客籍学堂等,加上武备学堂、巡警学堂等,在校学生总计达10万人。他重视军事训练,从小站练兵开始,就一直用当时最新的理念和方法打造中国的强国梦,他模仿德国军事模式而训练出的新军,使中国军队的军制与世界接轨,其战斗力和纪律性全国一流,只不过只听命于他一个人的指挥和调动。在总督直隶期间,他大力提倡发展近代工商业,任命曾担任两广总督的周馥之子周学熙

京张铁路

举办实业。到1907年就办起了教育品制造所、劝业铁厂、造纸厂、织染公司、肥皂公司、牙粉公司、玻璃厂、织布厂、木工厂等60多家实业。他大力发展交通事业,修筑铁路,著名的京张铁路就是在袁世凯的奏请下,由留美工程师詹天佑负责督修的。在他的一再倡导、大力推动和积极支持下,直隶所辖的天津等地的工商业和对外贸易,其发展速度遥遥领先于北方各省的许多地区,而且在很大程度上打开了当地原本十分保守而闭塞的风气。他大

搞市政建设，在天津修建公园，引进电车、电灯，推行西洋文字，进行市政改革，特别是推行基层选举，一时引起各方的关注。他主张废除科举制度，改革清朝官制，严禁官场贪污行为，加强对官员的考课。1905年8月，他和湖广总督张之洞、署两广总督岑春煊、署两江总督周馥、湖南巡抚端方和盛京将军赵尔巽一起上奏清政府"请立停科举推广学校并妥筹办法折"，得到清政府的允准。他倡导预备立宪，与东南名流张謇、汤寿潜等遥相呼应。1905年7月，袁世凯与张之洞、周馥一起奏请清政府实行宪政，清政府从其请，下令派五大臣出洋考察宪政。1906年8月，袁单独上奏要求清政府确定宪政的具体实施步骤，促使清政府于同年9月1日发布预备立宪的诏书。曾有学者指出，要不是西太后、载沣等顽固派的一味颟顸，清末的立宪运动或不致由"真立宪"变为"假立宪"。如果清廷能真正按照袁世凯等人的设想大力推行宪政，辛亥革命何时爆发或以什么形式爆发，中国日后的道路究竟是如何走法，还真不好说。

因此，即使是反对袁世凯的人，也不得不佩服他的能力，将他与东汉末年的曹操等相提并论，当然是从提醒清政府对袁要严加防范的角度而说的。这其中以湖北按察使梁鼎芬弹劾袁世凯的奏折最具代表性：

> 直隶总督袁世凯，少不读书，专好驰马试剑，雄才大志，瞻瞩不凡。以浙江温处道钻营得骤升侍郎巡抚。抚山东日，能办事，安奠境内，有声于时。我皇太后皇上回銮，迎驾有功，擢至今职。其人权谋迈众，城府阻深，能谄人，又能用人，最后皆为其所卖。初投拜荣禄门下，荣禄殁后，庆亲王奕劻在政府，三谒不得见，甚为恐慌。得杨士骧引荐，或云，以重金数万，又投拜奕劻门下，不知果有此事否？然自见奕劻后，交情日密，言无不从，袁世凯之权力，遂为我朝二百余年满汉疆臣所未有。奕劻本老实无能之人，当用途浩繁之日，袁世凯遂利用之。老实无能则侮之以智术，日用浩繁则济之以金钱，于是前任山东学政荣庆、北洋练兵大臣徐世昌，袁世凯皆以私交荐为军机大臣矣。枢府要密，出自特简，而袁世凯言之，奕劻行之。贪庸谬劣、衣冠败类之周馥，袁世凯之儿女姻亲也；奢侈无度、声名至劣之唐绍仪，市井小人、胆大无耻之杨士琦，卑下昏聩之吴重熹，亦即袁世凯之私交也；使之为总督，为巡抚，为侍郎，而袁世凯言之，奕劻行之。尤可骇者，徐世昌无资望，无功绩，忽为东三省总督，其权力大于各省总督数倍；朱家宝一直隶知县耳，不数年，署吉林巡抚；皆袁世凯为之也。袁世凯自握北洋大臣直隶总督重

权,又使其党在奉天、吉林皆有兵权财权,皇太后皇上试思,自直隶而奉天,而吉林,皆袁世凯兵力所可到之地,能不寒心乎?幸段芝贵不到黑龙江耳!袁世凯挥金如土,结交朝官过客与出洋学生,有直隶赈款数百万两,铁路余款数百万两,供其挥霍,故人人称誉他。臣尝读史,见汉晋故事,往往流涕。如汉末曹操,一世之雄,当其为汉臣时,有大功于天下,不知篡汉者,操也。晋末刘裕,才与操埒,当其北伐时,亦有大功于天下,不知篡晋者,裕也。前者微臣来京赐对之时,亲闻皇太后皇上屡称,"《资治通鉴》其书甚好,时时阅看"。今此两朝事,治乱兴亡之故,粲然具陈,开卷可得也。袁世凯之雄,不及操、裕,而就今日疆臣而论,其办事之才,恐无有出其上者。如此之人,乃令狼亢朝列,虎步京师,臣实忧之。且闻其党羽颇众,时有探访,故无有敢声言其罪者。①

以袁世凯的能力,如果生逢治世,未尝不能成为名垂青史的一代良将或贤相,但天不假时,他生逢乱世,从而使他身上似乎与生俱来的丑恶一面得以发挥和发酵。他向往国家富强,但却从未对西方世界的真实情形有过深刻的了解;他被迫宣誓效忠共和,但对民主共和究竟是何物却不甚了了,似乎也无心去了解;他更为熟悉而且玩得得心应手的还是武力征服,以及传统的统驭之道。于是在他当政时期,就出现了以下颇为矛盾的现象:一方面中国社会的各个方面都有了明显的进步,另一方面保守落后的东西也很有市场,甚至大行其道。

除了具备别人少有的超强能力和在事功上的显著成就外,袁世凯虽有过出卖维新志士的不良历史记录以及善于投机钻营、一朝得志就趾高气扬的偏狭心胸,但他终究是汉人,在排满色彩极强的辛亥革命时期,极易获得革命党人的好感和认同,而且他也曾屡遭清廷的防范和猜忌,载沣成为摄政王后,更以莫须有的"足疾"为名,将其赶出北京,要不是收了袁大额贿款的总理大臣奕劻的鼎力相助,他还差点成了宣统新朝的刀下鬼。就凭这一点,他就能轻松获得许多革命党人的同情和支持。

对此,一位研究中国近代史的大学者曾指出:

> 他不仅手握重兵,并且有过庚子之变时在山东"保境安民"的形象;有过新政时期力倡立宪的名声;有过宣统时被满人排斥归山

---

① 庄练:《中国近代史上的关键人物》(下),中华书局1988年版,第196页。转引自刘忆江:《袁世凯传》下,经济日报出版社2004年版,第540—541页。

的历史。这种形象、名声和历史，比100篇文章更能影响人心。①

然而，袁世凯尽管有这么多有利条件，也只是表明他在和革命派、清政府打交道的过程中有可能处于主动的地位，要将这种可能性转变为现实，他还有大量具体而又复杂的事情要做，一招不慎，不仅有可能满盘皆输，甚至有可能性命难保。

在和议初期，袁世凯已萌生了通过和议捞取更大政治资本的企图。为争取谈判桌上的主动，给武昌革命党人一个下马威，袁世凯就任内阁总理大臣，并获得全权节制前方水陆军队的大权后，立即走马上任，下令全力攻占汉阳，他指出："若不挫其锐气，和谈固然无望，余半世威名亦将尽付东流。"但在攻占汉阳，已经取得主动后，袁复下令适可而止，不明就里、缺乏政治头脑的冯国璋抢功心切，想乘胜攻取武昌，差点误了袁世凯的通盘打算。袁的真实考虑正如其子袁克定所说的那样："武昌力弱，攻取尚易，惟东南各省代表已集该处，即兵力能得，而东南人心恐失，不如暂留以为政治发达工具。如武昌停战，我可停攻。英使调停其间，必得好果。"于是，袁世凯立即将冯调走，任命更能理解其意图也更听话的段祺瑞署理湖广总督兼第一军总统。

袁世凯毫不掩饰自己对首任临时政府大总统职位的觊觎和垂涎。1912年1月2日，当他听说南方各省代表已推举孙中山为南京临时政府大总统后，当即准予他的全权和谈代表唐绍仪辞去代表职务，差点使此前经过艰辛谈判才好不容易达成的所有协议全盘泡汤。在他直接掌控和谈局面后，他又致电南方和谈代表伍廷芳，单刀直入地质问道："选举总统是何用意，设国会议决君主立宪，该政府及总统是否亦即取消？以总统让袁，有何把握？"

在谈判过程中，为防止革命果实付诸东流，南方坚持清帝退位是他们接受和谈、举袁世凯为大总统的前提条件，并公开表示这是南方坚守的底线，不可能再行让步，而袁世凯则表示不愿逼孤儿寡妇退位，遗留下历史骂名，和谈似乎陷入僵局，难以为继了。于是，袁世凯提出南北两方都抛弃原来的政权，由他在天津另行组织临时政府。袁世凯内心认为，自己的国家元首地位，是由清廷方面接收来的，并不是南方革命力量让给自己的，因此，他希望通过在天津组织临时政府来摆脱南北两方面的羁绊。这一提议遭到南北两方面的一致拒绝，但从实力对比看，南方的意见对袁世凯来说更重要一些，因为清廷对他已无可奈何，但南方地区却拥有一定实力和数量的新军。

也正是拥有一定的新军力量作为凭借，加上"驱除鞑虏"作为革命的首

---

① 陈旭麓：《近代中国的新陈代谢》，载《陈旭麓文集》第一卷，华东师范大学出版社1996年版，第502页。

要目标早已深入人心,因此南方在拒绝袁世凯的提议时,提出了4点具体要求:(1)清廷退位,放弃一切主权。(2)清帝不得干预临时政府组织之事。(3)临时政府地点须在南京。(4)孙总统须俟各国承认临时政府,国内改革成功,和平确立,自行解职,袁世凯在此之前,不得干预临时政府一切之事。

应孙中山指示,这4条要求在各报纸公开发表。1月22日,孙中山再次公开发表声明:

> 前电言清帝退位,临时大总统即日辞职,意以袁能与满洲政府断绝一切关系,变为民国国民,故许以即时举袁。嗣就后来各电观之,袁意不独欲去满清政府,并须同时取消民国政府,自在北京另行组织临时政府,则此种临时政府将为君主立宪政府乎?抑民主政府乎?人谁知之?纵彼有谓为民主之政府,又谁为保证?故文昨电谓须俟各国政府承认后,始行解职,无非欲巩固民国之基础,并非前后意见有所冲突也。若袁能实行断绝满清政府关系,变为民国国民之条件,则文当仍践前言也。

声明同时提出了解决问题的具体办法:(1)清帝向中外宣布退位。(2)袁世凯同时宣布拥护共和。(3)孙中山接到外交团或领事团通知清帝退位布告后即行辞职。(4)由临时参议院举袁世凯为临时大总统。(5)袁被举为临时大总统后,宣誓遵守临时参议院所定之宪法。声明最

唐绍仪和伍廷芳参与南北议和

后说:"此为最后解决办法,如袁并此而不能行,则是不愿赞同民国,不愿为和平解决,如此则所有优待皇室八旗各条件,不能履行,战争复起,天下流血,其罪当有所归。"① 平心而论,孙中山在上述带有最后通牒性质的声明中所提条件并不苛刻,只不过是把和谈的最低条件公之于众,免得善搞阴谋、

---

① 《孙中山全集》第二卷,中华书局1982年版,第34—35页。

反复无常的袁世凯在背后搞小动作。

但是,由于将和谈条件完全公之于众,确实也把私下接触的回旋余地给大大限制了。也正因为此,唐绍仪和伍廷芳等北南双方和谈代表都有所不满。

由于认识到如果清帝不退位,南方就不可能轻易作实质性让步,所以,就袁世凯而言,也只有在清帝退位这件事上做文章了。此前,他之所以没有轻易在君主立宪还是民主共和问题上让步,固然有前述徐世昌所分析的原因在起作用,恐怕还有更深层次的考虑:作为旧官僚出身的袁世凯,在君主立宪和民主共和之间恐容易倾向于君主立宪,更何况他所说的君主立宪,其内阁总理的职权已与专制时代的封建君主没有什么两样。这有受袁派遣前往武昌与黎元洪进行谈判的刘承恩的说法为证。刘承恩在与黎元洪的谈判中,反复解释袁之所以要坚持君主立宪的理由:袁氏三代皆受国恩,所以不忍心将清帝推倒,好在经过这番震动,清廷已收敛了许多,而且"帝号虽存,已如僧人供奉一佛祖。佛祖有灵,则皈依崇拜之;不然,焚香顶礼,权在僧人,佛祖亦无能为也。"刘承恩所说大致不差,但他忘记了,革命党人之所以要举行革命并不是以让袁世凯掌握权力为目的的。

在袁世凯看来,只要能掌握实权,与其实行他并不熟悉的民主共和,倒不如实行虚君立宪更为驾轻就熟,容易运作。这也正是南北议和久议不决的重要原因之一。

由于南方将和议的底牌给亮了出来,袁世凯接下来所能做的就是对不起令其三代享有国恩的清王朝了。在政治的天平上,感情的砝码从来都是无足轻重的。袁世凯只能在力所能及的范围内,给清廷以优厚的待遇。经过软硬兼施的反复协商后,1912年2月6日,代理临时参议院终于就优待清王室一事与袁世凯达成了如下协议:

第一款:大清皇帝辞位之后,尊号仍存不废。中华民国以待外国君主之礼相待。

第二款:大清皇帝辞位之后,岁用400万两。俟改铸新币后,改为400万元,此款由中华民国拨用。

第三款:大清皇室辞位之后,暂居宫禁,日后移居颐和园。侍卫人等,照常留用。

第四款:大清皇帝辞位之后,其宗庙陵寝,永远奉祀。由中华民国酌设卫兵,妥慎保护。

第五款:德宗皇帝未完成工程,如制妥修。其奉安典礼,仍如旧制。所有实用经费,并由中华民国支出。

第六款:以前宫内所用各项执事人员,可照常留用。

第七款:大清皇帝辞位之后,其原有之私产,由中华民国特别保护。

第八款:原有禁卫军,归中华民国陆军编制,额数俸饷,仍如其旧。

与优待条件同时颁布的还有两个类似性质的文件,其一为"关于清皇族待遇之文件",另一为"关于满蒙回藏各族待遇之条件"。前者有4条内容:

（1）清王公世爵,概仍其旧。（2）清皇族对于中华民国国家之公权及私权,与国民同等。（3）清皇族私产,一体保护。（4）清皇族免当兵之义务。

后者有7条内容:

（1）与汉人平等。（2）保护其原有之私产。（3）王公世爵,概仍其旧。（4）王公中有生计过艰者,设法代筹生计。（5）先筹八旗生计,于未筹定之前,八旗兵弁俸饷,仍旧支放。（6）从前营业、居住等限制,一律蠲除,各州、县听其自由入籍。（7）满、蒙、回、藏原有之宗教,听其自由信仰。

经过长时间的艰苦谈判,南北双方终于就清帝退位达成了一致。接下来,南方政府要做的就是执行先前的约定,孙中山辞去临时大总统,同时由临时参议院推举袁世凯为下一任临时大总统。而袁世凯所要做的就是收获革命党人拱手让出的辛亥革命胜利果实了。

1912年2月15日,临时参议院以17票的全票选举袁世凯为新一任临时大总统。为限制袁世凯的权力,革命党人曾提出临时政府定都南京,袁到南京宣誓就职,并遵守临时参议院制定的《临时约法》,同时经孙中山提议,袁任临时大总统后,临时政府由原来的总统制改为内阁制。但在是否定都南京等问题上,革命党内部并不一致。继程德全任江苏都督的庄蕴宽就公开通电全国,不赞成定都南京:

各省代表所议临时政府地点设于南京,乃在南北并未统一以前,今事实既已变更,则前议岂能拘执。至政府地点之应设在南京与新总统之是否须到南京,当就事实上论之,不可参以主客尔我之见,致起中外猜疑。今故设为问题数则:一现势上之观念,如袁公南来,北方各省能否保持秩序,满、蒙等处能无联外人、拥幼主以破坏全局之事否？一地点与历史上之观念，披览地图，南京能控制西北各边否？中国古时除洪武一代外，南京有建都之价值否？一外界上之观念，东西各国能不反对迁都否？以鄙见测之，舍北就南，种种危险，将使和平解决之共和政体自生荆棘，致启争端，曲直故不必言，利害岂能不计？前见《大共和日报》13日登有《章太炎致南京参议会书》、《民立报》同日登有空海《建都私议》，业已阐发尽致。太炎谓都南京之毒有五，空海谓必在北京之理由有八。报馆之论鉴尤衡平，毫无偏倚。蕴宽南人，岂不以南都为便利，以大局所系，自当尊公理而舍私图，统一政府必在京、津毫无疑义。①

庄蕴宽的这一主张虽遭到黄兴等人的有力驳斥，无奈定都北京已是大势所趋，革命党人如果不想大动干戈、以武力解决问题的话，那就只能接受自己内心极不情愿接受的现实。

程德全被任命为南京临时政府内务总长后，江苏都督一职由庄蕴宽接任。庄与程一样，也与立宪派人士过从甚密，他在电报中所表达的观点与立宪派代表人物张謇的看法完全一致。其论貌似公允，甚至将革命党人坚持定都南京的主张指责为"私图"，实则他自己才真正是别有所图，是为了配合了袁世凯定都北京的要求。张謇甚至还托好友刘厚生将自己的私人密信带给袁世凯，帮袁出主意："目前第一难题，即要公南来。解此题者只有二法：一从在京外交团着手；一从北数省人民着手。飞钳捭阖，在少川（即唐绍仪，唐字少川——引者）心知其意而妙用之，若不着一毫痕迹，使不欲南来之意不出于公，当可有效。"张謇还特别关照："商之竹君（即赵凤昌，赵字竹君——引者），亦谓非此不易解决，请密速图之。"②袁世凯果然依计而行，最终得以如愿以偿地在北京就任中华民国临时大总统。

此前，南京临时政府为解决财政困难，决定以汉冶萍公司和上海轮船招商局作为抵押，向日本银行举借外债，但是谈判颇不顺利，后来又决定以赋税作抵押向俄国道胜银行商借外债。但不知是什么原因，时任实业总长的张謇却未曾与闻。张謇乃以此为由坚辞总长一职。接着，程德全和赵熙等68人以旅沪川人名义，召开"国民反俄债大会"，会上有人攻击说，临时政府举借俄债，损失主权，贻害国民，连亡清都不如。江苏都督庄蕴宽以江苏参议员集体辞职为由，致电孙中山，要求取消向俄国借款，意图否认南京临时参议院的合法性。

---

① 《申报》1912年2月21日，第7版。
② 廖大伟：《1912：初试共和》，学林出版社2004年版，第98页。

由于袁世凯是南京参议院选举出来的临时大总统，否认南京参议院就意味着否认自己总统的合法性，因此，在袁世凯的干预下，程德全等人的企图没有实现。袁在北京就任临时大总统后，很快对内阁成员进行了改组，程德全不再担任内务总长，于1912年4月13日被袁世凯任命为江苏都督，以取代无法解决财政问题的庄蕴宽，这是程德全第二次就任江苏都督。

第二节 革命党人倒程失败，江苏实现统一

1912年3月30日，南京临时政府和临时参议院北迁后，袁世凯任命黄兴负责主持南京留守府，"统辖南方各军"，表面是暂时安抚南京革命党人的失落情绪，实际是通过黄兴来替他解散和裁撤南方的革命军队，并应付乱局。

黄兴原本有意担任北京政府的陆军总长，革命党人也予以力争，但卧榻之侧，岂容他人鼾睡，工于心计、善弄权谋的袁世凯坚决不同意，而只同意让黄兴担任没有任何实权的参谋总长。黄既然担任不了陆军总长，自然对参谋总长也不感兴趣。为安抚黄兴和革命党人，袁世凯改命黄兴为南京留守。

4月1日，黄兴通电接受任命，表示："两江一带军队，维持整理刻不容缓，兴纵怀归隐之志，断不敢置经手未完事宜于不顾，以负我军界同胞。"6日，正式赴任视事。他任命李书城为总参议。府内下设政务和军务2厅、5处和1个警卫团，分别任命马良为政务厅厅长、张孝准为军务厅厅长、何成濬为总务处处长、曾昭文为军需处处长、陈登山为军法处处长、林虎为警卫团团长、陈嘉会为秘书长。

为了消除袁世凯对留守处的猜忌，黄兴上任伊始，就提出："现在双方和解，南北一律，兄弟一家，彼此岂复猜忌？"又说："将来政治竞争，但能以政见相折冲，不愿以武力相角逐。"因此，他主动对军队进行了整编和裁撤。当时南京周边的驻军十分庞杂、混乱，确实也需要进行整编。据徐崇灏回忆：

> 自南京光复后，号称师长者26人。情形极为混杂。名虽曰师，而兵不过千人，或数百人。这些师长皆自称革命有功者，终日奔走于南京留守府之门，要索饷械，无所不至。甚至彼此使用卑鄙手段，勾引他人之营连长投奔为己所属。而有的营连长，亦朝秦暮楚，以求达其升官发财之目的。①

对这些早已丧失革命斗志的军队进行整编和裁撤，势在必行。另一方

---

① 许崇灏：《镇军起义会攻南京亲历记》，载《江苏文史资料》第40辑，第206—207页。

熊希龄

面,南京留守府的财政十分紧张,大量军队的存在,致使给养问题无法解决,军队哗变事件屡屡发生。李书城曾回忆说:

> 当时最感困难的问题是南京拥有十余万人的军队,军费没有来源。熊希龄在上海时曾允俟到北京就财政总长职以后,即拨汇军费到南京来,但他就职以后分文不给,虽经多次函电催促,仍置不理。我曾用南京留守府总参议名义,公开指摘他的失信,他还是不理。我不得已,只得把南京军队的伙食从干饭改为稀粥。以后连稀粥也不能维持了,乃将南京的小火车向上海日商抵借20万,暂维现状。某夜,江西军俞应麓所部突然哗变,在南京城内肆行抢劫。经请广西军王芝祥军长派队弹压,到天晓才平定。①

对南京留守府的财政困难,财政部不管,袁世凯同样不管。为此,黄兴一度提出辞职,但袁世凯不予批准,让黄兴商同财政部解决:"留守府管辖范围内所需的款项,由留守咨商财政部筹解。"但财政总长熊希龄在袁世凯的授意下,对留守府的要求置之不理。在黄兴的一再要求下,熊希龄才于5月初到南京和黄兴等商量解决办法。在黄兴等人的据理力争和反复要求下,熊口头答应拨款百万元,但在离开后却拒不兑现。黄兴只得连日赴各地发表演讲,以革命大义号召军队早日解散,情形非常窘迫。5月12日,他在致唐绍仪、熊希龄的电报中说:

> 此间经济又已告罄,千方罗掘,敷衍至今。日来奇窘之状,几于不敢告人。不但各军积欠饷项无从发给,即目前伙食已无术支持,告急之声,不绝于耳。似此情形,一两日内必有绝大险象。务恳无论如何,请尊处火速电知中国银行,立拨百万元以救眉急。②

但是,北京方面仍是不予理睬。过了两天,黄兴不得已再次致电催款:

---

① 李书城:《辛亥前后黄克强先生的革命活动》,载《辛亥革命回忆录》第1集,中华书局1961年版,第202页。

② 《黄兴集》(一),湖南人民出版社2008年版,第347页。

"告急一电,谅邀鉴察。未蒙赐复,五内焦灼。前尚可藉军钞救济,今则坐困穷城。此间军队伙食已数日不能发给,今日有数处日仅一粥,每日索饷者门为之塞。危险情形,日逼一日。加以急报密陈,日必数十至。哗溃之势,已渐发端。二日内倘再无款救宁,大乱立至。"①

北京方面仍不予置理,反而造谣说黄兴有割据东南的野心,北方这样做的目的就是希望黄兴早日将南方军队解散掉。在数度求告无门且舆论压力越来越大的情况下,黄兴被迫于5月13日通电要求解职。袁世凯虽表面上做出慰留的姿态,但却已在暗中着手结束留守府的准备。18日,袁世凯电告张謇,准备派陆军次长蒋作宾南下与黄兴当面商量结束留守府事宜,要求张和重新担任江苏都督的程德全会商接收留守府军队的具体办法。

张謇将袁世凯的想法电告程德全后,程担心操之过急会发生变故,便密电袁世凯:"可否密谕蒋次长于抵宁之日宣布钧意,以此番来宁为抚慰赞助起见,并非交接,闻克强与将军至好,必乐引为己助,似此一面可以促事实进行,一面可以释军心猜疑。"袁世凯顺水推舟,同意了程德全的建议,以挽留黄兴的名义,派蒋作宾前往抚慰。

蒋作宾到南京与黄兴会商后,黄兴召集各师旅团长、巡警局长、宪兵司令一同参加留守府特别会议。黄表示:"留守机关有碍统一,决定即日取消。推荐程德全来南京,接收管辖各军。"但蒋作宾和程德全都表示反对。几经商量后,决定由蒋作宾出面要求袁世凯拨发军款。蒋给袁的电报说:"此间裁军密令已下,被裁之兵,束装待发。至今尚未收到拨款。两月又未发军饷,伙食无着。会党趁机运动,危险万分。程都督抱病甚深,一味推卸,实难胜军事繁重。数日内若无大宗款项来宁,宾即回京。非独不敢挽留守,并不忍坐视糜烂。"②

袁世凯接电后,仍不拨款,以此困死黄兴。黄兴只好宣布辞去留守一职,请程德全到南京接收留守府机关。5月31日,袁世凯批准黄兴辞去留守一职,但要等到程德全接收后,才可离职。

面对南京留守府的严重财政困难,袁世凯同意黄兴提出的发行不兑换的国民捐加以解决。然而,行将撤销的留守府所发行的国民捐遭到了各地商民的冷落,加上袁世凯的暗中破坏,因而所得了了,根本无法缓解军需所急。

程德全即将接收南京留守府,这就意味着除上海以外的江苏全境都将

---

① 《黄兴集》(一),湖南人民出版社2008年版,第351页。
② 廖大伟:《1912:初试共和》,学林出版社2004年版,第125页。

被程德全所控制，革命党人心有不甘。为了将江苏完全控制在自己手里，由陈其美策划、主导了一场欲以武力驱逐程德全的活动。

为了达到这一目的，陈其美打算利用跟其素有联系的同盟会苏州组织进行发难。早在辛亥革命爆发之初，同盟会在苏州的骨干分子蒯际唐、蒯佐同、程宏、徐国华、吴康寿、朱葆诚等在上海方面的影响下，就准备在苏州发动武装起义。江浙联军进攻南京时，朱葆诚、吴康寿、程宏等人都参加了沪军洪承点的部队。攻占南京后，朱葆诚被任命为沪军先锋队第二联队队长，吴康寿为朱葆诚部第一营营长，程宏也在该部任职。1911年底，朱葆诚部调回苏州，扩编为"先锋团"，名义上属江苏军政府，实际上却听命于陈其美的指挥。为便于控制和利用，陈还派蒯际唐、蒯佐同到苏州活动，任蒯际唐为沪军都督府特派联络员，蒯佐同为上海共和协进会苏州分会负责人。

根据陈其美的安排，一旦条件成熟和时机合适，就准备利用柳成烈、蒯际唐、蒯佐同和朱葆诚掌握的先锋团，联合驻苏州的原新军第45、46标，发动兵变，把程德全赶下来。

在袁世凯接受黄兴的辞职请求后，陈其美认为倒程的时机已经成熟。在陈其美的授意下，柳成烈等组织了"洗程会"①，来统一领导和具体部署倒程的所有活动，策划在6月1日由先锋团首先发难，并约定在事变成功后，举陈其美为江苏都督。

这次密谋活动由于事先泄密，被程德全察知。程德全决计进行反扑，于5月31日提前行动，将事件主谋蒯际唐、蒯佐同、程宏和吴康寿等4人捕杀。但程并没有大肆株连，与革命党人彻底反目成仇，而是见好就收，适可而止。程德全把事变平息在发动之前，社会上水波不惊，平静如常。事平后，他不事张扬，而是将搜获的文件、名册阅读后即行全部销毁，以安定人心。在程德全采取行动时，柳成烈闻讯逃脱。陈其美在获悉事变失败后，曾以明码电报询问柳成烈下落，程平和地答复说：我这里也不知道柳成烈近来在哪里，做些什么事，蒯案中也没有听说有他的事。程德全装成这里没有发生过重大事变似的，就这样处理了几个小人物，让这次事变悄悄地平息了，他和陈其美的交往也依然维持正常，可见了程的老练和持重。

程德全在处理好"洗程会"事件后，准备赴南京接收留守府。此时，谭人凤、范光启等人和同盟会南京支部以程德全老病为由，幻想让袁世凯改委黄兴为江苏都督。他们于6月4日致电袁世凯，说："近且许黄留守请愿取消，

---

① 据吴讱先生的研究，"洗程会"为子虚乌有的组织。见吴讱：《"洗程会"质疑》，《民国档案》1993年第3期。

而以十余师两月未发饷之兵,畀之老病龙种之程都督,敢信其能维持现状乎?东南摇动,北面随之,民国前途,何堪设想!乞收回成命,或改委留守为江苏都督,则危局尚能支持。革命党断无拥兵自为之心,如以谗慝之言存疑,窃恐贻误天下也。"

袁世凯原本就没有让在革命党人心目中有崇高威望也很有能力的黄兴接替程德全的打算,谭人凤等以革命党"拥兵自为"来要挟袁世凯,殊不知倒更提醒了袁:让靠革命起家的黄兴来担任握有实权的江苏都督,不就养痈遗患了吗?枭雄一世的袁世凯当然不会答应。他在回复谭人凤等人的电报中说道:"此次取消留守,本因黄君再三电请,无计可留。参以实行统一大义相责,故不忍强迫以累其盛德。至程都督接收军队,即系黄君再三力保,且称于南方军队决不受其影响。来电谓政府猜忌英雄,利用老朽,实未知兹事真像。南北统一,方消化意见之不暇,岂宜轻动恶感,为谗拘者所中伤。"

于是,革命党人的倒程计划全部落空,程德全得以暂时稳坐江苏都督的位置。

程德全接收南京留守府后,关于总督府驻苏还是驻宁,苏州和南京方面屡起争执。这种争执在南京临时政府北迁后,就已出现且日趋尖锐。苏州商会多次向各界表达欲将江苏都督府永远设在苏州的愿望,并致函总统袁世凯、副总统黎元洪、南京留守黄兴,请求予以支持。但南京方面以留守府只管军事、不管民事为由,也力争都督府设在南京,至少应仿照湖北,在南京设立民政总监。当时甚至有传言,为了让江苏都督府迁往南京,南京方面竟欲派出军队前来强制执行。①

革命党人的倒程活动虽然最终以失败而告终,但陈其美与程德全的矛盾却并未就此消除。他们的矛盾最初缘起于上海都督府的去留问题。上海原本为江苏省的一个县,但自1842年开埠以后,其地位迅速崛起,太平天国定都南京后,大批江南地区的绅士为躲避战乱纷纷逃往上海,上海的经济、文化随之快速发展,大有取苏州而代之的趋势。随着上海民族资本主义经济的快速发展,资产阶级的力量不断壮大,其对清王朝的腐朽统治也越来越不满。这为以孙中山先生为代表的资产阶级革命派在上海开展反清秘密活动提供了有利条件。

1911年7月,同盟会在上海马霍路(今黄陂北路)德福里设立中部总会,以陈其美为庶务。陈其美、宋教仁等革命党人长期在上海办报纸,宣传

---

① 曹福元、曹元恒、曹元弼:《致苏州商会》,1913年4月27日,苏州档案馆藏。

革命,并以上海青帮头目的身份,设立秘密机关,负责联络长江流域的革命活动。

黄花岗起义失败后,陈其美、宋教仁等重返上海。他们积极联络上海民族资产阶级上层人物,成立"中国国民总会",作为同盟会的外围组织。经过陈其美等人的艰苦工作,上海民族资产阶级上层纷纷转向支持革命。其中的李平书、沈缦云、叶惠钧、虞洽卿等都参加了同盟会。

上海也是光复会的活动中心。光复会虽曾于1905年8月和兴中会、华兴会等一起组成中国同盟会,但其中的不少领导人因门户之见等与同盟会领导人一直存在矛盾,因此经常单独活动。1911年7月下旬,陶成章、李燮和等在上海法租界平济利路(今济南路)良善里成立光复会上海支部,以李燮和为总干事。李燮和利用吴淞、闸北一带军警的上层人物中有不少都是湖南同乡的有利条件,积极联络和争取上海警界支持反清起义。他首先联络了吴淞巡官黄汉湘,又通过黄汉湘联络了闸北巡逻队队官陈汉钦,再通过黄、陈,争取驻沪巡防营管带章豹文、巡防水师营管带王楚雄、江南制造局附近炮兵营哨官成贵富、海巡盐捕营统领朱廷燎、吴淞警务长杨承溥以及济军督队官徐彪等人,他们都表示愿率所部归顺民军。陈汉钦、黄汉湘、朱廷燎等还加入了光复会。这些准备工作为上海起义获胜铺平了道路。

民军占领上海

由于上海无险可据,又与驻有清军重兵的南京、杭州相距不远,同盟会和光复会经过商量后,准备在江苏和浙江宣布光复后再发动起义,以免举事后为苏浙两省夹攻,陷入被动。但南京的新军第9镇起兵后因缺乏武器而失败,首义的武汉地区又连失汉口和汉阳,武昌军事形势也十分危急,急需上海等地尽早发动,以缓解清军进攻的压力。10月底、11月初,宋教仁、黄兴接连从武汉致函各地:"此间战事吃紧,亟望各处响应","亟盼宁、皖响应,绝彼海军后援"。①"此间非东南急起响应,无以救武汉之危"②。于是,上海革命党人改变原定策略,决定"上海先动,苏、杭应之"。

决心下定之后,11月2日,陈其美约李燮和到民立报馆商量起义事宜,并商定于第二天午后4时正式举兵。但在3日上午,闸北巡警于情急之中率先发难。下午,陈其美冒险闯进江南制造局这一当时中国有名的兵工厂,试图说服总办张士珩停止抵抗,结果却被张拘押。李燮和闻知后,急忙调集大批军警前往营救,当天夜里会同商团武装及敢死队发起攻击,到4日上午终于攻下制造局,将陈其美解救出来,上海随即宣告光复。

上海光复,极大地提振了革命党人的信心,驱散了一度萦绕在革命党人头顶上的阴霾,减轻了武汉的压力,使时局的天平明显地偏向于革命党人一边,其意义不下于此后不久南京的克复。

上海光复后,同盟会和光复会在革命中的紧密合作很快就因上海军政府的组建而发生龃龉。陈其美为了当上军政府都督,不惜暗箱操作,使用手段,将光复会排除在外。先是在光复当天召开的地方绅商和团体代表会议商议新政府人选时,代表们初步决定由陈其美担任军政长,但在临近散会时,陈其美的卫士刘福标突然闯进会场,掏出手枪在桌子上一拍,说道:"上海与中国全局有关,武昌起义,选出鄂军都督,声望不小。陈其美昨天吃过大苦头,现在给他一个军政长,太不公平,不足以响应起义。"又说:"应该组织都督府,要陈其美做都督。"③陈其美为什么要当都督,而不愿当军政长呢?这跟都督和军政长的权限不同有关。按照《中国同盟会革命方略》中的规定,军政府都督是地方最高军政长官,而军政长却只是地方政府中的一个部门负责人而已。尽管在军政府时期,军政长的实际权力可能要比其他部门的长官大些,但毕竟不能和作为地方政府最高长官的都督相比。

刘福标的这一举动当是按照陈其美的预先布置而为。据当时追随陈左右的章天觉回忆,早在上海起义前,陈就与其亲信相约,一定要想办法在起义后将实权集中到自己手中来:

> 今日武昌为首义之区,南北两京,尚在满清之手,各省自听命于武昌。而武昌起义者,又均系光复会人。长江一带,本为光复会势力所弥漫,今以首义示天下,同盟会将无立足之地。所以吾人为

---

① 上海社会科学院历史研究所:《辛亥革命在上海史料选辑》,上海人民出版社1981年版,第22、24页。
② 熊月之:《上海通史》第7卷,上海人民出版社1999年版,第12页。
③ 中国人民政治协商会议全国委员会文史资料研究委员会:《回忆辛亥革命》第4集,中华书局1981年版,第7—8页。

同盟会计,为报答孙先生多年奔走革命计,不得不继武昌而立奇功于长江下游。苟能从光复上海下手,次第光复江、浙、南京、皖、赣以达北京,共和告成,同盟会化为永占政治优势之政党,始可无憾。今观武昌军政府,令李燮和以总司令名义来沪,协助光复,其居心可知。况李燮和又为陶成章之亲信者。吾同志中诸好友,能有出奇制胜之策否?①

但刘福标的搅局并未能完全左右与会者的意志。在以支持陈其美的同盟会、帮会为一边和以支持李燮和的光复会、军警为一边争执不下的情况下,以李平书为代表的地方绅商则希望由本地人、老资格的同盟会会员钮永建来当都督,但钮表示不愿担任。又有人提议由上海商团临时总司令李显谟担任都督,但也没有结果。

6日下午,同盟会、地方绅商、商团、帮会、报界和部分军警代表约60人举行正式会议,商组新政府,光复会被排除在外。在推举都督时,各方之间发生了激烈争吵。同盟会和帮会依然主张由陈其美担任都督,而绅商和军警则主张由李显谟担任都督。脾气暴躁的同盟会代表黄郛当众拔枪,大叫陈其美曾冒死闯入制造局,立了首功,自应担任都督;而绅商和军警也不相让,持枪相对,说制造局是由李显谟攻下的。正当双方争执不下之际,陈其美突然宣布了一份事先早就拟好的军政府各部门名单,陈其美本人任都督,李燮和等任参谋。不少与会者对这种强加于人的做法十分愤慨,纷纷表示抗议。这时,刘福标再次出场,他高举手榴弹,大声说道:"都督非陈君莫属,倘有异议,请饷吾弹!"会议就此草草收场。

第二天,同盟会所属的《民立报》率先刊出消息:

> 昨天下午,本埠推举要职。众以上海为交通大埠,应另行举一沪军都督,招集大队雄军北进,以定国是,并为我东南门户之备,业已公举陈英士为沪军都督。因陈君于此事最为出力,经营惨淡,出入险地,力任劳瘁,众士归心故。又推举参谋十人,如钮君惕生、陈君汉钦,皆系知兵之士。

陈其美也于7日宣布"即日视事"。这等于剥夺了同盟会本来也同意的李燮和担任军政府总司令一职。

光复会和军警界闻听消息后十分不满,军警界准备起兵抗争,为李平书所劝服,但黄汉湘、朱廷燎等人仍然表示不服,便在吴淞另立军政府,举李燮

---

① 章天觉:《回忆辛亥》,载《辛亥革命史丛刊》第2辑,中华书局1980年版,第156页。

和为都督,黄汉湘为司令,朱廷燎为总参谋,与沪军都督府分庭抗礼。但李燮和认为此举不甚妥当,乃致电程德全:"请以吴淞隶江苏都督",去都督名号,改称总司令,将所辖军队改称光复军。11月中旬,李燮和发表如下声明:

> 本军政分府本由武昌军政府分出,今承认武昌军政府为中华民国临时中央政府,兼承认苏州军政府为江苏全省军政府,其办法如下:
>
> (一) 本分府专以筹备进攻军务为主,所有上海地方民政、外交等事,均归苏州军政府办理。
>
> (二) 本分府暂借中国公学地址为办军务之所。
>
> (三) 凡吴淞可屯驻操演军队之公所地段,均由本分府择用。①

1912年1月,李燮和被中华民国临时大总统孙中山任命为光复军北伐总司令。3月底,吴淞军政分府奉令撤销。

陈其美就任沪军都督府都督后,江苏就有了两个都督,此外,还有扬州都督徐宝山、镇江都督林述庆等,颇与独立各省有异。11月,立宪派人士唐文治等联名致信上海都督府,指出:"行政事宜,尽可统全省为一致,今苏垣恢复后,各军队及各属士民公推程都督主持一切,诚足以副全省之望。文治等深知程都督热心国事,锐意改革,旧日各督抚无可与之并立者。上海亦苏省之一部分,若行政亦经分立,殊与全省统一有碍。"②唐文治等人要求取消沪军都督府,表面的理由虽然冠冕堂皇,但真正目的是希望取消革命党人对上海的控制,实现立宪派人士对江浙地区的完全操控。

主张江苏实现统一、取消沪军都督府和镇军都督府的还有江浙联军参谋长陶骏保。他在南京光复后不久,即力劝自任江苏临时都督的林述庆主动解除职务,迎接程德全担任都督一职,林述庆接受了陶骏保等人的建议,不再坚持先攻入南京者为江苏都督的陈议。随后,陶骏保又发表公开通电,说一省不可有三个都督。动辄以武力和恐怖手段对付持不同意见者的陈其美,不仅不接受陶骏保的建议,反而心生忌恨,当陶骏保于十月二十二日(公历12月12日)到上海后,以陶泄露军事情报为由,将其捕杀。

不过,在与江苏都督府的关系上,陈其美也感到有些不顺。他表示苏省

---

① 《民立报》1911年11月17日,第5页。
② 《时报》1911年11月13日。

稳定后的各项民政事务以程（德全）都督统辖为宜。但随即又说："惟应今日之情势，驻沪各军，不能不有所统摄，故敝处专重于进取事宜。"①话虽说得很勉强，但程德全也奈何不了他。

南京临时政府成立后，陈其美以退为进，接连3次（前后共8次）提出辞去沪军都督的请求，其中一次说道：

> 都督之设，非原官制，非关地域，但因革命事实而发生此特设之官；且以战事方新，急宜策应，藉此以扶大局，以系人心。责任所在，暂效驰驱……上海地处交通，人人得而求备，而地居下邑，事事为人阻挠。即如参议员，每省各举三人，而陈陶怡关系在沪，致欲去位；司法界藉口动争地点，而姚荣泽抗不解申，几欲漏网。甚至沪上商团之驻扎，沪已批行，苏复咨驳；硝磺专卖公司沪已纳饷，苏令取消。对于沪上各机关人员，委任非专，号令不便。管辖上既无统一之权，事实上乃有冲突之势，牵制如此，无事可为。且凡百收入，均被各方面争之而去；凡百支出，均由各方面诿之而来……长此掣肘，非但不能副我初心，转恐因此而误大局。②

陈其美

从中不难看出，陈明为辞职，实际却是在为自己做辩护。辞文一出，沪军将领吴绍璘、黄郛、姜国梁等和地方代表人物朱葆三、沈缦云、叶惠钧等，急忙连电孙中山，要求任命陈为江苏都督，孙中山、黄兴则来电对陈表示慰留。其中孙中山的慰留电说："上海为江南要区，非有大将镇守，不能维持一切。据各地纷纷来电，咸以公为民国长城，关系全局，力请挽留。人心如此，公不可告退，尚望勉为其难，勿怀退志。"③上海都督府遂得以暂时保留。

但倒陈风潮并未停息。2月24日，中华民国共和讨论会致电孙中山等，再次提出要允准陈辞去沪军都督一职，电文说：

---

① 《时报》1911年11月16日。
② 《申报》1912年2月11日第7版。
③ 《孙中山全集》第二卷，中华书局1982年版，第103页。

  上海一邑，所辖地小，故都督之设，原为权宜之计；况苏、沪两督同在一省，更属不宜。今沪都督既愿辞职，恳请速即俯允，而顺舆情，俾苏省得以统一，实为幸甚。①

  江宁商、学、农、工自治会等团体也发表通电，表示反对陈其美继续担任上海都督，指出："沪都督陈公以民国成立，决意请退，而谋江苏政权统一，造福我省，实非浅鲜，而功成不居，为天下倡，尤足令同人等感佩，乃或者不察，竟欲强其为难，不但江苏有分裂之虞，且亦不谅陈公之甚。"②

  孙中山虽再次对陈表示慰留，指出："以军事、财政、外交、交通诸大端言，沪上都督万难遽行取消，幸请顾全大局，再行勉为其难。"③但陈其美却表示自己无心恋战，再次向孙中山提出辞职：

  屡蒙温谕慰留，感惭无地。当上海光复之初，半壁东南，咸未底定，军书旁午，不得不谋设都督，以资镇慑。其美不才，谬被公举，事关大局，未敢固辞。任事以来，瞬以数月。始虽搅心绞脑，而办事尚称顺手。现在南北统一，战事告终，时局则已达和平，办事至动辄棘手。今就沪上一隅观察情形，亦有才不胜任之惧，何况日益加甚乎。蔽贤尸位，贤者所讥。辱承垂爱，敢布区区。④

  谭人凤立即以同盟会党规为依据，请求孙中山不要同意陈辞职：沪督去留，颇滋纷议，实则一言可决。南北起义，各都督依吾党夙定之革命方略，当然设置，即为军政期间之法律规定。他认为，现在既然大局尚未"敉平"，也就"断无解兵之理"；同时，语带威胁地说道：无论是地方公推，还是政府委任者，都不容他人妄议，有敢动摇之者，义师将共击之。他并且质问立宪派人士：若夫倡义则属人后，毁成则在人先，苟非阴为曹马之地，必其人不复知世间有羞耻事也。共和国竟从何来，岂有此曹容喙之地？

  谭人凤的立场固然十分明确，但所据理由却并不充分。且不说都督一职并非政府任命，即便是由政府任命的，在民国时期也应允许别人发表不同意见。而就陈之所以能当上都督一职的过程来看，虽然符合谭所说的"党规"，但毕竟不是那么光明磊落，而是充满着权谋和操弄。至于威胁要用义军来"共击"持异议者，则反映了民初部分革命党人民主理念的局限性和褊狭胸襟，为达目的不择手段。而完全否认其他势力，比如立宪派和旧官僚在

---

① 《申报》1912年2月24日第2版。
② 《申报》1912年2月24日第1版。
③ 《孙中山全集》第二卷，中华书局1982年版，第134页。
④ 《临时政府公报》第27号。

推翻清王朝统治中的客观作用,则于史无凭,很不公允。

陈其美则似乎去意已决。他在回复谭人凤的信中说道:

> 广州败后,规画长江,推功让能,究以何人为首,公岂忘凄然就道,力疾奔走时耶?现在目的既达,建设共和,自有人在。吾辈冒险家自有天职,公何不达人事,唠唠如此?其美辞职,在白头老友且不谅心曲,更望何人?前接中山、克强两公致电慰留,其美正拟与公熟商,一决行止,乃来书诘责竟与孙、黄诸公一鼻孔出气。公等非岸畔闲人,何以不知舟中人支持之苦?欲其苦不去易耳,何必藉吾党起事时之旨,以为质证?岂吾党规定其美为沪军都督,除都督之外,不能自由行事耶?公年老荒诞,牵率至此。他日如得卸此肩责,必与公一拼死命,已泄吾愤。①

话虽说得如此决绝,但从后来陈其美的表现来看,实非由衷之言。面对立宪派人士一再要求其辞去沪军都督、取消沪军都督府的逼宫之举,陈其美终于在1912年3月9日亮出底牌:

> 沪督去留,应观事实,事实当去,挽我不留;事实应留,推之不去。始之担任及后之告辞,皆属事实问题,或挽或留,均非知我。②

话说得冠冕堂皇,但一个"观"字,充分说明了陈是否辞去沪督,全在于他对客观事实的主观判断。为给立宪派的"逼宫"行为一个交代,免得把事情做绝,资人以更多口实,陈其美也不得不表示自己:

> (原以)冒险为天职,此后共和巩固,已无冒险者可为之事,不得已而求其次,则管见所及,无过于实边之谋。③

袁世凯就任大总统后,任命陈其美为工商总长,目的是调虎离山,解其军权。陈遂迟不赴任,并于6月21日以退为进,继续担任沪军都督一职,电请袁世凯准许其辞去工商总长职:

> 其美承大总统任命工商总长,因沪军事未能交卸,不克一日就职。其美才绌多病,学无专长。工商重任,本非所胜,已叠请开缺另简,未蒙俞允。再四思维,与其旷职误公,愆尤丛集,何如让贤引退,陨越无虞,复乞大总统眷念微忱,准予开去工商总长一缺,另简

---

① 莫永明、范然:《陈英士纪年》,南京大学出版社1991年版,第146—147页。
② 《民主报》1912年3月9日,第10页。
③ 《民立报》1912年3月9日,第10页。

贤能。①

7月12日，袁世凯任命黎元洪、谭延闿、蒋尊簋、孙道仁、李烈钧、尹昌衡、张凤翙、陆荣廷、蔡锷分别担任湖北、湖南、浙江、福建、江西、四川、陕西、广西、云南都督，而未任命陈为沪军都督。不仅如此，一些参议院议员还通电指责陈"拥兵自卫"、"梗国家统一"。

立宪派和旧官僚之所以必欲陈取消沪军都督府而后止，一方面固然是由于政见分歧所致，同时也不排除有程德全和袁世凯在幕后操纵的可能，另一方面陈在上海的为所欲为确实也激起了不少人的反感。陈密谋、指使擅杀陶成章、陶骏保等人的举动，要是放在其他任何人身上，都会引发严重的政治浪潮，但由于他是著名的革命党人，又大权在手，握有重兵，更得到孙中山等人的全力支持，因此各方势力一时也就奈何不了他，然而这反过来又进一步刺激了他的政治野心，使他更加为所欲为，再加上他原本就心高气傲、个性张扬，颇使人感到不快。比如，为将杀害阮式、周实丹革命志士的原山阳县令姚荣泽逮捕归案，陈其美几乎和程德全、张謇等闹翻。

阮式、周实丹曾参加过同盟会，在辛亥革命中曾积极策动山阳县光复，并对县令姚荣泽的暧昧态度多有公开指责，使姚荣泽对他们心生不满，便设计诱杀了阮、周二人，随后潜逃到张謇兄弟控制下的通州。阮、周家属到上海向革命党人提出控告。陈其美便出面进行干预，要求通州方面将姚拘押解送到上海进行审判，通州方面起初未予答应，后又打算送到南京，由苏省自行审判、定案。陈于是请临时政府大总统孙中山出面进行干预。孙中山先是要求继任江苏都督庄蕴宽将阮、周冤案移交沪军都督办理，指出："该案系在沪军都督处告发，且顾振黄等亦已到沪候质，应将全案改归沪军都督彻查讯办，以便迅速了结"；继而又电令通州司令张謇："山阳周实丹、阮式被杀一案，迭经各处来电申诉，非彻底查究，不足以彰国法而平公愤。仰该司令迅将姚荣泽及此案证据卷宗，剋日遴派妥员，解送沪军都督讯办，毋庸再行解交江苏都督。"②

在陈其美和孙中山的一再施压和要求下，通州方面被迫同意将姚荣泽移送上海方面进行审判，后姚被判处死刑，但不久又被袁世凯宣布赦免，并予以释放。姚的先判决后释放，充分反映了民国初年政治的吊诡。

陈擅自拘捕前大清银行总经理宋汉章的鲁莽行为再次为反对他的人提供了口实。1912年3月26日，陈以宋汉章拒绝他提出的要大清银行官款转

---

① 莫永明、范然：《陈英士纪年》，南京大学出版社1991年版，第171页。
② 《孙中山全集》第二卷，中华书局1982年版，第71、75页。

归"民国政府公用"要求为由,将宋逮捕。此举如巨石击水,立起大浪,引起各方关注。尽管陈一再为自己的行为辩解,但始终无法平息舆论界的攻讦。

如此等等,大概就是许多人之不满意陈继续担任沪军都督的主要原因。面对一些参议员的指责,陈其美发表通电予以反击,解释自己之所以要请辞工商总长和暂时不取消沪军都督府的原因:

> 临时政府未成时,几以一隅策应全国,加以布置北方军饷而外,在在需款,商家垫借,达四百余万,一日不能了,一日不能成行,且上海一有变乱,动关全局。其美之不能北行就职,与取消都督之迟延,实同一原因。①

上海《天铎报》也于7月16日发表文章,为陈进行辩护:

> 陈其美为建设共和之人,吾即知陈为确定国本之人;中华民国由革命而来者也,是中华民国本于革命,陈其美为实行革命之人,吾更知其为巩固国本之人,而此辈乃谓光复中华者为民仇,为国贼,是有意破坏民国,破坏共和也。孰为民仇,孰为国贼?吾犹忆陈其美之攻制造局也,受缚者一夜,几死贼手。今日阿谀袁世凯者,大抵于已死之革命党,则利用之日,此中华民国之功臣也。于幸而未死之革命党,则尽力攻击之日,妨害治安之罪人也。然而一言以蔽之曰,嫉妒而已矣。呜呼,吾中国人之道德而竟堕落至此乎,共和成矣,孙文也,黄兴也,胡汉民也,陈其美也,皆宜乎人之攻击之也。世间无公理,强权而已;天下无是非,成败而已。举世皆盗贼,复何言哉。

随着全国政治局势的暂时渐趋稳定,以及袁世凯对全国控制力度的加强,继续保留沪军都督府已为袁所不容,沪军都督府的取消被正式提上了议事日程。7月25日,江苏都督程德全要求陈分令驻沪各营长,按实际人数和薪饷数目,造册呈核,以便接收。

7月31日,程德全奉袁世凯之命,从南京赶到上海,接收沪军都督府及其军队。下午,在都督府举行接收仪式,沪军都督府正式取消,改为江苏都督行辕。当日,陈发表通电,叙述了任职沪军都督的经历以及迟未交卸的原因,并郑重表示:

> 今幸呈由袁大总统核准取消,复承江苏程都督顾全大局,全行

---

① 《民立报》1912年7月15日,第3页。

接收,已于本日率所属将弁亲行交替,所有沪军都督名义即日取消,中华民国军政府沪军都督印一颗并交程都督接收。以后各处凡与沪军交涉事宜,统由江苏都督直接办理。①

8月1日,陈发表解散沪军都督府宣言。在宣言中,他历述自己参加革命的主要历程以及担任都督后的主要作为,实际上也就是在为自己的所作所为再一次进行解释:

> 其美从事革命已十余年,志在实行,濒危者数。披革命史,友朋凋谢,豪杰丧亡,烈士殉身,间多蹈海;居恒悲歌慷慨,忧愤填膺,道路栖皇,秘密运动。惟专制时代,侦骑密布,入生出死,以迄于今。追忆前情,如梦如昨。即如武汉举义,事虽出于仓促,而事前联络情形,恐知者甚鲜。比鄂垣既克,切望声援,乃事逾浃旬,东南如故,其美因躬率戎行,攻克上海。夫革命事业,本因时宜,彼时为众所推,遂称都督。第沪属县治,地隶江苏,都督名称,深虞不类,故开府至今,时仅十月,先后辞职,共凡八次。当战事方新之际,军舰未附,邮电不灵,因联合海军以分敌势,收回电政以重军机。上海本为总汇之区,电政海军,归宿在此,藉兹部署,以资策应。惟时江浙两省尚未光复,于是联络归画,一致进行,数日之间,次第告捷。然而南京负固,巨寇跳梁,地在必争,急攻南下,爰合浙苏镇沪坌集之师,会攻金陵。张勋遁逃,南京恢复,由是大江南北,脉络贯通,往来应援,无虞梗阻。但战事正炽,大局未宁,援鄂之师,攻徐之役,援皖之举,攻鲁之兵,以及各处之供应,援兵之械饷,外交之处理,奸宄之侦缉,靡不兼筹并顾。且临时政府将成未成,天下惶惶,咸期统一。西北军队虽已赞成共和,东南各方尚未建设政府。上海为东南重镇,地适交通,应付各方,日不暇给。迨孙公归来,豪杰辐辏,草创政府,宁沪分驰,虽不敢谓我独贤劳,想天下亦有目共睹。

接着,陈驳斥了时人对他迟迟不取消沪军都督府、意图"拥兵自卫"、阻碍国家统一的指责:

> 洎至政府北迁,四方粗定,其美欲退归田里,力辞工商,只以结束须时,正在交替,而谤言忽至,谓其美拥兵自卫,欲梗南北共和,是非之来,本不待辨。盖国家强弱,以人民之程度为标准,革命事

---

① 《民立报》1912年8月3日,第3页。

业,以国家之利害为前提。人民程度若高,则其美之是非自见。不忆乎革匪逆贼之称未已,不旋踵而天下皆然于革命之不可缓,此即人民程度今夕悬殊之证。以前例后,则今日诋毁其美者,或亦有晓然之一日,必以增长人民之程度为目的,此则其美之天职,亦毕生之希望。所异者,参议员为人民之选,程度必高,乃亦以拥兵自卫见责。抑思其美一革命党员,本无兵柄,所以忽然而有兵者,亦由革命事实上发生,故非有人予之。时当用兵,不予而自有,时当止兵,不夺而自无。予夺之权,不在于人;操纵之机,作用在我。其美以精神为主宰,以事实为依归,以国家之利害为前提,以同胞之祸福为准的,故兵可忽然而有,亦可忽然而无。若夫都督之称,亦仍由革命事业而发生者,既非赵孟之所贵,自非赵孟所能贱。但其美故恧名义在被举之初,固已辞之。江苏光复后,又辞之,临时政府成立后,又再辞之,政府北迁后,又四辞五辞不一辞矣,而卒未允,是知其美欲解沪军都督之名位,不自今日始,故非今日咏忧心悄悄之师,而有所进退也。

最后,陈表示:

今其美既解职而去,则凡兹军士,悉应归苏督程公节制。其美沪军都督之责任,即于此文发布之日告终。

陈其美并就善后事宜做出布置:

当此沪军发生之时,沪上本无须集此多兵,因宣统未废,南京未光复,汉口、汉阳又失守,是以特设沪军机关,招集大兵于沪上,

上海特别市市政府成员合影

为攻克南京及北伐、援鄂起见。嗣后南京光复,清廷逊位,议和告成,民国统一,皆是我各军队长官及各兵士能舍身救国之功。嗣以共和成立,财政又极困难,沪军军饷皆承财政司朱葆三先生及各界之力,多方告贷而来。然筹借之款,只可敷各军队火食之用,是以有四、五两月之饷尚未发齐。时至今日,地方安然,皆系各长官平日能约束军士之能力,本都督所钦佩也。至于沪军进款,每月只有租界盐栈八千元,虽为货物税款,在沪济用,究属为数无多,财政困难,达于极点。今日沪军取消,实为财政起见,不得已请程都督来沪接收。况江苏一省,断无两都督之名称。不过上海接近租界,不得不请程都督援苏州成例,收地方统一之效。今日奉中央政府财政部发洋二十万元到沪。前欠四、五两月之军饷,照册发给。惟沪上军队共计有三万之多,后因各军士深明大义,请求归农,及另为设计谋生,是以陆续遣散七千余人,现实有二万多数。想各军队长,皆能深悉时艰,回营劝导,务期早日归田。程都督亦必优加体恤,代筹生计。至于本都督之辞职凡八次,皆有明文。今日程都督莅沪,系承本都督之请求,又奉袁大总统之命令,是所望于各军队长官共鉴此忱。①

  陈虽于心有不甘,但在各方压力下,也只能将沪军都督府解散。沪军都督府的解散以及程德全对其所留事宜的接收,标志着短暂分裂后的江苏省重又实现了统一。但是陈首开之苏沪分治先例,在南京国民政府建立后,得到了制度化。1927年5月,国民党中央政治会议通过《上海特别市暂行条例》,规定上海为"中华民国特别行政区域,定名为上海特别市",直隶中央政府。至此,苏沪分治才得以有了法律依据。

  在解除沪军都督府的同时,袁世凯全力支持程德全统一苏北。因当时北洋系在南方力量薄弱,为制衡革命党人,旧官僚出身的程德全的某些政见与袁世凯有相近之处,因此他在一定程度上能获得袁世凯的认可。1912年5月1日,袁世凯宣布撤销江北都督府,调都督蒋雁行进京,任命程德全亲信刘之洁出任江北护军使兼19师师长,接管江北军权。但是,江北临时议会和一些士绅团体反对袁世凯的命令,拒绝刘之洁前来接统军队。程德全遂于5月12日发表《告江北父老书》,要求各界尊重苏督权力。他强调说:"若谬托于共和,不明法律,不审全县,窃窃自攘其权利,争所不应争,竟

---

① 《民立报》1912年8月2日,第10页。

所不应竟,以为伸张民权,其为误会错失,与放弃责任者一也。"①17 日,刘之洁带兵赴任,掌握了江北的军政权力。江苏全省也就实现了统一。

第三节　全力侦查"宋案"

宋教仁

宋教仁,字遁初,号渔父,一贯醉心于西方国家的政党政治。章太炎认为其能力超过孙中山。早在酝酿南京临时政府时,宋教仁就有过内阁制的设想,但因为孙中山不同意,未能实现。孙中山辞职前,改总统制为内阁制,为宋教仁施展政治抱负提供了条件。1912 年 8 月,宋教仁征得孙中山同意,将同盟会改组为国民党,尽管孙中山在选举时得了 1130 票,但他坚辞理事长一职,国民党中央遂决定由宋教仁担任理事长。

1913 年 2 月,国会举行大选,国民党获得 392 席,一举成为国会的第一大党,宋教仁梦寐以求的政党内阁理想即将实现。大获全胜的宋教仁不免流露出年少轻狂的品性,他在各地的演讲中直言尖锐批评袁世凯是"自掘坟墓,自取灭亡",并一再表示要在组织政党内阁后,依法重新举行总统选举,且明确拒绝袁世凯赠予的 50 万元巨额贿款。但就在宋还陶醉于选举胜利的喜悦之中时,3 月 20 日晚他即在上海火车站被人刺杀。凶手一共朝宋开了三枪,慌乱中第一枪子弹由宋左肋射入腹部,第二枪子弹从黄兴身边掠过,第三枪子弹从吴颂华胯下射过,后两枪均未伤到人。凶手乘乱逃走。

因宋教仁被刺案发生在程德全治下的上海,袁世凯命程德全尽全力尽快破案。

程德全会同上海租界警察局经过认真调查后,于 2 月 26 日将侦查经过与结果向袁世凯、参众两院及国务院做了通报。关于侦查经过的通报如下:

经上海公共租界会审公堂暨法租界会审公堂分别预审,暗杀

---

① 朱宗震:《程德全与民初政潮》,载《历史研究》1991 年第 6 期。

明确,于本月16、17两日,先后将凶犯武士英即吴福铭、应桂馨即应夔丞解交前来。又于18日由公共租界会审公堂呈送在应犯家内有英法捕房总巡等搜获之凶器五响手枪一支,内有枪弹两个,外枪弹壳两个,密电本三本,封固函电证据两包,皮箱一口;另由公共租界捕房总巡当堂移交在应犯家内搜获之函电证据5包。并据上海地方监察厅长陈英将法捕房在应犯家内搜获之函电簿籍证据一大木箱,手皮包一个,送交汇检。当经分别接收,将凶犯严密看管后,又将前于3月29日在电报沪局查阅洪、应两犯最近往来电底,调取校译。连月由德全、德宏会同地方监察厅长陈英等员在驻沪交涉员署内,执行检查手续。德全、德宏均为地方长官,按照法律本有执行检查事务之职权;加以3月22日奉大总统令,自应将此案证据逐细检查,以期穷究主名,务得确情。所有关于本案紧要各证据,共同盖印,并拍印照片。

关于策划和作案经过的侦查结果,程德全作了如下详细叙述:

应犯来往电报,多用"应"、"川"两密本,本年1月14日赵总理致应犯函:"密码送请检收,以后有电,直寄国务院可也"等语,外附应密电码一本,上注"国务院应密,民国二年一月十四日"字样。应犯于1月26日寄赵总理"应"密径电,有"国会盲争,真象已得,洪回面详"等语。2月1日,应犯寄赵总理"应"密东电,有"宪法起草,以文字鼓吹,金钱联合,主张两纲:一除总理外不投票,一解散国会。此外何海鸣、戴天仇等已另筹对待"等语。2月2日应犯寄程经世转赵总理"应"密冬四电,有"孙、黄、黎、宋运动极烈,民党忽主举宋任总理,已由日本购孙、黄、宋劣史,警厅供钞,宋犯骗案刑事提票,用照辑印十万册,拟从横滨发行"等语。又查洪述祖来沪,有张绍曾介绍一函,洪、应往来函件甚多,紧要各件撮叙如下:2月1日洪述祖致应犯函,有"大题目总以做一篇激烈文章,方有价值"等语。2月2日洪致应犯函,有"要紧文章已略露一句,说必有激烈举动,弟须于题前迳密电老赵,索一数目"等语。2月4日洪致应犯函,有"冬电到赵处,即交兄手,面呈总统阅后色颇喜,说弟颇有本事。既有把握,即望进行云云。兄又略提款事,渠说将宋骗案情及照出之提票式寄来,以为征信。望弟以后用'川'密与兄"等语。2月8日洪致应犯函,有"宋辈有无觅处,中央对此似颇注意也"等语。辈字又似案字。2月11日洪致应犯函,有"宋件到

手,即来索款"等语。2月22日洪致应犯函,有"来函以面呈总理总统阅过,以后勿通电国务院,因智老已将'应'密电本交来,恐程君不机密,纯令归兄一手经理。请款总要在物件到后,为数不可过30万"等语。3月初十日应犯致洪述祖"川"密蒸电,有"八厘公债在上海指定银行交足,六六二折,买350万,请转呈,当日复"等语。3月13日应犯致洪函,有"民立宾记遁初在宁之说词,读之即知其近来之势力及趋向所在矣,事关大计,欲为釜底抽薪法,若不去宋,非特生出无穷是非,恐大局必为扰乱"等语。3月13日洪述祖致应犯"川"密蒸电,"已交财政长核办,债止6厘,恐折扣大,通不过。燬宋酬勋位,相度机宜,妥筹办理"等语。3月14日应犯致洪述祖"应"密寒电,有"梁山匪魁,顷又四处扰乱,危险实甚,已发紧急命令,设法剿捕,乞转呈候示"等语。3月17日洪述祖致应犯"应"密铣电,有"寒电到,债票特别准,何日燬缴(现)领票,另电润我若干,今日复"等语。3月18日又致应犯"川"密电"寒电应即照办"等语。3月19日又致应犯电,有"事速进行"一语。3月20日半夜两点钟,即宋前总长被害之日,应犯致洪述祖"川"密号电,有"廿四分钟所发急令,已达到,请先呈报"等语。3月21日又致洪"川"密简电,有"号电谅悉,匪魁已灭,我军无一伤亡,堪慰,望转呈"等语。3月23日洪述祖致应犯函,有"号简两电均悉,不再另复,鄙人于4月7日到沪"等语。此函系快信,于应犯被捕后始由局递到,津局曾电沪局追回,当时沪局已将此函送交涉员署转送到德全处。各函洪称应为弟,自称为兄。又查应犯家内搜获证据中,有赵总理致洪述祖数函,当系洪述祖原函寄交应犯者。内赵总理致洪函,有"应君领子(纸),不甚接头,仍请一手经理,与总统说定才行"等语。又查应犯自造监督议院政府神圣裁判机关简明宣告文,謄写本共42通,均系分寄各处报馆,已贴邮票,尚未发表,即国务院宥日据以通电各省之件。

据此,程德全得出如下结论和设想:

综观以上各该证据,洪、应两犯往来函电,词意均有所属,此中主名,必须彻底讯究,以期水落石出。似此案情重大,自应先行撮要据实电陈。除武士英一犯,业经在监身故,由德全等派西医会同监察厅所派西医共四人剖验,另行电陈;应桂馨一犯,迭经电请组织特别法庭,一侯(候)奉准,即行开审。①

其后不久,程德全又将进一步的侦查结果上报给袁世凯:

> 查应犯等,先后由租界缉获,迭经德全等,饬催交涉,由上海公共公廨暨法廨,先后将凶犯武士英即吴福铭,应桂馨即应夔丞,解交德全等派员管押,并由公共公廨呈送应犯捕房总巡等在应犯家内,搜获电报,及密码本,信函文件两包,手枪一支,内有子弹二枚,图章六方,照片一张,并车站内拾获枪子壳二枚,另由公共捕房当堂移交在应犯家内搜获文件五包,紫色箱一只,并据上海地方检察厅长陈英,将法捕房在应犯家内搜获之函电簿籍一大木箱,手皮包一个,送交汇检前来,当经分别接收,由德全等连日邀同公证人黄上将兴,伍前司法总长廷芳,王前司法总长宠惠,并上海地方检察厅长陈英,在驻沪交涉员署,会同详细检查,仍将在沪电报局,阅洪应两犯,最近往来电底,调取校译,现已一律查竣。所有共进会文件,及其他函札草稿,契约簿册,凡与本案洪述祖,应夔丞往来信电,不相关涉者,均另行封储备案,连同要据,一并饬交驻沪特派员陈贻范,妥慎保存。除撮举要件,先于有日电陈,并将拍印要据,另文陈颂暨分咨外部东督外,计第一次检查共24号,列为甲件,第二次检查共21号,列为乙件,第三次检查共11号,列为丙件。其中3月17日,上海电局收到洪述祖寄应夔丞铣电一纸,系检查毕后,续行调取附入丙件第12号。又应夔丞送信簿一本不列号。前次撮要电陈各件,先后次序,尚有凌躐,兹就各件年月,及其事项循序编次,赘以说明其节目起讫,暨前后相应之处,间附按语,都为53件,号数、件数、目录,分别互列,以便检阅。其甲件内第23号,乙件内第14号,丙件内第11号,均因与本案无涉,是以不复编入报告。②

在报告后面,还附录了53件在应桂馨家内搜获的有关"宋案"的往来函电。

从程德全所公布的情况以及当时舆论的反映来看,程在侦查"宋案"的过程中还是很尽心尽责的。程的电报和报告公布后,整个案件从策划到发

---

① 《江苏都督程德全民政长应德宏为宋案致袁世凯参众两院及国务院电》,载《革命文献》第6辑,(台)中央文物供应社1978年影印版,第21—23页。
② 《江苏都督程德全民政长应德宏呈大总统编送前农林总长宋教仁被刺案内应夔丞家搜获函电文件检查报告文》,载《革命文献》第42、43合辑,(台)中央文物供应社1968年版,第147—148页。

《真理画报》刊登刺杀宋教仁的有关人犯

生的全部过程得以真相大白,袁世凯、赵秉钧的幕后策划以及洪述祖、应桂馨等直接作案的凶手在案件中的分工、应承担的法律责任也很明确,袁世凯等人既欲排除政治对手,又欲嫁祸于人、贼喊捉贼的卑劣伎俩完全暴露无遗。从幕后主使到前台凶手之所以都能留下这么多足以形成严密证据链的确切证据,除了要惊叹租界巡捕房的高效及负责精神外,就涉案当事人来说,恐也不无有意留下证据以便日后有机会为自己进行辩护以求解脱的考虑。

而程德全之所以要将案件的侦查经过详细公布于众,主要是担心善于弄权且急欲嫁祸于人的袁世凯等人在幕后操弄,陷自己于说不清、道不明的不利境地,况且事发地近在咫尺,凶手中的应桂馨又是程任命的江苏省驻沪巡查长,如不认真侦查,恐自身难脱干系,但此举也带来了这样的后果:一方面,由于此前程曾与张謇、庄蕴宽等立宪派人士一起极力挤兑革命派人士,双方关系很不愉快,因此程虽尽力查办宋案,但已很难再获得革命党人的好感;另一方面,他在案件侦查中又将全部细节公布于众,致袁世凯等于十分被动的地位,因此也必然很难再见容于袁氏集团。所有这些都决定了程德全在江苏都督的位置上已很难坐稳了。

在"宋案"真相大白的情况下,孙中山曾致电袁世凯,要求其主动辞职,以免发生流血战争:

> 清帝不忍人民涂炭,公宁忍之?公果欲一战成事,宜用于效忠清帝之时,不宜用于此时也。说者谓公虽欲引退,而部下牵掣,终不能决。然人各有所难。文当日辞职,推荐公于国民,固有人责言,谓文知徇北军之义,而不知顾十七省人民之付托。文于彼时迄不为动。人之进退绰有余裕,若谓为人牵掣不能自由,苟非托辞,即为自表无能,公必不尔也。为公仆者受国民反对,犹当引退,况于国民以死相拼;杀一不辜以得天下,犹不可为,况流天下之血,以从一己之欲。公今日舍辞职外决无他策。昔日为任天下之重而

来，今日为息天下之祸而去，出处光明，于公何憾。公能行此，文必力劝东南军民，易恶感为善意，不使公怀骑虎之虑。若公必欲残民以逞，善言不入，文不忍东南人民久困兵革，必以前此反对君主专制之决心反对公之一人。义无反顾。①

孙的通电既动之以情，又晓之以理，还现身说法，于表面恭敬客气之中，却不乏讥讽和强硬，将袁可能说出的推托之词提前批驳得体无完肤，但袁世凯也许从一开始就根本没有将革命党人可能采取的措施放在眼里。他是一介武夫，想当初孙中山之所以被迫在辞职、迁都、南下就职等问题上一再对自己妥协退让，不就是因为自己有实力为依凭吗？如今大权在握，海内一统，天下"臣服"，不是更可以为所欲为了吗？既然当初革命党人对自己的得寸进尺无能为力，如今又能有什么高招呢？在袁世凯看来，孙中山的通电只不过是他惯常使用因而已早为世人熟悉的虚张声势、威胁恫吓罢了，是一种黔驴技穷的伎俩，起不到任何实质性的作用。因而，袁世凯不仅拒不辞职，反而将自己理应承担的责任推得一干二净。

当然，关于"宋案"历来一直有另外的说法。其中一种说法认为，袁世凯虽担心宋教仁组织国民党内阁后会很不利于他的专权，但并不准备致宋于死地，以袁在政治上的精明和老谋深算，当还不至于想不出对付手无寸铁的宋教仁的有效办法，以至于非要杀掉他不可，但袁身边的人则有可能出于对袁的爱戴和拥护，在未经袁知情或授意的情况下就动手杀了宋，而且现有证据尚不足以认定袁是幕后的直接黑手。据曾任袁世凯政府副总长的张国淦回忆，京师警察总监王治馨曾告诉过民国初年众议院议长张继：

> 洪述祖南行之先，见总统一次，说："国事艰难，不过是二三人反对所致，如能设法剪除，岂不甚好？"袁说："一面捣乱尚不了，况两面捣乱乎？"话止如此，遁初被难后，洪自南来，又见总统一次。总统问及遁初究竟何人所害，洪说："这还是我们的人替总统出力。"袁有不豫色。②

据章士钊回忆，宋遇刺电报传到时，他正在与袁一起用餐，袁闻电叹息说："遁初可惜，早知如此，何必当初？"而正在主持内阁会议的赵秉钧在得知宋被刺消息时，大惊失色，当即离座，环绕会议长座数次，自言自语道："人若

---

① 《孙中山全集》第三卷，中华书局1982年版，第68—69页。
② 张国淦：《北洋述闻》，上海书店出版社1998年版，第49页。

讨袁军

说我打死宋教仁,岂不是我卖友,哪能算人?"而上列程德全公布的电报因其内容极隐晦,很难据以得出准确结论。

还有人认为,袁纵有杀宋之心,至少在当时还并未下最后决心,但国务总理赵秉钧为保其相位,"欲先除之而后快"。如果真是如此,则袁反为赵背了杀宋的黑锅。

"宋案"发生后,一向视法律为儿戏的袁世凯却信誓旦旦地公开表示要听候法律解决:

> 刑事案件,应由检察官提起公诉,经由刑事审判宣告判决。……宋案现既破获,一经法庭研鞠,有无主谋,自不难水落石出,各该案外之人,毋得飞短流长,借端挑拨。

由于革命党人无法相信从袁世凯嘴里说出的这些话,而且在较长时间内袁世凯也没有在法律层面上提供一个让革命党人满意的结论,因此革命党人便一口认定是袁主使杀了宋。其中黄兴撰写的挽联说得最为明白,因而也就最有代表性:

> 前年杀吴禄贞,去年杀张振武,今年又杀宋教仁;
> 你说是应夔丞,他说是洪述祖,我说确是袁世凯。

因此,革命党人决定进行武力反击,发动了以"倒袁"为指向的"二次革命"。

"二次革命"发生后,黄兴等人逼迫程德全通电讨袁,但程以经费无着为由予以拒绝。黄兴请陈其美提供支持,陈说上海方面将提供两列车货币,但等列车到达时,却发现全是倒闭银行的废钞票,对此程德全表示:"这样害民的事,即使出兵,也不能打胜仗。诸君!害民事我决不做,我辞职。"①其后,程果然潜出南京,一度到上海当了寓公。

---

① 黄炎培:《八十年来》,文史资料出版社 1982 年版,第 63—64 页。

第四节　心灰意冷，遁入空门

一、被迫再次宣布江苏独立

随着"宋案"真相的逐渐披露，革命党人决定进行冒险的军事反击，一向主张维持地方稳定的程德全再三表示了自己的不同意见。5月8日，他致电江西都督李烈钧，言辞恳切地说道：

> 今之大多数人民不知政治为何物，但两年来尝受痛苦，不愿再有纷扰，此为普通心理。吾辈一言一动，当在法律范围之中，倘过于激切，酿成暴举，转贻反对者以口实，夫大多数人民反对，未有不败亡者也。德全在苏言苏，元气未复，商业凋敝，饷不足以赡兵，兵不足以御侮，一有警耗，盗贼蜂起，地方糜烂，鹬蚌相争，强邻干涉，如吾辈者不独身败名裂，直万世之罪人已耳。总之，政治不良，革政治之命可也，若酿成分裂之祸，因以革民国之命则不可。国民党惨淡经营，得有今日，诚非易易，更须稳立脚步，求政治上最后之胜利，切不可激于忿愤，为孤注之一掷。①

但是，由于袁世凯逼人太甚，革命党人被迫起而应战。"二次革命"爆发，黄兴坐镇南京，催逼程德全一起响应。1913年7月14日夜，在柏文蔚家里举行的军官会议上，多数军官都表示赞成宣布独立，但要塞司令吴绍璘、第1师工程营长程凤章表示反对，散会后于15日清晨5点钟，都督府即派两排士兵分别到吴绍璘、程凤章家里，将吴、程枪杀。当日6点多钟，又在三牌楼将反对独立的讲武堂副长蒲鉴枪决，并将讲武堂正长朱先志及前师长陈懋修捕捉到都督府。程德全坚决反对再行杀戮，朱、陈方得以保全性命。

在讨论江苏独立问题时，程德全表示反对，他用手指着黄兴等人说：你们想威胁我？并以手捶胸，大声说：就是枪毙我，我也不同意独立。第8师师长陈之骥见此情景，解下佩刀，单腿跪到程德全面前，流泪说：决无胁迫之意，只请都督协助。在场其他军官见状，也纷纷下跪，请求程襄赞独立。一直延续到下午3点，程德全才最终决定通电各省，赞同独立，并决定由都督府发布安民告示，训令各机关照常办公；同时，决定由黄兴担任江苏讨袁总司令，柏文蔚为安徽讨袁总司令；命令第8师1个旅、第1师1个团由津浦

---

① 朱宗震：《程德全与民初政潮》，载《历史研究》1991年第6期。

路北上徐州,会同冷御秋的第 3 师一起阻止北军南下。

江苏宣布独立后,程德全因内心并不赞成,因而倍感身心俱疲,一再要求到上海调养,黄兴及各军官再三表示挽留,甚至"相率伏地痛哭"。无奈程去意已决,表示"此身行动自由,乃各人固有之权,苟一息尚存,今日必行"。这实际上是对革命党人事前未与其充分协商的做法表示不满:"事前不予见商,视若竖子不足与谋,今为维持地方秩序起见,目前应为之事,已一一为之,何必再留?"①众人见程决心已定,知已无法强留,只得同意他出走上海。但程在出走前,安徽都督柏文蔚曾向黄兴建议,或将程杀掉,或将其软禁,千万不能让其前往上海,黄没有接受。

到上海后,为表明心迹,程通电各界:

> 德全自光复以来,日以调和南北感情为事,积诚未至,凤疲神明。自北军与赣军启衅,宁垣师旅,亦以中央素有畛域之见,经德全屡次陈说,终不能翳障一空。事势所迫,有触即发。本月 15 日,驻宁第 8 师等各军官要求宣布独立,德全苦支两日,旧病剧发,刻难把拄,本日来沪调治。默念国家大局,地方人民,对于各方面精神上之苦痛,无可言喻。②

但令程没有想到的是,章太炎随即又以"中华民国全国联合会"名义发表讨袁通电,而程是列名该会主要负责人的,这让他一时有口难辩。

在"二次革命"的紧张关头,袁世凯得知程到上海后,还是对他竭力进行笼络,于 21 日以大总统名义致电程:"该都督有治军守土之贤,似此称病辞职,何以对江苏人民……着程德全、应德宏即在就近地方,暂组军民财政各机关行署,并着程德全督饬师长章驾时等,选择得力军警,严守要隘,选择得力军警,迅图恢复。"但在袁世凯的大举进攻下,"二次革命"很快失败,袁也就不再借重于程德全了。

7 月 25 日,程德全在上海发出通电,宣布取消独立,并准备返苏履职,旅沪的苏州人谢元厚遂于 1913 年 7 月 26 日致函苏州商会,要求商会联合起来,阻止程德全返苏。信中大骂程为"前清巨奸,民国从逆",认为正是由于他的贪生怕死,因而成了"酿成宁沪巨祸,死伤数千人"的罪魁祸首,现在又想乘"南北势殊"之际,"回苏反正,藉以保其权利",众人一定要想方设法,千万不能再让此等"庸奸无识"之辈返回苏州,造成祸乱。③

---

① 《时报》1913 年 7 月 18 日。
② 《人文月刊》第 2 卷,第 1 期,第 20 页。
③ 谢元厚:《致苏州商会》,1913 年 7 月 26 日,苏州市档案馆藏。

谢元厚的设想未能成功,但程也未能形成气候。

二、遁入空门

程德全生逢乱世,这是他的不幸。更为不幸的是,他贪缘际会,登上了封疆大吏的高位,本想有所作为,但世事纷乱,使他终究难以有所作为,由此也就决定了他的悲剧命运。他在"二次革命"失败后不久,主动提出辞职。袁世凯看到程已失去了利用价值,便接受了程的辞职请求,于9月3日免去了其都督职务。此后,程便隐居上海,潜心研究佛学。不久前往常州天宁寺法云坛受沙弥戒,第二天受比丘戒,20日圆菩萨大戒,取法名寂照,自称素园居士。后又到苏州木渎镇法云寺担任住持。

抱一(即黄炎培)在《寿程雪楼居士七十》中写道:

> 黄鹤楼前江水飞,如瓦耆解存者稀。吴枫欲火不知冷,汹汹争掣梁公衣。我衔众命军门揖,早开英断赤帜立。其后瓜洲稍用兵,江南略定干戈戢,江南再告军符急,投簪有泪朱袍湿。公功在国德在民,万家生佛拜且泣。忆岁庚子黑水黑,严疆云压胡天墨。公无官守有天职,愿碎一身全万亿,六种震动日薄色,精诚直夺骄胡魄,有碑不共江山泐。七十年来抱苦辛,秋非秋兮春非春,尘尘万劫那可数。忍话开天白发人,公来为此一大事,饲虎舍身何足异?此身不坏金刚智,一杯一衲轩天地,长啸当门有虎眠,法云永护吴山寺。①

昔日寒山寺

---

① 抱一(即黄炎培):《寿程雪楼居士七十》,载《人文月刊》第2卷,第1期(民国20年2月15日)。

程德全之所以最后选择遁入空门以度余生，除了因常年劳顿而致疾病缠身，且自知年事已高无法在政坛上施展抱负和才能外，更重要的恐怕还是看透了清末民初政坛的险恶、无耻和肮脏。置身其中而碌碌无为，不仅有累清德，而且一旦深陷其中便难以自拔，前途难测，再加上程对手握实权的袁世凯的为人有深入了解，内心颇不认同其待人接物、行为处事的方式方法和为政风格，而袁也始终未将程视为自己的亲信和心腹，"二次革命"结束后，程的政治生命便宣告结束。更让程难以接受的是，袁世凯在镇压了革命党人的"二次革命"后，竟派曾被他参与组织的江浙联军打败的"辫子军"首领张勋担任江苏督军，这更坚定了程远离民国政坛的决心。

一位对程有深入研究的著名学者指出：程德全作为政治上的中间派，在南北政争胜负未见分晓之前，是两派都能接受并竞相笼络的对象，但两派都不可能把他当作自己人来看待，程至多不过是个"统战对象"而已，无论双方中的哪一方在取得决定性的胜利之后，程德全都会被抛弃。加之程在政界崛起较晚，手中又没有必要的军事力量做坚强支撑，从而也就没有足够的实力来捍卫并扩张自己的已有权力。

程德全住进木渎法云寺后，曾写有《木渎法云寺记》。该记对其所经历的重大政治活动做了简略交代，同时又在很大程度上反映了他的晚年心境，是一份珍贵的历史资料。现抄录于下：

> 德全少时讽《白虎通论》，"死之言澌，精气穷也。"吻昕寐而仰思。知大块载我以行，终将息我以死，大伤人之不可免于死，辄思不鹿鹿死。其后读宋明儒书，尤好高景逸之言，见高子从容死于止水，喟然叹曰：死得其道哉！顾于其说本无生死，则窃窃疑之，曰：此吾儒之言耶！何不类也？光绪庚子之岁，俄人侵黑龙江，黑之吏若民大震，中朝亦大震，俄人将攻省城，黑龙江将军使德全往阻俄师，德全入其垒，坦然据条约，白情势，力阻勿前，初不听，炮且发，德全急以身塞炮孔，意欲死其间，俄师乃止，而城获全。未几，俄廷强德全权将军，德全不可，俄人怒，胁之以兵，时会于江浒，江水莹然碧，顾而思曰：此吾师高子之时也。奋身入，目瞑而顶灭，俄人惊，力拯而出，转加敬礼焉。嗣复挟以走圣彼得堡，雨雪载途，甑车毳幕中，寒威中肌骨如划刃，自分必死，顾仍不死。其后持节屡历朔南，帅封疆，治军旅，遘辛亥、癸丑诸变，时时思得当以死，而卒不得可死之缘。非死之艰，盖以死而无利于国，无益于民，吾虽贸大名以去，其实故无殊夫鹿鹿以死也。

程德全还详细交代了自己最终决定遁入佛门的原因和经过：

> 既致苏督，闭户海上，皈命世尊，发梵笈而寝馈之，乃知高子之言，实本释氏。戴山虽为之辞，弗可讳也。于是洞明生死流转之故，吾人精气虽穷，而有不随之而穷者在。深叹前此之忽忽以生，复幸前此之未鹿鹿以死也。家居虽谢人事，终苦与嚣尘隣，且年殊六十，顾景憮然，甚欲于山巅水涯，求阿练若，为人三摩地便，久之，不得，今年仲夏，曾君影毫来告：苏州木渎有法云寺可让于异居士。偕来相度，幽寂适人。谓曾君曰：此吾未生净土前之化城也。以白金一千四百饼得之。略事缮葺，遂足蔽风雨而待尽形寿于是矣。忆庚申岁，德全为楚泉禅师作募修苏州报国寺启，曾引彭允初募修木渎法云庵叙中语，不期越六年，斯寺竟归于吾，此中殆有夙缘耶！考寺建于明成化间，清同治罹兵灾，有宗懋禅师者，结茅原址，亦傍曰法云庵。弘德所蓄，神感斯通。忽有人自河道运大木至，登岸问法云寺，委木于师，檀供既备，因建今寺焉。寺云何以法云名，义弗可省。德全闻之，法云地者，以能大发智云，含众德水，弊如空麓重充满法身故，故名法云。此法云地修受用法乐智，成熟有情智；此法云地断诸法中未得自在，障彼大神通愚，悟入微细秘密愚；此法云地证业自在，所依真如；盖十地菩萨之事也。德全具缚凡夫，乌足语此？虽然，德全即发四弘誓以学佛，固将直趋佛地，则庸唯法云地，即金刚喻定现前，苟未至第二念弃舍四事解脱道起，吾亲之犹化城也。自今以往，当被铠精进。其敢忽忽以生，鹿鹿以死哉！得法云寺之三月，云阳程德全记，实丙寅秋七月也。①

记文由长沙人丁傅绅刻于石碑之上。

1930年5月29日，程德全在上海病逝。去世前程曾交代不准子孙到沪奔丧。在亲朋的安排下，灵柩后被葬于苏州寒山寺旁半园，从而告别了世事纷扰、清浊难分的人间世界。

程德全去世后，各界人士多有反应，其中以深知程德全的黄炎培所送挽联最具代表性，也真切地反映了世态的冷暖炎凉和程一生的大致经历：

> 此生了了，总为大事而来。庚子何心？辛亥何心？即癸丑亦何心？慈悲两字外，更无他念。
>
> 一切尘尘，尽逐流光以去。永康安在？南通安在？今云阳又

---

① 《人文月刊》第2卷，第1期，第21—23页。

安在？沧桑自变后，遂少人知。①

在程一病不起后的5月8日，上海《新闻报》刊登了一篇题为《程雪楼轶事》的文章，内容如下：

> 程雪楼辞官解组，为沪上寓公者有年矣，日前一病不起，闻者惜之。先生讳德全，逊清时为我苏巡抚，称一时名吏。政余之暇，辟城南数十亩地为植物园，栽木垒阜，疏流列石，藉以与民同乐。又鉴于寒山寺遗迹之日就芜废，乃慨然斥巨赀葺之，故至今寺中尚留有先生手书之碑识，与唐张继一诗，同为来游者之所摩抚也。辛亥武昌起义，先生首先响应，白旗飘展，闾阎不惊，苏人德之。因之童竖歌唱，亦皆争颂其功。犹忆某岁，苏城各校开联合运动会于王废基，先生舆车简从，前来参观，学校团体俱奏乐擎枪相迓，先生舍舆步行而入，举手为礼以答之。躯体侏短，足微跛，不良于行，而神采朗照，望之俨然也。先生为蜀中产，某岁，乡居，忽得匪讯，匪啸聚数十百人，皆挟有枪铳，知可计取而不可以力敌。及莅境，先生出而款接之，设宴于堂，以示诚意。匪等有恃无恐，竟来缴领，架枪于庭，而恣大嚼，数巡，先生故堕杯于地，伏匪两庑间之家丁闻号猝起，而夺其架枪。匪等失械，一一被执，其警捷有胆魄如此，洵非常人所得而及也。②

以上虽算不上是盖棺定论，却向世人介绍了政治人物程德全为政的另一面，对于人们全面了解程德全是有帮助的。

---

① 《人文月刊》第2卷，第1期，第25页。
② 《人文月刊》第2卷，第1期，第23—24页。

附录：敬人及物
——略记曾祖父程德全之雪泥鸿爪
程可行①

一、引言

我是程德全的曾孙，爷爷程世抚（1907—1988年）是程德全的继配刘氏夫人（1879—1930年）的长子，我是他的长孙，从小跟爷爷奶奶长大。小时候爷爷很少说起曾祖父的事情，偶尔提起也是淡淡带过。虽然有机会让我从不同角度了解曾祖父的点点滴滴，但是得到的信息不连贯、不完整。偶读中国社会科学院近代史所研究员朱宗震先生的文章《程德全：辛亥反正第一人》，得益匪浅，也引起了我研读历史、系统地了解先人的强烈愿望。

二、云阳老家

我和爸爸都出生在上海，而爷爷是出生在黑龙江的齐齐哈尔，但是爷爷、爸爸、我乃至我女儿在户籍登记上都有共同的籍贯——四川省云阳县（今重庆市云阳县），那里就是我的老家，是家族根的所在。

据家谱《云阳程氏家乘》记载，云阳程氏始于明朝洪武二年（1369年），先祖程应良由湖北麻邑入川，到曾祖父程德全这代，已经在云阳居住了整整20代、500余年了。曾祖父于光绪十五年（1889年，农历己丑年）年近30时出川，他记道："全自己丑赴东"、"游京师越二年如黑龙江"、"岁丙申吾妻携儿女从之皖，逾年之辽沈，再赴黑龙江"，自此"驰驱塞外，簿书填委，迢转三吴"②，把云阳程氏的血脉带出了四川的崇山峻岭。

---

① 程可行，曾供职于中国科学院半导体研究所和软件工程研制中心，任高级工程师，后在软件企业工作多年，现已退休。
② 程世模：《云阳程氏家乘》，卷一。

自从曾祖父走出四川的大山之后,与刘氏夫人所生的这一支后人都从未回过云阳,直到2011年10月我首次返乡。

家 谱

现存世的我家家谱是民国八年(1919年)出版的《云阳程氏家乘》,由大爷爷(曾祖父的长子)程世模纂修。我知道家谱中有对家族世系的排行,以曾祖父到我的排行是"德、世、绪、可",但我一直未能看到家谱。

爷爷故世多年之后,我在整理爷爷遗物时发现他在"文化大革命"中写的"交代材料"里涉及了家谱:"程氏家谱共四册,我记不清是我二哥给我从上海带来的还是我二姐在京给我的,随手丢在书箱里。我只认为是封建家庭的东西,从未拿出来毒害子孙。因'破四旧'才拿出销毁。家谱的内容主要是牵强附会地把本族和历史有名人物挂钩以为荣耀,并编订名字排行辈分,里面附有长三房次三房分析财产情况。"爷爷留下的这一段话虽然带有当年浓厚的政治色彩,但从未把家谱拿出来给我看过却是事实。爷爷的话让我知道了家谱的大致内容。

爷爷的研究生王绍增先生在一篇发表于2004年的纪念爷爷的文章中提到我的老家及家谱的情况:"1984年,我作为长江三峡(四川段)旅游和文物保护总体规划纲要负责人,为云阳张飞庙搬迁选址时,选中了现被采用的地点,所幸离程先生家乡不远。在县委书记陪同下,我拜访了程先生的家乡,收集到一些有关程德全的文物和故事,并见到了程氏族谱,族谱中记载了不少程德全抗俄的事迹。"①

2006年3月,云阳县九龙乡的牟方清乡长在北京找到了我。他告诉我,在云阳不仅保存着我家家谱,甚至祖屋也还在。牟乡长送给我的云阳县电视台2005年采编的《云阳风情》系列片中出现了家谱的影像。

2011年10月我回到故里时,同宗程绪章先生展示了家藏的《云阳程氏家乘》原件,我终于看到了家谱的实物,确实是4册,虽然纸质发黄但是保存完好。亲手触摸藏于民间、印刷于90多年前的家谱,特别是看到上面清楚地记载着曾祖父、爷爷和我所知道的他兄弟们的名字时,我深感家族薪火相传,弦歌不辍的巨大力量。

---

① 王绍增:《忆先师程世抚》,摘自《中国园林》2004年6月号第9页。

祖　屋

从长辈那里我曾听说我家祖屋是"沙门寺"。回乡之后又查阅了民国版的县志，知道了沙门寺原是曾祖父为官之后在家乡建造的旧宅。据民国版《云阳县志》记载，"沙门寺，程德全舍宅为寺，并捐田租四十余石为寺产"①，还有曾祖父写给沙门寺德高老和尚的开山赋："遥礼沙门兴若何，高僧从此伴岩阿。一声清馨闻遐迩，半偈真言蜕网罗。树老参天含旧泽，菩提助我长新柯。众擎不畏邱山重，普愿香华赞合和。"②沙门寺是我家的家庙，我家的祖屋。

程氏宗祠是一个白色建筑，在离沙门寺不远的坡下。据民国版《云阳县志》载，程氏宗祠建于光绪年间，"光绪中，程德全捐建，并设祭田"③。

现在的宗祠一片破败。砖石主结构还基本完好，但木结构已经朽烂。木制楼板塌陷，门窗大都不见了踪影；由于檩条、椽子断裂，房顶露了天，瓦落了一地。宗祠的正面"程氏宗祠"四个大字明显是被扣掉了，但原先的字仍依稀可辨，残迹下清楚地写着"红龙小学"。这里在新中国成立后长期作为小学，一度还有初中班。包括程氏族人在内的附近村民都是在此受的教育，2000年新小学校落成后被废弃。《云阳程氏家乘》中附有图纸，原来"程氏宗祠"四个字之上还有曾祖父书写的"诰命亭"，正堂上还挂有"宗族为光"的匾额，据说在"文化大革命"中这些匾额都被劈了当柴烧了。宗祠的建筑本身能够保留至今，与其作为学校的用途不无关系。

宗祠本是同族人祭祀祖先的地方，可是宗亲向我介绍的时候更喜欢说"你家的祠堂"。《云阳风情》的解说词中又称宗祠为"程家大院"、"程德全故居"，并介绍说程德全"出生在这里"。在当地人的心目中，这里是曾祖父的家。

查《云阳程氏家乘》，我得知了更为确切的信息。到了曾祖父这代，我家最早的祖屋既不是沙门寺，更不是程氏宗祠，而是另有他处。曾祖父曾撰文《西岩茆屋记》④，详细描述了他出川之前的居所。文中云："余家自曾王父以下，皆同产居"，直至"光绪初元，岁大饥，谋柝爨以自存"。因家贫，"时时苦不给，无何所居复为主者索去，一家愕然"，可见那房子也仅是借住，故无

---

① 云阳县地方志编纂委员会：《云阳县志》，民国二十四年编纂，卷二十一，第299页。
② 云阳县地方志编纂委员会：《云阳县志》，民国二十四年编纂，卷四十二，第531页。
③ 云阳县地方志编纂委员会：《云阳县志》，民国二十四年编纂，卷二十三，第354页。
④ 程世模：《云阳程氏家乘》，卷一。

祖屋可言。文中又云："西岩茆屋者,吾家旧居之西,吾妻即岩为屋,奉吾母以居者也。"在程氏宗祠西面的一处岩石下,由曾祖父的原配、能干的前曾祖母秦氏夫人(1860—1903年)"树柱而苫盖之",建成的岩居茅屋,才真正是我家最早的祖屋! 曾祖父记道:夫人"昼则扫叶担薪,夜则篝灯纺绩,星见而起,鸡号而未息,如是十余年。"读《西岩茆屋记》,可以感受到这个地方在曾祖父心中的极高地位,尽管曾祖父撰文时已经是清朝的封疆大吏,但仍念念不忘岩居茅屋和原配的秦氏夫人,当时家庭之贫穷、生活之艰辛、环境之恶劣、与秦氏夫人之深情跃然纸上。

　　2013年3月,在宗亲带领下找到了西岩茆屋的遗址。这里北向长江,背靠四五米高的悬崖,岩下的一小块平地就是秦氏夫人建茅屋的地方,现在已长满荆棘,看不到丝毫痕迹了。意外的是我们在遗址发现了一个用过的石臼,也许就是秦氏夫人"执炊浣緰缝纫"时舂米用过的。传说曾祖父受到朝廷重用后官府送来喜报,家里竟没有可以贴的地方,最后只得贴在了高粱秸做的门上。遗憾的是没能找到曾祖父在《西岩茆屋记》中提到的"劚之岩间"的"西岩茆屋图",但愿从遗址带回的一捧土也能够让曾祖父所叮嘱的"吾家世世万子孙"永远记住这里,记住昔日之危苦。

　　曾祖父当初舍宅为寺,本欲传承佛教、"普愿香华",但留下的建筑却为当地提供了医疗服务;捐建宗祠本欲"宗族为光",却为当地的教育做了贡献。曾祖父一生提倡教育、振衰图强,在晚清民初"以维持地方秩序、保护地方经济和人民安定的生活"①为施政目标,在家乡兴办义学、义渡,留下的建筑能够造福于老家的乡亲,他的在天之灵会感到欣慰吧。

祖　坟

　　祖坟承载着后代对先人的缅怀之情。

　　曾祖父任江苏巡抚时,在苏州枫桥购置了家族的墓地。1930年曾祖母(继配刘氏夫人)和曾祖父相继去世之后就安葬这里。据爷爷在"文化大革命"中写的"交代材料",坟地有三间房和约10亩田产,由看坟人居住耕种,自给自足。新中国成立后,人民公社化时,房屋和田产都归了公社。

　　我小时候就多次听到二姑奶奶和爷爷奶奶谈起人民公社要求迁坟的事情,爷爷记道:"约1964年我的二姐独自去苏州坟地,和公社接洽开坟拾取父母尸骨火化,将骨灰送至灵岩山,让出坟地。"大姑姑程绪珂多方打听,费

---

　　① 朱宗震:《程德全:辛亥反正第一人》,《南方周末》2011年2月25日。

了不少周折,终于查到了曾祖父曾祖母的骨灰存放地并曾亲往祭扫。

2012年10月12日,我前去拜谒。在地下骨灰堂相邻的两个穴位里各有一个完全相同的棕色大理石制的骨灰盒,上面没有任何文字标记,曾祖父和曾祖母就安息在这里。曾祖父晚年皈依佛门,身为居士的二姑奶奶不得已把曾祖父曾祖母的遗骨从祖坟迁到灵岩山寺,这是最大程度上尊重他们的意愿了。而骨灰盒上未书一字,显示的是她的睿智和对世事的无奈。深谙家族历史的二姑奶奶一定知道曾祖父在《西岩茆屋记》中的一段箴言,"时事艰危,未来之境,百变不可测度"。

《云阳程氏家乘》中有坟图20余幅,记录着从曾祖父(二十世)上溯至九世(生于1521年)的墓地的确切位置和朝向。百年前的人搜集、整理和确认这些信息的困难可以想见,但是他们懂得敬畏先人,懂得应该慎终追远。

2013年3月我再回故里,和宗亲们一起按坟图找到了从曾祖父上溯三代人的先祖的墓地,据说修得最好的是曾祖父的父亲程大观的墓。但是这些墓或毁于1958年的"大跃进",或毁于1966年的"文化大革命",或毁于造田修路。现在仅有"秦夫人"和"张老夫人"的墓碑尚存,其他的只剩下散落的残石了。

曾祖父原配、前曾祖母秦氏夫人18岁嫁到程家,经历了西岩茆屋之艰苦,携儿女至皖之颠沛,再赴辽沈黑龙江又遇庚子之乱,一直与曾祖父患难与共,在曾祖父被任命为黑龙江将军前两年逝于吉林三姓。现在的墓是从吉林移葬的。墓碑成于民国十八年,即《云阳程氏家乘》出版10年之后,与《云阳程氏家乘》中的记载略有出入。

在程氏宗祠不远处有"皇清诰封一品夫人程母张老太君寝茔"(即曾祖父之母,程大观之妻,1836—1887年),墓碑和上面的碑文完好。爷爷的名字排在孙辈的最后一个,碑立于宣统二年(1910年),那时爷爷年仅3岁。

三、戍边黑龙江

曾祖父程德全在黑龙江生活了10多年,在东北边陲,在满人的发祥地,从黑龙江将军府的幕僚一直做到第一位汉人黑龙江将军。

龙沙公园

齐齐哈尔的龙沙公园(原名仓西公园)是时任黑龙江将军的曾祖父提议建造的,是我国地方政府建设的最早的公园。2007年是龙沙公园建园100周年。齐齐哈尔市建设局领导找到曾任上海园林局局长的大姑姑,邀请她

出席建园百年庆典。当时她已是85岁高龄,不便亲自出席,委托我和表姐陈青代表她赴齐齐哈尔。

关于龙沙公园,我还是在2004年初《中国园林》杂志社的副主编何济钦先生向我索要爷爷照片时听说的。何先生要写一篇关于爷爷的文章,对我说:你们"一家三代为祖国的园林事业做出了众多贡献"。我一时没明白,我只知道爷爷和大姑姑的工作与园林有关,还有一代指的是谁却不太清楚。何先生说是我的曾祖父,因为他在齐齐哈尔建了龙沙公园。后来有幸读到何先生大作《报学垦荒终不悔——记城市园林规划专家程世抚》①方知其详,文中除了讲述爷爷和大姑姑在园林方面的贡献之外,还专设一节"程德全与仓西公园(龙沙公园前身)",使我有机会了解到曾祖父在百年前主政黑龙江时除了边务、军务、政务等公务之外,还建了龙沙公园,这座公园一直保留到了今天。

2007年8月18日,我和表姐陈青应邀到达齐齐哈尔。我们两人对黑龙江省都很熟悉,因为我们下乡就在黑龙江。陈青下乡的地方在莫力达瓦旗("文化大革命"时属黑龙江省),来去都要经过齐齐哈尔市。在齐齐哈尔,处处感受到曾祖父昔日的影响,各方热情扑面而来。在龙沙公园建园百年庆典上,我作为代表接受了市长授予大姑姑的荣誉市民证书,宴会上作为主宾收到最高规格的接待。

为了纪念龙沙公园百年,纪念曾祖父的功绩,园内树立了他的铜像,揭幕仪式上,我和陈青代表家人向铜像敬献花篮。据我所知,这是为程德全建立的最早铜像。

"清云阳程公以身御难碑"②

龙沙公园的遗爱亭里有"清云阳程公以身御难碑"。因为是"吉林三杰"的宋小濂撰文、徐鼐霖篆盖、成多禄书丹,所以人称"三杰碑",碑文记录了曾祖父抵抗俄军、保卫齐齐哈尔城的事迹。

宋小濂所撰碑文,记述了庚子之变时期在俄军大兵压境的紧急情况下,曾祖父受黑龙江将军寿山之托,位卑却不辱使命,身微却不惧强敌,拼己之一死,奋力保城护民的英雄行为:

(1)以知县身份奉寿山将军之命赴前敌督战,后又奉命与俄军交涉"请

---

① 何济钦:《报学垦荒终不悔——记城市园林规划专家程世抚》,摘自《中国园林》2004年6月号第1页。
② 徐晓慧:《写在石碑上的历史》,华业出版社2006年12月版,第44页。

停战";

（2）在俄军即将向齐齐哈尔城进兵时，"拔剑自刭"阻俄军；

（3）在俄军扬言"以巨炮轰城"的危急关头，为保护齐齐哈尔城中百姓，"以身遮巨炮之口"；

（4）在城外得知寿山将军已殉节之后，为了表示抗议，"坚卧俄帐中"；

（5）在俄将的威逼利诱下"跃身入江"以明志，拒绝俄军任命；

（6）在被俄军押赴彼得堡途中仍义正词严为民请愿，向俄大臣详述俄军残杀瑷珲及剽掠会城惨状，"乞俄皇顾念邦交勿肆残龁"。

曾祖父仅以候补知县的头衔，欲战，然无险可守，无兵可用；欲和，然朝廷意向不明，直接上司自戕殉节。为了保卫疆土让人民免遭涂炭，为了承诺挚友寿山的嘱托，所为已经极尽所能了。

"修建云阳程将军纪念碑公启"中这样叙述曾祖父在庚子之变中的职与责："雪楼程公，建节兹土，善政孔多。庚子一役，厥功尤伟。当夫强邻压境，长城已倾，巨炮逼陈，守阵皆哭。公本戎幕之宾，无官守之责。而乃舍生取义，誓志成仁，以一身犯弹雨之冲，全孤城于板荡之际，气凌风云，诚动天地。"①启事的发起人、赞成人中有满族旗人贵族、汉族军官士绅，还有蒙古族亲王和郡王、回族学董和绅董，反映了多民族的认同。

立三杰碑时为民国九年（1920年），曾祖父早已退出政界，潜心事佛了。故吏宋小濂会同其他人的立碑举动，是发自内心的纪念，而非趋炎附势、阿谀谄媚的歌功颂德。宋小濂曾任清朝的黑龙江巡抚、后又任民国的黑龙江省都督。发起"修建云阳程将军纪念碑"，撰写碑文的时候，也正是他被北洋政府任命为中东铁路督办、将要离开齐齐哈尔的时候。借立碑而言己志，其心可鉴。

"眉峰殉难碑"②

遗爱亭不远处是寿公祠，内有"眉峰（寿山的字）殉难碑"。碑文由寿山将军的故吏于驷兴撰文书丹并篆额。碑文生动描写了寿山将军殉节的惨烈，也在多处述及曾祖父："云阳怀刃判死，掉舌锋兵"，"云阳身遮炮正危甓"，"云阳亢论得直俄凶炯服"，"云阳之程入出壁垒折冲觥觩"。寿山和曾祖父携手誓死抗俄的壮举令人动容。

曾祖父在《六十自述》中记载了和寿山的初次交往："欧力东渐寇已深，

---

① 程世模：《云阳程氏家乘》卷二。
② 徐晓慧：《写在石碑上的历史》，华业出版社2006年12月版，第29页。

边陲往蹟费搜寻,逢人为访金源事,一语才交契两心。"有注解曰:"住京三载,时与仁和叶君伯高等纵谈,谓有清发祥地东省,今边事亟亦莫若东省,因与搜罗记载,凡刊行者购阅刊本,难得者重价购之,钞本如黑鞑事略、高丽秘史、耶律文正西游录等则手抄之。旋晤黑龙江旗人寿部郎山眉峰咨访东事,寿公讶曰君到过几次何熟习,乃尔与订交此为出关张本。"①两位日后生死之交的挚友在偶然中结识,后来曾祖父得以走上仕途,在黑龙江一展宏图。这有机缘上的巧合,更是他刻苦学习、潜心研究的必然结果。

黑龙江将军府

黑龙江将军府从清康熙开始历经8个王朝,有包括曾祖父在内的71位将军曾在此办公。

20世纪70年代中期,在齐齐哈尔附近下乡的表姐陆雯回来探亲,爷爷向她问起黑龙江将军府,说自己就是出生在那里,后来从未回去过。陆雯告诉爷爷,将军府现在已经成为黑龙江建设兵团的招待所了。2007年8月,我们在陪同人员的带领下参观了黑龙江将军府。到了位于嫩江的一个岛上时才知道将军府已经不是原来的了。2000年,齐齐哈尔市政府"鉴于将军府占据道路,加之破损严重……依照原貌移建到风景旅游胜地明月岛……"②就是把觉得碍事的老建筑拆除,异地再重建一个。知道黑龙江将军府的原址已经不存在,我们看到的只是个复制品,心中不胜惆怅。近闻,齐齐哈尔市政府"为了争创历史文化名城",拟将10年前迁出市区的省级文物保护单位黑龙江将军府再迁回来,也就是在原址上再建一个,真不知道是该喜还是该悲。

火 犁

火犁,即农用拖拉机,是曾祖父最早引进黑龙江的。

曾祖父在黑龙江主政期间积极推行放荒措施,认为必须殖民实边。他向朝廷进言,描绘了发展黑龙江的蓝图:"江省地旷人稀,俄人蓄志南侵,非有人民,难资抵制。目今办法,急须殖民实边。而殖民又以招户垦荒为起点,所谓有人此有土,有土此有财。江省虽云荒凉设法经营,人民日聚,土地

---

① 程世模:《云阳程氏家乘》卷二。
② 齐齐哈尔市人民政府:《移建黑龙江将军府记》,书于现将军府门口。

日辟,征收日多,即以财赋计,沃野千里,当亦不亚于江浙。"①他在给朝廷的奏章中报告说:"臣德全前饬本省瑞丰农务公司定购火犁两具……现已由沪购运到江,总计价银二万二千二百五十两……当就省城郊外按照合同试验,尚属合用,自应由官认发价银,即将火犁转发该商等,令其招集股本,在讷谟尔河南段自行收价代垦,一俟著有成效,再将官本分年拨还,并续行购置,以期推广办理。"②曾祖父的设想是,向人烟稀少的边远地区移民、政府投资引进现代化农业机械、划出荒地让公司耕种经营,逐年收回投资,形成良性循环,创官办垦殖的先河。黑龙江的"大计百年在垦荒"是曾祖父给后人留下的忠告。

在20世纪60年代后期的"知识青年上山下乡"运动中,曾祖父的直系血亲中有6人赴黑龙江务农,时间最长的达10余年。我们不知道官办垦殖的概念,更不知道这是先人在半个多世纪前就做出的规划。无意之中,在完全不同的时代背景下继承了曾祖父的未竟事业。

四、抚吴苏州

曾祖父程德全抚吴一年后,发生了辛亥革命。曾祖父作为重要参与者之一,引起了近代史研究者们的关注,相关著作多多。对曾祖父在此变革时期的表现,不同观点林林总总,本文无意参与对他的评价,只叙述后人眼里看到的曾祖父在世间留下的痕迹。

一张曾祖父着清朝官服的老照片

20世纪80年代中,大姑姑的海外友人在台湾"国立"国父纪念馆拍摄了曾祖父的照片后交给了我们,就是后来流传很广的曾祖父的清朝官服照,这是我第一次看到他身着官服的照片。通过同时所摄的"中华民国临时政府组织成员",我知道了曾祖父在辛亥革命中不仅仅是"投机革命",还曾是孙中山领导的"中华民国临时政府"的内阁成员——内务总长。

---

① 《纪人觐及之齐齐哈尔署任概略》,摘自李兴盛等:《程德全守江奏稿》,黑龙江人民出版社1999年12月版,第765页。
② 《购到火犁片》,摘自李兴盛等:《程德全守江奏稿》,黑龙江人民出版社1999年12月版,第571页。

2006年12月,我造访南京时在总统府买到了南京出版社2001年8月出版的《孙中山与南京临时政府》一书,在国内的正式出版物上看到了曾祖父的清朝官服照片。

2007年5月,我出差去台湾,在台北"国立"国父纪念馆终于亲眼看到了展示于国父史迹展览东室里曾祖父的这张照片。多年后在北京中山公园的中山堂,我也看到"南京临时政府组织系统简表"中列出了曾祖父的职务和名字。

"光复纪念"牌

我家有一个"光复纪念"的金牌。在牌的上部,左右分别是铁血十八星旗和五色旗,这是辛亥革命年代的象征,而竖书于中间的"江苏都督程奖"六个大字则表明了曾祖父在苏州光复中的角色。

铁血十八星旗是辛亥革命武昌起义的旗帜,代表关内汉人所在的18个行省,黄色代表炎黄子孙,武昌起义的政治纲领是"驱除鞑虏,恢复中华",也是同盟会的纲领,这意味着辛亥革命的第一意义是民族主义革命。五色旗的旗面按顺序是红、黄、蓝、白、黑五色横长方条,为曾祖父和陈其美创制①,代表的意思是汉、满、蒙、回、藏五族共和。这一概念曾被认为是清廷宣传的"五族大同"的翻版,以往从未被同盟会使用过。辛亥革命爆发后,他省以"兴汉灭满"为口号大杀满民,而曾祖父在苏州宣布脱离清政府独立时提出的是"兴汉安民"。② 1911年12月4日在上海举行的中华民国联合会会议上,根据黄炎培的见证,正是在这个场合"黄兴等建议规定国旗式样","经过反复讨论取五族共和的意义,决以五色为国旗",曾祖父等人施加了决定性的影响,避免了同盟会推行的民族主义及其准备建立的种族国家可能给中国领土的完整和统一造成的内忧外患。③

曾祖父作为清朝的汉族官吏,长年任职于多民族聚集的黑龙江,深知民族团结的意义。他说服清廷对汉人放荒,督办蒙旗垦务,建立回族学校,多

---

① 刘小宁:《民国肇基——辛亥革命在江苏》,江苏人民出版社2001年9月版,第119页。
② 《申报》,1911年11月7日。
③ 朱宗震:《大视野下清末民初变革》,新华出版社2009年4月版,第78页。

民族共存共荣一直是他的愿望。曾祖父晚年曾召黄炎培先生于病榻前嘱道："中国是五族一家。中间藏族人民受英国人压迫，极度痛苦。我病自知不起，你年青，必须努力解决这一问题。"黄先生把此事一直"穿越"到新中国："解放以来，藏族人民和他族同样产生全国人民代表大会代表，如德全今尚生存，老怀定当大慰。"①

1912年1月1日，孙中山发表《中华民国大总统孙文宣言书》，提出了"国家之本在于人民。合汉、满、蒙、回、藏诸地为一国，即合汉、满、蒙、回、藏诸族为一人"②。

江苏巡抚衙门旧址

曾祖父是清朝最后一位江苏巡抚，当年的巡抚衙门现已成为苏州卫生职业技术学院。正是在这里，发生了所谓"挑瓦革命"③。

2012年10月，我前往参观。门外标明是江苏省文物保护单位，我看到过不少文物保护单位是异地重建的，对此旧址生出几分疑惑。读校门口的"苏州巡抚衙门重修记"，碑文曰："……苏州卫生职业技术学院执钥旧衙备加珍护自2001年始筹资历对巡抚衙门全面修缮历时五年耗资四百二十余万元……珍贵遗构修就如旧衙署原貌以再现此举可铭此功可嘉"④。我常听爷爷说保护古建筑应该"修旧如旧"留下岁月的痕迹，不赞成将古建筑再修得金碧辉煌。想到江苏巡抚衙门旧址修葺后"如旧衙署原貌以再现"，令人肃然起敬。最近看到辛亥革命时江苏巡抚衙门的照片，比较之下差别不小。碑文中"增建……"、"重辟……"、"凿……"等动词的使用也还是让人联想到在修缮旧址时一定改造了不少。看样子就是有"修旧如旧"的愿望，想真正做到也并不容易。

寒山寺

曾祖父任江苏巡抚时期，在前任陈夔龙的基础上重修了寒山寺。在为修寒山寺捐俸集资的同时，还重刊了《寒山子诗集》，又请江南名仕叶昌炽撰写《寒山寺志》。1987年6月，《寒山寺志》的校补者张维明评价道，书的"体

---

① 黄炎培：《八十年来》，文史资料出版社1982年8月版，第70页。
② 中国人民政治协商会议江苏省委员会办公厅：《孙中山与南京临时政府》，南京出版社2001年8月版，第23页。
③ 王玉贵：《挑瓦革命的末代江苏巡抚程德全》，苏州大学出版社2011年8月版。
④ 苏州市人民政府：《苏州巡抚衙门重修记》，2007年立碑。

例精当,史料翔实,文字典雅,被推为苏州寺园小志中的上乘之作",这显然与修志者的选任有直接关系。辛亥年间,寒山寺的修缮工程与《寒山寺志》的初稿相继完成。终于,寒山寺这个有1000多年历史的寺院得以庙宇建筑与文字记载并存至今。

在《寒山寺志》中载入了多篇曾祖父的文章。他在《重修寒山寺碑记》中写道:"今世政治家訾宗教,宗教家亦訾政治。不知废政治,则宗教为无用矣!离宗教,则政治为无本矣!寒山子云:'报汝诸人,各各努力。'夫政治、宗教,虽各有异,而要其终始,总不出'各各努力'一言。"①当年,作为政治家的曾祖父对于政治和宗教关系这个很难说清楚的问题,引寒山子的"各各努力"述之,既简单明了又非常有远见,时至今日,似乎仍能见到这一论断的影子。

除了山门上的"古寒山寺"的匾额是曾祖父程德全所题之外,他还勒石雍正御制《寒山子诗序》碑、乾隆御制《寒山晓钟》碑,书历代题咏刻石,留下很多墨迹。

受寒山寺文化研究院之邀,2013年元旦我们一家参加了第三十四届"听寒山钟声,祈和合人生"的活动。12月31日,寒山寺方丈秋爽大和尚会见了我们。秋爽大和尚一再强调寒山寺会永远记住曾祖父程德全恢复、修缮寒山寺的功德:"程德全是虔诚的佛教徒","寒山寺能有今天,要感谢程德全,不能忘记程德全"。此言出自寒山寺方丈之口,还是当着我这个后人的面说的,分量非凡,可以借此告慰先人了。秋爽大和尚还给我们介绍了当年曾祖父在寒山寺接待客人的地方、御碑等遗迹。他热情邀请说:"今天,我们的缘分就接上了,希望你们常来常往,走动走动。"和寒山寺秋爽大和尚、监院法荣法师以及寒山寺文化研究院姚院长的合影成为程氏家人与寒山寺重续前缘的象征。

五、皈依佛门

我最早看到的曾祖父程德全的照片是一张老年时的特写照,后来我才知道,该照片其实源于一张曾祖父60岁时着僧衣的全身照。此照片在家谱以及其他20世纪30年代前后的文章中都有刊用。原照左侧有白龙山人王震题的诗:"秋枰一局已摧残,入世何如遁世安。离乱眼前谁管得,一牟尼外一蒲团。依稀绿绮下峨眉,古貌浑如绘启期。五叶一花看结果,偈持应拜达

---

① 叶昌炽:《寒山寺志》,江苏古籍出版社1999年8月版,第16页。

摩师。己未春雪祝雪楼老人六十大寿"①。曾祖父已经皈依佛门了。

《为诸子析产记》

丁巳(1917年)闰月曾祖父写下《为诸子析产记》②。其目的如大爷爷程世模所述:"堂上之意,近年来潜心佛课,对于世事,早断葛藤。独家事尚未处置。时萦方寸,颇碍前修。因欲将家产与模等兄弟六人均分,拟定办法,永共遵守。"

曾祖父知"政网虽脱,儿女债终不可逃",遂做出具体安排:

● 秦氏夫人所生子女在刘氏夫人"加意抚育"之下"各自成立",可以告慰秦氏夫人了;

● 刘氏夫人所生子女五人的婚嫁入学未办,留出房产专供此用途;

● 刘氏夫人从曾祖父癸丑隐退后"从事田产,今则食其赐",治家有道,意将家事委托;

● 明确老家提留作公田产,等等。

大爷爷在承受书中写道:"老人宦海数十年,鞅掌国事,不置私产,俸给所入,除公用外,幸得母亲撙节储蓄,始有今日,故模等得受",后有诸子画押。

《为诸子析产记》的后面有宋小濂作的跋:"有我即有人,无人亦无我,携手彼岸登,是为大解脱。"宋小濂最能理解析产就是为了"大解脱"。

木渎法云寺

曾祖父隐退后,"闭门诵佛,葺苏州木渎法云寺而居之。旋受戒于常州天宁寺,法名寂照"③。

《木渎法云寺记》是曾祖父晚年对自己一生的总结。文的最后有一段追加的内容是"寂照又记,在室四女世娴书",是四姑奶奶书写的。《木渎法云寺记》作于"丙寅十二月",当时曾祖父66岁,四姑奶奶16岁。我多次听四姑奶奶说起曾祖父很喜欢她,曾祖父写东西时她在一旁铺纸研墨,曾祖父还让她好好写字云云,没想到在1930年出版的《人文月刊》以及存世的碑拓上得到印证。曾祖父在写下阐述自己的生死观、总结人生的重要著述时,最后一段话竟是让自己的爱女代书的,那该是何等动人的一幕啊!

---

① 程世模:《云阳程氏家乘》卷一。
② 程世模:《云阳程氏家乘》卷二。
③ 黄炎培:《辛亥革命史中之一人——程德全》,1930年9月出版《人文月刊》。

2012年10月我在木渎多方寻访,一位当地的老住户告诉我,法云寺早已不在,原址已经成了大马路,看不到任何痕迹了。

重庆图书馆藏《永乐北藏》

1924年春,曾祖父在上海请了一套《频伽藏经》给云阳沙门寺,1925年又施资购《永乐北藏》于北京,入藏万县弥陀院①。弥陀院又名钟鼓楼弥陀禅院,始建于明朝,是三峡乃至西南地区久负盛名的佛教寺庙。曾祖父在此书联一对:"莫嫌淡薄来相处,如厌清贫去不留"②。2013年7月,在重庆图书馆有关人士的热情协助之下,我前往拜观了《永乐北藏》,几千册经藏在现代化书库中得到精心保护。估计全藏重达数百公斤,90年前的先人将《永乐北藏》完好地从北京运到上海,再从上海运到万县之难可以想见。在《永乐北藏》的目录页后有很多名人、居士的题识,爷爷及其弟妹们的题识也在内。

爷爷(当时18岁)的题识是:"家父知财施之不可持久也,甲子秋日与德高老和尚共谋藏经,毕获此宝。而本年乃大荒旱,睐者不察,遂有归咎宏扬佛法者,鸣呼,愚矣。然而财施无此力量,嗷嗷者众,其能皈命三宝以消浩劫乎。三德上人护运藏经书,此以壮其行。程世抚偕弟世宁世熊薰沐敬题"。爷爷提到的大干旱,在1999年版《云阳县志》上有记录:民国十四年(1925年)春旱。全省80余县被灾,云阳属重灾县,小春作物大都无收,饥民遍野。

六爷爷程世宁题识:"世宁方四五岁时,因先祖父之丧,时效僧徒焰口为乐。今则天真日漓,辄学梨园之戏。窃见明藏,随父检察。愿他日归扫庐墓,亲诣弥陀院,重观全藏,其境界不知又当如何也。悬记鸿爪以验将来。程世宁识 时年十四"。他在90年前"悬记"的事情我做了,可惜云阳的"庐墓"(即曾祖父的父亲程大观之墓)已经毁于"大跃进";幸好原弥陀禅院虽被淹没,但是还有一处新建的,在克果师傅的主持下香火旺盛;更值得庆幸的是浸透着曾祖父心血的《永乐北藏》"全藏"在重庆图书馆保存完好,希望《永乐北藏》能够继续对弘扬佛法贡献力量。

逝 世

1930年5月29日曾祖父在上海逝世,"至是,无甚疾痛,安坐诵佛声中

---

① 许彤:《重庆图书馆藏〈永乐北藏〉探源》,《图书馆工作与研究》,2010年5月。
② 余仲九:《小竹斋什记》(内部资料)8页,1994年。

恒化。遗言不得做水陆道场，不得分讣，不得开吊。"①

曾祖父晚年在《木渎法云寺记》中云："德全少时……知大块载我以形，终将息我以死，大伤人之不可免于死，辄思不鹿鹿死。"在黑龙江抗俄中被俄军掳走，"雨雪载涂，毡车毳幕中，寒威中肌骨如划刀，自分必死，顾仍不死"，"辛亥、癸丑诸变"中，"时时思当以死，而卒不得可死之缘。匪死之艰，盖以死而无利于国，无益于民，吾虽贸大名以去，其实固无殊夫鹿鹿以死也"。人皆不愿碌碌而死，为国为民不惧死是崇高的境界，而不求于国于民无利的贸名之死，将大名置于身外，绝境中忍艰受辱，全力救国救民于水火才是最高境界。

引黄炎培所作的挽联：

此生了了，总为大事而来。庚子何心？辛亥何心？即癸丑亦何心？慈悲两字外，更无他念。

一切尘尘，尽逐流光以去。永康安在？南通安在？今云阳又安在？沧桑百变后，遂少人知。

六、结语——"浓荫远映"

在云阳程氏宗祠的不远处，有个被称为"七棵黄桷树"的地方。北向长江的一处石崖上镌刻有曾祖父手书"浓阴远映"4个大字，每个字大约1米见方。岁月流逝，背阴石崖上的字已经布满绿色的苔藓，有的笔画处还崩裂了。《云阳程氏家乘》记载："祠前正中岩仑边通衢也，有树数株，为中丞雪楼公之祖操之公手植，今已盈抱，拔地参天，固华严世界之幢幡宝盖也。中丞于己酉归省，将入都，曾题浓阴远映四字，愚以程氏宗祠，实为毓秀钟灵之所。此四字，不可无传，特撰数语，并志于后，兆公此日大吉祥之征云。"②

文中所说的树是黄桷树，推算下来树龄应该有200年了。目前尚存4棵，其树形奇特，悬根露爪，古态盎然。最粗的一棵胸径已达90厘米，要两人才能合抱了。

站在崖边，黄桷树下，凝望面向浩瀚长江的"浓阴远映"，揣想曾祖父用这4个字要表达的含义。斗转星移，"浓阴远映"在此已目睹长江东去100多年。今天，与其妄猜先人，不如就按自己对"浓阴远映"的字面理解去遐想吧！

曾祖父在解释自己的号"雪楼"的含义时曾说："雪欲其洁也。雪集于

---

① 黄炎培：《黄炎培日记》第三卷，华文出版社2008年9月版，第228页。
② 程世模：《云阳程氏家乘》卷一。

楼,遇曦即化,幻躯不实,雪消而楼自存也。"

如今"雪消楼在"。曾祖父逝世 80 余年,雪已消;而还在的楼不仅仅是尚存的祖屋、祖坟和各个"文物保护单位",更还有我们心中曾祖父不灭的丰碑以及绵延不断的血脉。

七、参考文献

- 王绍增:《忆先师程世抚》,《中国园林》2004 年 6 月号。
- 程世模:《云阳程氏家乘》,1919 年出版。
- 云阳县地方志编纂委员会:《云阳县志》,民国二十四年编纂。
- 朱宗震:《程德全·辛亥反正第一人》,《南方周末》2011 年 2 月 25 日。
- 何济钦:《报学垦荒终不悔——记城市园林规划专家程世抚》,《中国园林》2004 年 6 月号。
- 徐晓慧:《写在石碑上的历史》,华业出版社 2006 年 12 月版。
- 李兴盛等:《程德全守江奏稿》,黑龙江人民出版社 1999 年 12 月出版。
- 刘小宁:《民国肇基——辛亥革命在江苏》,江苏人民出版社 2001 年 9 月版。
- 朱宗震:《大视野下清末民初变革》,新华出版社 2009 年 4 月版。
- 黄炎培:《八十年来》,文史资料出版社 1982 年 8 月版。
- 中国人民政治协商会议江苏省委员会办公厅:《孙中山与南京临时政府》,南京出版社 2001 年 8 月版。
- 黄炎培:《辛亥革命史中之一人——程德全》,1930 年 9 月出版《人文月刊》。
- 王玉贵:《挑瓦革命的末代江苏巡抚程德全》,苏州大学出版社 2011 年 8 月版。
- 叶昌炽:《寒山寺志》,江苏古籍出版社 1999 年 8 月版。
- 黄炎培:《黄炎培日记》,华文出版社 2008 年 9 月版。

主要参考文献

柴德赓等:《中国近代史资料丛刊·辛亥革命》(1—8),上海人民出版社1957年版。
陈旭麓:《陈旭麓文集》第1卷,华东师范大学出版社1996年版。
陈志勇:《辛亥前后的程德全评价问题》,《学术月刊》1993年第1期。
程德全:《程德全守江奏稿(外十九种)》上、下,黑龙江人民出版社1999年版。
崔杰:《程德全传》,黑龙江教育出版社2013年版。
程刚:《程德全与黑龙江》,苏州大学中国近现代史专业硕士学位论文,2010年10月。
何绍波:《略论晚清抗俄官吏程德全》,《齐齐哈尔大学学报·哲学社会科学版》1998年第3期。
胡长青:《论辛亥革命前后的程德全》,扬州大学中国近现代史专业硕士学位论文,2001年5月。
胡绳:《从鸦片战争到五四运动》(上、下),人民出版社1981年版。
蒋海:《辛亥革命时期的江苏教育总会》,《民国档案》2004年第2期。
政协江苏省文史资料研究委员会:《江苏文史资料》第41辑,1991年。
金冲及、胡绳武:《辛亥革命史稿》(1—4卷),上海人民出版社1980—1991年版。
金冲及:《中国20世纪史纲》,社会科学文献出版社2009年版。
黎澍:《辛亥革命前后的中国政治》,人民出版社1961年版。
李侃等主编:《中国近代史》,中华书局1983年版。
李茂高、廖志豪:《江苏光复与程德全》,《学术月刊》1981年第9期。
廖大伟:《各省都督府代表联合会述论》,《史林》1998年第3期。
廖大伟:《1912:初试共和》,学林出版社2004年版。
凌家民:《从〈清云阳程公以身御难之碑〉看庚子国难中的程德全与寿山》,《北方文物》1986年第1期。
刘家磊:《程德全署理黑龙江省政绩撮要》,《社会科学战线》1988年第2期。
罗云:《程德全在黑龙江的筹蒙改制政策》,内蒙古大学硕士学位论文,2006年6月。
马东玉:《从晚清重臣到立宪皇帝·真实的袁世凯》,团结出版社2009年版。
莫永明:《陶骏保案与江浙联军内部的矛盾》,《浙江学刊》1990年第4期。
牛俊发:《试谈庚子年间署黑龙江将军寿山的抗俄主张——兼与黎光同志商榷》,

《求是学刊》1981年第4期。

欧七斤、张爱华:《民初南京留守府的建立和裁撤》,《江苏地方志》2002年第3期。

丘权政、杜春和选编:《辛亥革命史料选辑续编》,湖南人民出版社1983年版。

苏贵庆:《程德全在辛亥革命时期的历史地位》,《苏州大学学报》(哲学社会科学版)1991年第3期。

苏辽:《民国首任江苏都督程德全》,《民国春秋》1998年第1期。

王国平主编:《苏州史纲》,古吴轩出版社2009年版。

王延华:《"爱国"还是"卖国"?——评"庚子之变"中的程德全》,《理论观察》1987年第4期。

吴讱:《浅论有关江苏都督程德全的几个问题》,《南京师范大学学报》(社会科学版)1989年第2期。

吴讱:《"洗程会"质疑》,《民国档案》1993年第3期。

吴讱:《辛亥江苏和平光复中的武装斗争》,《南京师范大学学报》(社会科学版)1993年第3期。

吴讱:《张謇代程德全所拟奏折剖析——兼论张、程尚未从主张立宪转为倾向共和》,《南京师范大学学报》(社会科学版)1994年第3期。

吴讱:《江苏辛亥光复后各州县首任民政长考》,《民国档案》1994年第4期。

吴讱:《江苏辛亥光复后的政权剖析》,《近代史研究》1996年第2期。

夏冰:《论辛亥苏州光复在全国的地位》,《档案与建设》2001年第9期。

小田:《苏州史纪(近现代)》,苏州大学出版社1999年版。

熊月之主编:《上海通史》第7卷,上海人民出版社1999年版。

徐桂华:《程德全与清末黑龙江新政》,河北师范大学硕士学位论文,2007年。

杨凯:《前论变革年代中的程德全》,《船山学刊》2009年第1期。

杨郁松:《程德全与黑龙江地区的近代化改革》,东北师范大学硕士学位论文,2007年。

杨郁松:《程德全与黑龙江地区的移民实边》,《东北史地》2007年第11期。

杨郁松:《清末程德全对黑龙江地区的实业开发》,《长春师范学院学报》2008年第12期。

扬州师范学院历史系编:《辛亥革命江苏地区史料》,江苏人民出版社1961年版。

扬州师范学院历史系中国近代史乡土资料调查队编(祁龙威执笔):《辛亥革命时期江苏光复情况简介》,《江海学刊》1961年第8、9期。

扬州师范学院历史系中国近代史乡土资料调查队编:《辛亥革命江苏光复史料述略》,《江海学刊》1961年第10期。

袁尚然:《试析江苏咨议局议员》,《华东船舶工业学院学报》(社会科学版)2004年第2期。

张爱华、欧七斤:《略论民初南京留守府》,《上海师范大学学报》(哲学社会科学版)2003年第2期。

张国淦:《辛亥革命史料》,龙门联合书局 1958 年版。

张海林:《清末江苏"官变"略论》,《苏州大学学报》(哲学社会科学版)2000 年第 4 期。

张謇:《张謇全集》,江苏古籍出版社 1994 年版。

章开沅、林增平:《辛亥革命史》(3 卷本),人民出版社 1981 年版。

章开沅:《开拓者的足迹——张謇传稿》,中华书局 1986 年版。

张朋园:《立宪派与辛亥革命》,吉林出版集团有限责任公司 2007 年版。

张朋园:《梁启超与清季革命》,吉林出版集团有限责任公司 2007 年版。

张式廷:《"江苏独立"考——关于民国史的一点研究》,《怀化师专学报》1994 年第 2 期。

张式廷:《"江苏独立"新考》,《益阳师专学报》1995 年第 1 期。

张孝若:《南通张季直先生传记》,中华书局 1931 年版。

《张季直传记资料》(1—6),(台)天一出版社 1985 年版。

政协苏州市委员会文史资料研究委员会编:《苏州文史资料》(1—5 合辑,内部资料),1990 年。

中国国民党党史史料编纂委员会:《革命文献》第 1 - 3 合辑,(台)中央文物供应社 1978 年影印版。

中国人民政治协商会议全国委员会文史资料研究委员会编:《辛亥革命回忆录》第 1—8 集,中华书局、文史出版社 1961—1983 年版。

周新国等:《江苏辛亥革命史》,社会科学文献出版社 2011 年版。

朱宗震:《程德全与民初政潮》,《历史研究》1991 年第 6 期。

朱宗震:《江苏都督程德全安抚会党政策的失败》,《民国档案》2000 年第 1 期。

朱宗震:《真假共和》,山西人民出版社 2008 年版。

朱宗震:《大视野下清末民初变革》,新华出版社 2009 年版。